最強の教訓！日本史

河合 敦

PHP文庫

JN119843

○本表紙図柄＝ロゼッタ・ストーン（大英博物館蔵）
○本表紙デザイン＋紋章＝上田晃郷

はじめに

「愚者は経験に学び、賢者は歴史に学ぶ」

これは、鉄血宰相と呼ばれたドイツの偉大な政治家オットー・ビスマルクの言葉です。なんてすばらしい言葉なのでしょう。歴史の真理を見事に突いています。

私たちの人生はたかだか100年程度。これまで経験したことのないような事態も時として起こります。まさに、今回の新型コロナウイルスによるパンデミック（世界的大流行）がそうです。これだけ短期間に、世界中に広まった新型感染症を知る現代人はほとんどいません。つまり、いま現在、私たちは自分の体験だけでは対応しきれない緊急事態を迎えているわけです。

しかし、これが前代未聞の出来事かといえば、そんなことはありません。これまで人類は、幾度となく新しい感染症のパンデミックを経験しています。そして、それをどうにか乗り越えてきたのです。

すなわち、まったく同じ出来事は起こりませんが、同じようなことは過去に何度も起こっているのです。まさにここに、歴史に学ぶ意義があるわけです。

たとえば100年前に起こったスペイン風邪では、マスクが奨励され、満員電車での咳を諫《いさ》めています。やはり、〝三密〟を避けるのが感染予防の基本でした。なんと、当時もマスクの高騰が問題になっているんです。歴史を知っていれば、すばやく必要分の不織布マスクを購入することもできたわけです。

ところで、ダイヤモンド・プリンセス号における日本政府の対応は、国民から批判を浴びましたね。その後も、すべての対策が後手後手にまわっています。

対して、120年以上前に、見事な感染症対策を見せた日本人がいたのです。それが後藤新平です。彼はもともと医師で、日清戦争後、大陸から帰還する20万人以上の兵士の検疫を陸軍から依頼されました。かの地でコレラや赤痢が流行しており、そのまま兵士が国内に入ると大変なことになるからです。

すると後藤は、わずか2カ月で三つの島に世界最大級の検疫所をつくり、たった3カ月間で、船687隻と兵士や乗員23万人以上の検疫と、258隻の消毒を終え、世界的な称賛を浴びました。やろうと思えば、これだけのことができるのです。もし後藤のように、新型肺炎が国内に入ってきた段階で、日本政府が迅速な防疫体制を敷いていたら、多くの命が助かったはずです。

いいですか、みなさん。かくも歴史に学ぶというのは重要なことなのです。第1次世界大戦で日本は、空前の好景気に見舞われました。ただ、戦争が終われば、この好況が終わることはわかっていました。なのに、「もう少し大丈夫」という見通しの甘さから事業を拡大しつづけ、戦後恐慌に巻き込まれて多くの企業がつぶれたのです。

それは、バブル景気も同じでした。株価と土地の値上がりは、実態のともなわないものだから、「いつかバブルははじけるぞ」と盛んにマスコミが報道していました。なのに、オイシい思いに味をしめて投資を続け、結果的に多大な損失をこうむった人びとが続出したのです。

このように歴史を知り、それを教訓にすることで、私たちは大きな成功を手にしたり、失敗を回避したりできるのです。

さて、本書でも取り上げる吉田松陰は松下村塾で教えましたが、その期間は正味2年間です。にもかかわらず、高杉晋作、久坂玄瑞《くさかげんずい》、伊藤博文、山県有朋《やまがたありとも》など錚々《そうそう》たる逸材が塾から輩出しています。そんな天才的な教師・松陰がもっとも重視したのが、歴史でした。松陰は歴史について、次のような言葉を残しています。

「難しい決断を下すときには、歴史を概観し、偉人の考えに己《おのれ》の工夫を加えたら解決できる」

「歴史を読んで賢豪（偉人）の事（行動）を観て、志気を激発し（高め）なさい」

「歴史を読むときには自分も偉人になりきり、その境遇に身を置いて心を練り、いまの世ならばどうすべきかということをよく熟考しなさい」

なかなか含蓄《がんちく》のある言葉ですね。さらに強調しておきますが、松陰は甥《おい》の玉木彦介に次のように述べています。

「僕は君が日本史を読むことを望みます。中国の歴史を学んで日本史にうといのは学者の悪い癖。ぜひとも日本史を学びなさい」

事実、松陰は頼山陽《らいさんよう》の著した『日本外史』を中心に、『陰徳太平記』『資治通鑑《しじつがん》』を好んで門弟に話してきかせたといいます。日本人は、日本史から教訓を得たほうが理解しやすいのは確かでしょう。

本書は、みなさんの人生に大いに役に立つ歴史上の人物21人を選びました。ただ、成功への道のりや、手段・手法はそれぞれ大きく異なります。正解は一つではないのです。でも、あなたに合った偉人は必ず見つかるはずです。

みなさんが本書から最高の日本史の教訓を学び取り、これからの人生に活用していただくことを強く祈念いたします。

目次──最強の教訓！日本史

坂本龍馬

黒船との出合いから脱藩を決意し、勝海舟、海軍操練所、さらに薩長同盟、大政奉還へと大局的な観点で時代を駆け抜けた風雲児

渋沢栄一

農民の子として生まれ、幕末・維新の動乱のなかで500社近い企業の創業や経営に関与し、「日本資本主義の父」と呼ばれた大実業家

第2章 正義、大義が原動力になる

行基

時の天皇から名指しで非難されようとも、強い信念と行動力で困窮した人びとを救い、仏教を広めた奈良時代の僧侶

和気清麻呂

まさかの復命で道鏡の野望をつぶすも、みずからも流罪に。のちに都の造営などの功績で異例の大出世をした奈良時代の英雄

吉田松陰

獄中で読書と思索に励み、出獄後、松下村塾で門下生に「志」を説き、時代を闊歩する英傑を育て上げた武士・教育者

第3章 ずば抜けた行動力で突破する

北条政子

妻として将軍・源頼朝を愛し抜き、夫亡きあとは身を挺して幕府存亡の危機を救い、のちに「尼将軍」と呼ばれる

後醍醐天皇

父親の政治工作により壮年天皇となり、強固な意志と行動力で倒幕に成功するが、「建武の新政」はわずか2年で失敗に終わる

第4章 我慢と忍耐で出世する

吉備真備

下級役人の子から唐に渡って18年、帰国後、左遷の憂き目にあうも、その才によって右大臣にまで上りつめ、長寿をまっとう

第5章 死をもいとわぬ覚悟をもつ

「西郷隆盛を殺した男」という汚名を着つつ、覚悟をもって新政府の礎を築くが、近代化への道半ばで暗殺によって命を落とす

第6章 進取の精神で道を拓く

市川團十郎

隈取り、荒事、元禄見得、宙乗り……。次々と歌舞伎に新風・新作を取り入れ、不遇の時代も見事に乗り切った人気歌舞伎役者

第7章 情を絶ち、非情に徹する

第8章 奇想天外な方法で成功する

早川徳次

第1章 並はずれた器量が歴史を動かす

器量とは、容器に入る分量のこと。では、量がたくさん入る大きな器をもつ人間になるには、いったいどうしたらよいのでしょうか？

じつはこれ、けっこう簡単なことなんです。

大きな目的や夢をもてばいいのです。

といっても、大金持ちになって贅沢に遊びまくるといった自己中心的な目的はダメです！　世界を平和にするとか、この世から貧困をなくすといった、人類に貢献するような夢を描く必要があります。そういう人間に、天は味方するのです。

それに、考えてみてください。そんな大きな目的をもったら、あなたはささいな人間関係のこじれとか、ちょっと給与が下がったからといって、くよくよしますか。したくてもできないはず。落ち込みたくても、落ち込めなくなりますよね。

このように、気宇《きう》壮大《そうだい》な目的があれば、おのずと人の器は大きくなるものです。そうした並外れた器量をもった人物たちが、どのように歴史を動かしていったのか、そのあたりを次の北条泰時、勝海舟、坂本龍馬、渋沢栄一から学んでほしいと思います。

北条泰時《ほうじょうやすとき》

1183-1242

鎌倉幕府の執権《しっけん》の長男として生まれたものの、父への反動から独裁を合議制に切り替え、欲心を捨てた政治をめざした武将・政治家

日本史上で人格が優れた、希有な為政者

現代の政治家にいちばん似合わないのが、「清廉《せいれん》」「誠実」「正直」といった言葉でしょうか。ただ、それは昔も変わりません。歴史上の為政者たちは裏切りや裏工作、賄賂《わいろ》や恐喝、そういった世界にまみれていました。そうしなければ権力を手に入れ

ることは困難だったからだと思います。

当初は理想に燃えていても、権力を手にする過程で黒いアリが群がってきて、自分も汚れてしまうのは、いわば宿命といえるかもしれませんね。だから私は、日本史で、人格の優れた誠実な為政者を数例しか知りません。

その稀有《けう》な事例の一つが、鎌倉幕府の三代執権・北条泰時です。泰時は寿永2年（1183）、鎌倉幕府の執権（最大実力者）である北条義時《よしとき》の長男として生まれました。どうも泰時の実直さは、父親への反動であったように思われます。

泰時の父・義時は、ダーティーで冷徹な政治家でした。実父である時政を失脚させて執権の地位を奪い、さらに有力御家人で侍所《さむらいどころ》の別当《べっとう》（長官）・和田義盛《よしもり》を挑発して挙兵させ、これを滅ぼして自分がその地位を兼ねています。一説には、公暁《くぎょう》（二代将軍・頼家の遺児）をそそのかして、三代将軍・実朝《さねとも》を暗殺させたのも義時の仕業だったといわれています。

承久《じょうきゅう》元年（1221）、後鳥羽上皇が幕府に反旗を翻《ひるがえ》すと、義時は幕府軍を上洛させて朝廷軍を倒し、反乱を企てた後鳥羽・順徳・土御門《つちみかど》の3上皇を配流し、仲恭《ちゅうきょう》天皇を廃したのです。世にいう承久の乱ですが、武士が上皇を配流するというのは、日本史始まって以来の出来事で、中世人の感覚からいえば、神を人間が罰するような、ばちあたりで恐ろしい行為でした。

そんな処罰を京都において実施したのは、鎌倉幕府軍の総大将となった北条泰時でした。でも、いくら父の義時の命令だといっても、上皇や天皇を処断したという罪悪感は、生涯、泰時の心から消えなかったといわれています。

そもそも泰時は、挙兵した朝廷軍を倒すために京都へ攻め上ることにさえ、強い抵抗感を覚えていたのです。

だから父の義時から、幕府軍の大将として上洛を命じられたさい、

「朝廷軍が来襲したら関東で迎え撃ちましょう」とか、

「もう少し兵が集まるまで出陣を待ちましょう」

などと、消極的な発言を繰り返していました。

義時は、そんな弱気な息子を叱咤《しった》し、半ば強引に出立させました。ところが、です。なんと翌日、泰時は鎌倉に戻ってきてしまうのです。どうしても、戦う前に義時に質《ただ》したい疑問があるというのです。

「もし後鳥羽上皇が、みずから兵を率いて幕府軍に挑んできたなら、自分はいったいどうすればよいのか」

というものでした。

これに対して義時は、

「もし上皇が出馬されたら、弓を引いてはならぬ。すぐに兜《かぶと》を脱ぎ、弓の弦を切って降伏せよ。身をまかせるのだ。ただし、そうでなければ、あくまで戦って敵兵をたたきつぶせ」

そう諭したといいます。

もちろん義時は、後鳥羽上皇がみずから出陣するはずはないと読んでいました。これを聞いて安心した泰時は、ようやく都へ向かったといわれています。いかに泰時が、上皇に逆らうことを苦痛に思っていたかがよくわかりますね。

明恵上人との出会い

結局、泰時率いる幕府軍は、朝廷軍をあっけなく打ち破り、京都を制圧することに成功しました。この折、敵の掃討が展開され、栂尾山《とがのおさん》にかくまわれている敗残兵の捜索がおこなわれ、そのさい、栂尾の高山寺《こうざんじ》を創建した明恵上人《みょうえしょうにん》が捕らえられ、泰時の前に引き出されました。

明恵は高僧として知られていたので、泰時は自分の上座にすえて、ていねいに敵

兵の行方を尋ねました。これに対して明恵は、

「栂尾山は殺生禁断の地である。鷹に追われる鳥、猟から逃げる獣もこの山にかくれて命をつなぐ。だから、敵から必死に逃れてきた敗兵が木や岩の陰にかくれているのを、みすみす引き渡す無慈悲はできない。もしそれを許さぬというなら、愚僧の首をこの場で刎《は》ねよ」

と堂々と言い放ったのです。これに感銘を受けた泰時は涙を流し、明恵に向かって自分が上皇を処罰しなくてはならぬ苦悩を告げ、

「どうすれば生死を離れることができるでしょうか。私欲のない政治を理《ことわり》のままにおこなえば、この大罪は許されるでしょうか」

と尋ねます。

すると明恵は、

「少しでも道理に背くふるまいをすれば、来世どころか現世で滅び去るだろう。俗世の欲心にまみれて、仏法ということを知らないで明け暮らしている者は、決して救われることはない。心から生死を離れたいと思うのなら、すべてを捨てて仏教を信仰し、その法理をよくわきまえて正しい政治をしなさい。そうすればよいこともあろう」

と応えたといいます。

この明恵との出会いが、のちに泰時を清廉な政治家にするきっかけをつくったことは間違いないでしょう。

ただ、それだけではありません。たとえ高僧である明恵と面会しても、もし泰時がボンクラで何も感じ取れなければ、出会いの意味などないのです。しかも明恵は、敵の居場所も教えない不届きな人ですよ。ふつうなら、脅してでも居場所を吐かせるのが大将たる泰時の務めでしょう。

でも、泰時はそれをしませんでした。つまり、**どんな相手であっても、人の言葉に真摯《しんし》に耳を傾ける誠実さをもっていた**のです。

これは、とても大事な教えです。国民的大作家の吉川英治は、「我以外皆我師《われいがいみなわがし》」という言葉を座右の銘にしていますが、**自分以外のどんな人からも学ぶべきことはある**のです。

さらに泰時のスゴいところは、敵対する者の心を開いてしまっていることです。明恵にとってみれば、泰時は自分を拉致《らち》した敵の大将です。にもかかわらず、泰時は自分の悩みをいきなり明恵にぶつけてきたのです。そんな謙虚な態度をとられたら、誰だって相手に好意を抱いてしまいます。

相手の心をつかみたいのなら、まずは自分の弱みをさらけだすこと。
そんな教訓を、このエピソードは教えてくれているのではないでしょうか。

謀反を未然に防いだ政子

貞応3年（1224）6月、北条義時が死にました。じつはその死因は、謎に包まれているのです。当時から暗殺のうわさがもっぱらでした。しかもその犯人は妻、側近、政敵など、さまざまな説があり、非道な義時のことです、誰に殺されてもおかしくない状況だったのでしょう。

泰時は、承久の乱後もそのまま京都にとどまって六波羅探題《ろくはらたんだい》（京都における幕府機関）という新たに設けられた職につき、朝廷の監視や西国地方の支配にあたっていました。でも、父の死去を知り、急ぎ関東へと戻っていきました。

しかし、すぐには鎌倉に入らず、しばらくのあいだ、伊豆にとどまったのです。というのは、義時の急死によって幕府の政情が不安定になっており、幕府の実権を握ろうとする人間たちが現れたからです。

泰時の腹違いの弟に、政村《まさむら》という人物がいます。彼の実母である伊賀氏が、兄の伊賀光宗とはかって、光宗の女婿で参議の一条（藤原）実雅《さねまさ》を将軍にすえ、政村を執権にして幕府を牛耳ろうと企んだのです。そして光宗は、北条氏に次ぐ実力をもつ三浦義村を巧みに仲間に引き込んだといいます。

ですからいま鎌倉に戻るのは、泰時にとってきわめて危険なことでした。

こうした不穏な状態を見事に解決したのが、北条政子《まさこ》でした。周知のように政子は源頼朝の妻で、泰時にとっては伯母にあたります。彼女は、誠実で実直な泰時こそ、次の執権にふさわしい人物と考えていました。

彼女は、いきなり三浦義村の館に乗り込み、

「謀反を企んでいる者が現れました。あなたは頼朝公に重恩のある身です。ぜひとも幕府を守護してほしい」

そう訴えたのです。

もちろん、義村が陰謀に加担しているのを承知したうえでの言動でした。まんまと先手を打ったのです。なんとも見事な戦略ですね。

こうして三浦氏の動きは事前に封殺され、反乱が未然に防がれたことによって、泰時は無事、三代執権に就任できたわけです。このため泰時は生涯、政子に感謝し、その死後、厚く彼女の菩提《ぼだい》を弔《とむら》っています。**勝利のためには相手の機先を制し**

てすばやく行動すること、これも大事な日本史の教訓です。

鎌倉幕府の最高実力者になった泰時は、それまでの父親の政治手法を大きく転換しました。先述のとおり、父の義時は、次々と政敵を倒し、北条氏による独裁をおこなおうとしてきましたが、これを思い切って合議制に切り替えたのです。

まず、六波羅探題であった叔父の時房《ときふさ》を京都から呼び戻し、新たに連署《れんしょ》という執権の補佐役にすえました。そのうえで幕府の有力御家人たち11名を評定衆に登用し、政治はこの13名による集団指導体制をとったのです。

こうした政治形態を執権政治と呼びます。必ず教科書に載っているので、みなさんも聞いたことがあるでしょう。ただ、評定衆のなかには、意外な人たちが含まれています。泰時の排除を企んだ伊賀光宗や三浦義村もその一員に加えたのです。

驚くべき泰時の度量の広さですね。というか、日本史上、そうしたケースを私はほかに思い浮かべることができません。あえていうなら、摂関政治の全盛期を築いた藤原道長《みちなが》が、ライバルで失脚した藤原伊周《これちか》を復活させてやった例がありますが、あくまで道長の脅威にならぬ程度の力しか与えていません。

平清盛も、敵対した後白河法皇の近臣たちを徹底的につぶしていますし、江戸時代には、寛政の改革で有名な松平定信も、敵対した田沼意次《おきつぐ》一派をみな失脚させています。通常、政敵は徹底的にたたいておく必要があるのです。再起してきたら困るからですね。

けれど泰時は違いました。あくまで対立を避け、敵対勢力と融和しながら幕政を進めていこうとするところに、泰時の政治理念があったのでしょう。これはきっと、明恵上人から示唆された「欲心を捨てた政治」を本気でめざそうとしたのだと思われます。

ただ、もともと泰時は、とても仁愛の深い性格だったといわれています。朝時《ともとき》や政村といった弟や妹たちを大事にしているのです。父・義時の遺領も、その大半を彼らに与えていますし、一時、政敵となった政村も重用しています。朝時の屋敷に盗賊が入ったさいなどは、執権の仕事を投げ捨てて弟のもとへ駆けつけました。

さすがにこのときは、泰時の側近だった平盛綱《もりつな》が、

「どんな事態があっても、執権の職を投げ出すべきではない」

と諫言《かんげん》しました。正論ですね。

ところが泰時は、

「兄弟が殺されるかもしれぬのに、どうしてそれを黙止できようか。私にとってこの事態は、承久の乱にも匹敵《ひってき》するのだ」

と答えたそうです。

のちにこれを聞き知った朝時は、感激のあまり、

「子々孫々にいたるまで、泰時一族のために尽くします」

という誓詞《せいし》を鶴岡八幡宮におさめたといいます。

また、叔父の時房を補佐役に任じたのはすでに述べたとおりですが、このように泰時は北条一族の団結を重視したのです。

泰時は、集団指導体制をとるにあたって、その規範となる成文法の必要を感じ、51カ条からなる「御成敗《ごせいばい》(貞永《じょうえい》)式目《しきもく》」を制定しました。御成敗式目は裁判の基準になりましたが、幕府の御家人だけに適用される、御家人のための法律でした。すでに、朝廷の律令法が存在したにもかかわらず、あえて御家人のための法を整備したのは、武士と貴族では道徳や慣習が大きく異なっていたからです。

当時の武士の道徳・慣習を「道理」と呼びました。具体的には、

「将軍に奉公を尽くす。武勇を重んじる。一門のほまれを尊ぶ。恥を知る」

といった考え方で、これはのちに武士道として完結するものです。

また、式目には「源頼朝以来の先例」――幕府をつくった頼朝の政治方針が強く盛り込まれました。成文という目に見える御成敗式目の制定は、画期的なことでした。

泰時は、制定のねらいについて、弟の北条重時《しげとき》にあてて書状でくわしく伝えています。重時は京都の六波羅探題でした。つまり、不審に思う朝廷や寺院などにその趣旨を理解してもらうつもりで書いたのだと思われます。

以下、簡単にその内容を現代語訳にして紹介しますね。

「この御成敗式目をつくったことについて、何を拠り所にしてつくったのかと、人びとはきっと謗《そし》ることだろう。たしかに、そうした拠り所はないけれど、ただ、武士の慣習である道理に沿って記したのです。あらかじめ訴訟のあり方を定め、その人の身分の上下に関係なく、公平に裁定するために、くわしく記録しておくのです。この御成敗式目は、武家の人びとの便宜のために定めたので、これによって朝廷の裁決や律令の掟《おきて》がいささかも変更されるものではありません。

また、これによって、文字の読めない者もあらかじめ考えることができるうえ、裁判のあり方がコロコロ変わることがないよう、この御成敗式目をつくったのです。もし京都の人びとが非難を加えてきたら、この主旨をよく心得て答えなさい」

説明責任という言葉がなかった時代、泰時がそれを果たそうとしていることに感動すら覚えます。

コロナ禍にもかぶる飢饉での対応

泰時がつくった御成敗式目は、画期的なものでした。室町幕府もこの法律によって運営され、戦国大名の分国法や江戸幕府の武家諸法度《しょはっと》にまでも影響をおよぼしたからです。すなわち、泰時が定めた御成敗式目は、約700年続いた武士政権の精神的支柱となったわけです。

いずれにせよ、武士の道徳と頼朝の方針に沿う合議的な政治運営を展開したことで、泰時の政治は、御家人から絶大な支持を受け、彼が為政者であった20年間は、まことに幕政は安泰だったのです。

ただ、政権の安定は、制度や法律の整備だけが成因ではありません。泰時という人の徳が、大きく影響しているように思えるのです。とにかく泰時は、まじめで穏和な人でした。みずからが武士の「道理」や「先例」を体現したような人格者だったといえます。

寛喜2年（1230）に飢饉《ききん》が発生したさいには、農民たちを救うため、泰時は自領の富者に米を放出させて人びとに貸し出しています。そして、それが返済できないときは、自分が農民に代わって弁済すると宣言したのです。新型コロナ禍で失業者が多く出たとき、自分の私財をなげうって苦しむ人びとを救った政治家は、いまの日本に何人いたでしょうか。

さらに泰時自身は、いっさいの衣装や畳の新調を避け、この飢饉がおさまるまで昼食を抜き、酒宴をひかえたといいます。国民に多数での会食を禁じ、自分たちは大勢で贅沢なステーキを食べていたどこかの国の首相とは大違いですね。

歌人の藤原定家《ていか》は、

「たとえ病気でなくても、こんな減食をしていると、泰時は死んでしまうだろう」

と日記（『明月記』）で案じています。

もちろん、飢饉は天災なので、泰時個人がこんなことをしても事態は変わりません。にもかかわらず、そうしたところに泰時という人間の誠実さがあり、そんな政治家だったからこそ、御家人たちも慕ってついていったのではないでしょうか。

「有り難き賢人にて、万人の父母たりし人なり」（『沙石集』）

このコロナ禍において、北条泰時のような政治家が現れることを、いま心から望みます。

相手の心をつかみたいのなら、
まずは自分の弱みをさらけだす

どんな相手であっても、
人の言葉に真摯に耳を傾ける誠実さをもつ

勝利のためには相手の機先を制して
すばやく行動する

勝海舟《かつかいしゅう》

1823-1899

貧しい幕臣の身分から成り上がって徳川政権の幕引きを担い、明治政府の顕官に上りつめた希代の英傑

勝海舟が師と仰いだ謎の人物

勝海舟は坂本龍馬の師として有名ですが、そんな海舟にも世話になった師匠が数人います。剣術を教えてくれた島田虎之助や男谷《おだに》精一郎、蘭学を学んだ永井青崖《せいがい》。さらに西洋砲術を松代藩士の佐久間象山《しょうざん》に伝授され、蒸気船の航海術を長崎伝習所のオランダ士官から教わりました。

なかでも蘭学の師・永井青崖に心酔し、その知識をすべて吸収しようと、海舟は住居まで永井の家の近くに移したそうです。また、佐久間象山の偉大さに感激し、自分の妹を象山の後妻にして親戚になっています。意外にも、若いころの海舟が熱情家だったことがわかりますね。

でも、勝海舟が生涯の師と呼んだのは、じつは彼らではありませんでした。まったく無名のきせん院という行者です。

かつてきせん院は、富籤《とみくじ》（いまの宝くじ）を祈禱《きとう》によって当てることができると評判の行者でした。でも、やがて占いが当たらなくなって、晩年はすっかり落ちぶれてしまいます。少年のころ海舟は、父親の小吉が懇意にしていた関係で、このきせん院を見舞ったことがありました。そのときせん院は、

「あんたはまだ若い。将来頼もしくなりそうだから、俺が落ちぶれたわけを、ひとつ教えてやろう」

と言って、その事情を語りはじめました。

ある日、きせん院のもとに美しい人妻が富籤の当選祈願にやってきます。きせん院はついつい煩悩に駆られ、「必ず当ててやるから」と彼女に言い寄り、男女の関係

を結びました。

　占いは、見事に的中したので、彼女はきせん院のもとにお礼にやってきます。これ幸いと、きせん院はまた彼女に手を出そうとしたのです。すると、その人妻は、

「亭主のある身で不義をしたのは、亭主に富籤を当てさせてやりたい一心から。それをいいことに、また私に不義をしかけてくるとは、なんという不届き千万な坊主め！」

　そう怒鳴りつけ、恐ろしい形相でにらみつけたのです。以来、きせん院は、その叱り声と恐ろしい目玉が頭にこびりついて離れなくなってしまったのだといいます。

　さらに、きせん院は話を続けます。激しい修行をする身なので、精のつくものを食おうと、ある日、生きたスッポンを買ってきました。いざ料理のため、スッポンを絞《し》めようとすると、スッポンが首をもち上げ、大きな目玉できせん院をにらんだのです。

　しかしきせん院は、かまわずにその首を落として料理して食べたものの、以来、人妻とスッポンの目玉が気にかかってしかたありません。始終それを思い出しているうち、だんだんと霊力が落ちて占いが当たらなくなり、ついにはこのような身に落ちたのだと語ったのです。

そしてきせん院は言いました。

「なにもこの二つの出来事が祟《たた》っているわけでもあるまいが、自分の心にとがめるところがあれば、こんなふうに気力がなくなってしまうのさ。すると鬼神とともに動くはずの至誠が乏しくなってくるんだ。だから、**人間はいつもきちんと筋道を立てて生きることが大切**ですよ」

この話を聞いた海舟は、

「この行者こそ、おれが一生のお師匠様だ」

と感謝し、生涯、この教訓を忘れず、「至誠」をモットーに筋道を外さず、自分に恥じることのない生き方をしようと決意したのだといいます。

これはぜひみなさんにも知っておいてほしいと思います。**やましい生き方をして心にとがめることがあれば、充実した人生など送れない**ということです。

人になんと思われようと好きなことをして生きる

海舟の父・小吉はわずか40俵の旗本で、少年時代から家出や喧嘩、女遊びを繰り返し、そのあまりの行状のひどさに、海舟が生まれるころには親族によって座敷牢に閉じこめられていたという強者《つわもの》でした。

だから幕府の役職にもつけず、毎日ブラブラしながら浅草や本所あたりの顔役として、揉め事の仲裁や世話役などをして生涯を終えました。このため勝家はたいへん貧しく、正月に食べる餅も親類からもらわなくてはならないありさまで、夏に蚊《か》帳《や》もなく、家の柱を割って薪《たきぎ》としたこともあったようです。

そうした環境に屈せず、海舟は少年時代から己を磨くため剣術修行にあけくれ、ついに免許皆伝を得、その後は蘭学に興味を抱いて勉学を始めるのです。当時、蘭学は流行のきざしを見せていたものの、まだペリーが来航する前だったので、異人の学問を学ぶことに人びとは偏見をもっており、友人や同僚も海舟のことを敬遠するようになったといいます。

しかしそうした差別や嘲笑など気にもとめず、海舟はひたすら蘭学に没頭していったのです。これ、大切なことですよ。**他人になんと思われようと、犯罪行為や人に迷惑をかけることをしなければ、あなたは好きなことをして生きるべき**なのです。そうしないと、年をとってから後悔しますし、好きな道を極めることで、それが生きる糧になるかもしれないですから。

私の高校時代（約40年前）、マイコン部という部活がありました。うちのクラスにも数人、部員がいました。彼らはテープに録音した不思議な機械音を教室の片隅で聞いて悦に入っていました。クラスのみんなは気味悪がっていましたけど、たぶん自作したゲームのプログラム音なのでしょうね。

当時としては最先端の遊びをしていたんです。だけど凡人にはそれがわかりません。まさに海舟の蘭学と一緒です。人は自分の理解できないことは、不気味に思って敬遠するものなのです。でも、この蘭学熱が、海舟の人生を大きく変えることになりました。

ある日、海舟は本屋で渋田利右衛門《しぶたりえもん》という商人と知り合います。箱館の豪商で彼も蘭学好きだったから、海舟が本屋で蘭学の本を熱心に読んでいたのを見て声をかけてきたのです。

このとき海舟は、利右衛門に自分の研究成果を熱く語りました。これに感服した利右衛門は、その将来性を見込んで海舟に幾人もの豪商仲間を紹介し、さらには200両（いまでいえば、1000万円は超えるでしょうな）という大金をポンと研究費に提供したのです。

これはたんなる幸運ではありません。もし海舟が利右衛門を感激させるだけの学識を備えていなければ、こうした機会はめぐってこなかったでしょう。

嘉永3年（1850）、海舟は蘭学で生計を立てる決心をして、塾を開きます。一方で佐久間象山から学んだ西洋砲術の知識や技術を用いて、洋式銃や大砲の製造を始めたのです。

当時、日本近海に外国船が出没するようになり、諸藩は国防上、洋式の銃や大砲を欲していたからです。だから海舟の武器製造のうわさが広まると、諸藩から注文が殺到するようになりました。なかなかの先見の明です。

ただ、個人の請け負いでは仕事をこなしきれなくなり、海舟はある鋳物師に武器の鋳造を委託しました。

ところがあるとき、その鋳物師が手抜き製造をおこなっていたことに気づいてしまうのです。立腹した海舟が鋳物師を問いただすと、彼は黙って500両の大金を差し出したのです。

「この金をやるから、注文先には内密に」という意味ですね。しかし海舟は心底、激怒し、

「武器は国を守る大切なもの。なぜ、ごまかそうとするのか。おれに渡す金があるなら、この金でもっとしっかりした大砲をつくれ！　いいな！」

と叱りつけ、500両をそっくりそのまま突き返しました。

このときの海舟はまだ貧乏から抜け出しておらず、屋敷の壁は穴だらけでボロボロ。天井板もカマドの焚きつけに使ってしまい、一枚もありませんでした。だから500両という大金は、のどから手が出るほど欲しかったに違いありません。

でも、「至誠」をモットーに生きている海舟だから、目先の欲にくらんで手抜きを許し、取引先の信用を失うほうを恐れたのです。いいですか。**信用はお金よりずっと大事**なのですよ。これも日本史の重要な教訓です。

結果として、この実直さが海舟の人生を好転させました。

うわさを耳にした幕府の目付兼海防掛《かいぼうがかり》の大久保一翁《いちおう》がその言動に感激し、さらに海舟が大胆な開国策を唱えていることを知り、安政2年（1855）、海舟を下田取締掛手付に登用してくれたのです。

その後、幕府が軍艦の操縦を習得させる海軍伝習所を長崎に設置すると、海舟は第一期生に選ばれました。

さて、海舟が入った海軍伝習所ですが、伝習生はおよそ200名、そのうち幕臣は45名。ほかはすべて佐賀藩、福岡藩、薩摩藩、長州藩などの陪臣《ばいしん》（大名の家臣）でした。教師はオランダから派遣された優秀な海軍士官。通詞《つうじ》（日本人通訳）を介しながら授業がおこなわれました。

幕末の動乱期に幕府海軍の主力艦として活躍した咸臨丸
出所)『日本近世造船史』日本造船協会(現・日本船舶海洋工学会)より転載

海舟は腕だめしで遠洋航海をやろうと思って教師に願い出ましたが、天候が悪いからやめておけと言われます。しかし海舟は、

「すでに海軍へ出ている以上は、難船して死ぬのはもとより覚悟だ」

と豪語して言うことを聞きません。

そこでしかたなく教師は、

「くれぐれも危ないところや遠くへ行くなよ」

と注意したのに、海舟は10数名を連れて五島沖まで出てしまい、暴風のために流され、舵は壊れ、船には穴が開き、危うく死にそうな目にあったのです。

人の言うことなど意に介さず、自

分の思ったとおりに行動し、他人を巻き込んでいく。それが勝海舟の性格でした。だから人とぶつかることも多く、反発を受けたり、ときには失脚したこともありましたが、彼は生涯、自分の気持ちに正直でありつづけました。このため海舟に感服して、心酔する者も多かったのです。

海舟は5年間にわたり海軍技術の習得に励み、万延元年（1860）、幕府が日米修好通商条約批准《ひじゅん》のため使節をアメリカへ派遣することになると、軍艦操縦技術を買われ、咸臨丸《かんりんまる》（幕府所有の蒸気船）を操縦して太平洋を横断。帰国後はトントン拍子に栄達し、文久2年（1862）に軍艦奉行並にまで上ったのです。

人には運というものがあります。たしかに貧乏幕臣から栄達した勝海舟は、幸運に恵まれていたといえるでしょう。でも、それだけではないことはわかりますよね。渋田利右衛門も大久保一翁も、海舟の努力と正直さに心打たれ、その人柄を信用して厚遇したわけです。

みなさんに知っておいてほしいのは、あなたの行動は必ず誰かが見ているということです。その努力は海舟のようにいつか報われる可能性があるのです。

もちろん、確約はできません。でも、少なくともあなたのがんばりは、あなた自身が見ているではありませんか。

第一印象ほど重要なものはない

勝海舟と坂本龍馬がはじめて会ったのは、文久2年後半から翌年前半のことだと考えられています。攘夷《じょうい》思想に心酔していた龍馬は開国を唱える海舟を殺そうと、赤坂氷川坂下の海舟の屋敷を訪問したといいます。

海舟自身も、

「坂本龍馬。彼《あ》れは、おれを殺しに来た奴だが、なか〱人物さ。その時おれは笑つて受けたが、沈着《オチツ》いてな、なんとなく冒《おか》しがたい《い》威権があつて、よい男だつたよ」

（勝海舟『氷川清話』江藤淳・松浦玲編、講談社学術文庫）

と証言しています。

龍馬を海舟に紹介したのは、前越前藩主・松平春嶽《しゅんがく》でした。春嶽のもとを龍馬と岡本健三郎が訪れ、

「勝と面会したいので紹介状が欲しい」

と言ってきたのです。

春嶽がその目的を聞くと、龍馬は平然と、

「議論を起こして勝を斬殺するのです」

と答えたといいます。

すると驚いたことに、春嶽はそんな物騒な目的を知りつつ、紹介状を認《したた》めたのです。じつは当時、こういう危険なことは仲間内でよくおこなわれていたようです。

実際、海舟自身も西郷隆盛を憎む人見寧《やすし》(勝太郎)に請われ、平然と西郷への紹介状を人見に書いています。結局、人見は西郷の人間性に圧倒され、敬服しましたが、もし西郷が襲撃されていたら、いったいどうするつもりだったのでしょう。

「そうなったら、それまでの人間だったということさ」

そんなふうに、海舟、そして春嶽は考えていたのかもしれません。実際、海舟のもとにはたびたび怪しげな連中がやってきました。のちに日本銀行の重役や代議士となる北岡文兵衛も、

「自分は勝さんを殺しにいった」

と告白しています。

また、大久保利通が暗殺されたとき、関係者3人が海舟の屋敷に乗り込んできました。ところが海舟は動ぜずに彼らと会い、

「暗殺で時勢は変わらないぜ」

と話して追い返しています。

ちなみに海舟の来客に対する応対は、まことに奇抜です。

「初対面の人に対してひと度これを試みるというは、むしろ先生（海舟）の癖となっているほどに熟していたらしい。なんらかの活手段によって向うの気を一転せしめ、その刹那《せつな》に相手を赤裸々にして、その真相を見てしまうというような工夫は、むしろ先生多年の逆境から、第二の天性となっていたらしい」（『新訂 海舟座談』巖本善治編、勝部真長校注、岩波文庫）

とあるように、若いころより剣と禅の修行を積んでいたせいか、相手の様子を見て瞬時に虚を衝く態度に出てくるのです。いきなり来訪者を一喝するときもあれば、百年来の知己《ちき》のように親しく出迎えることもありました。

『続氷川清話』によれば、龍馬のときは次のようでした。龍馬が勝邸の玄関から中へ声をかけると、小柄な男が戸口まで出てきて、

「俺が勝だが、お前ら刺客だろう」

と言い放ったそうです。龍馬たちがあっけにとられていると、そのあわてぶりにひどく満足したらしく、

「もし俺の言うことに非があれば、すぐに斬ればよかろう」

と放言し、そのまま屋敷に招き入れて攘夷の不可や世界情勢などを説き、感激した龍馬はその場で弟子入りしたといいます。

ただ、海舟は龍馬を刺客と決めつけていますが、龍馬のほうはそんな気持ちはもっていなかったと思います。のちにくわしくお話ししますが、すでに海軍をつくる志がありました。対談において海舟は持論の「一大共有の海局（日本海軍）」の創設について熱く語ったのでしょう。

まさに龍馬の考え方とピタリと一致します。だからこそ龍馬は、その場で海舟に弟子入りを頼み込んだのでしょう。

いずれにせよ、**初対面のとき、相手の意表を突いて主導権を握ってしまう**ことの大切さを知ってください。ある意味、人と人の出会いは、最初に会ったときの第一印象が重要です。そのときのイメージは、その後もなかなか変えられないのです。これを経験で知っていたからこそ、海舟はいきなりマウントをとりにかかるのでしょう。

西郷隆盛との初会談のときもそうでした。元治元年（1864）9月のこと。当時、西郷は、長州征討の参謀として徹底的に長州藩をたたこうとしていました。これより前、朝廷で失脚した長州藩は、大軍で上洛《じょうらく》して薩摩・会津藩などと武力衝突し、敗走しました（禁門の変）。そこで朝廷は長州藩を朝敵とし、幕府は10数万の大軍で長州へ攻め入ろうと準備を進めます。

海舟はこの動きに反対でした。そこで主戦派の西郷と会ったのです。しかも西郷を見るなり、

「幕府はもうダメだから、これからは共和政治（雄藩の連合政治）をおこなうべきだ。長州をたたくべきではない」

と言い切ったのです。

幕府の重臣でありながら、これを見捨てて平然と持論の共和政治について熱く語る海舟に、西郷は最初から度肝を抜かれてしまいました。それから5日後、西郷は盟友の大久保利通に会見の様子を次のように手紙で伝えています。

「勝氏にはじめて面会したところ、じつに驚くべき人物で、最初はやり込めようと思っていたのが、すっかりこちらが頭を下げてしまった。どれだけ智略のある人物かわからない。まるで英雄のような人だ」

と述べ、続いて「勝先生にひどく惚れ申し候」と結んでいます。このように、あの西郷ですら初対面で完全に圧倒されてしまったのです。

西郷は海舟の説得で主戦論をあっさり引っ込め、その後は長州藩の説得に努め、

武力衝突の回避に成功しました。

勝海舟は初対面で相手のマウントをとるコツを、次のように述べています。

「なにごとによらず気合いということが大切なんだ。この呼吸さえよく呑み込んでいれば、たとえ死生の場に出入りしても、決して迷うことはないはず。ただ、これは単に文字上の学問では学ぶことはできない。何回も万死一生の困難を経て初めてわかるものだ」

「世に処するには、どんな困難に出合っても臆病ではいけないよ。さあ、なんでも来い。おれの身体が、ねじれるならば、ねじってみろという覚悟で事にあたれば、ピンチが到来すればするほどおもしろ味がついてきて、物事は苦もなく落着してしまうものだ。なんでも大胆に、無用意に、打ちかからなければいけない。どうしようか、こうしようか、と考えてはもういけない。むずかしかろうが、やさしかろうが、そんなことは考えずに」、いわゆる「無我といふ真境に入つて無用意で打ちかゝつて行くのだ。もし成功しなければ、成功するところまで働き続けて、決して間断があつてはいけない。世の中の人は、たいてい事業の成功するまでに、はや根気が尽きて疲れてしまふから大事が出来ないのだ」(『氷川清話』)

そんなふうに秘訣を語ってくれています。

たとえば第2次長州征討で、幕府軍は長州一藩に敗れてしまいます。ちょうど大坂城で将軍・家茂《いえもち》が死去したので、それを口実に幕府は長州から撤兵しようとしたのです。

でも長州軍の追撃を喰らったら、幕府軍は瓦解《がかい》してしまう可能性があります。そこで、追撃阻止の交渉を押しつけられたのが勝海舟でした。

このとき海舟は死に装束を身につけて毎日、長州の使者を待ち、会見では長州藩の代表・広沢真臣《さねおみ》を前に、

「なぜあなたがたは、幕府の拠点である大坂城に火をつけないのですか。江戸まで追いまくることができますよ」

と幕府軍を攻めることを勧めたのです。

まあ、広沢もその言葉には驚いたでしょうね。これによって長州側も打ち解け、講和がまとまったといいます。

こんな話もあります。よく知られているように、勝海舟が西郷隆盛と会見して江戸城の無血開城が決まったわけですが、開城が決定したあとも、大奥では天璋院《てんしょういん》篤姫《あつひめ》（十三代将軍・家定の御台所）が駄々をこねて城から退去しようとしませんでした。もし城を出たら、実家の薩摩藩に送還されるだろうといううわさが、大奥を駆けめ

ぐっていたからです。

このとき海舟は、みずから大奥へ出向いて篤姫に会見を申し入れました。そして海舟が大奥の座敷へ入ると、なんと懐剣を手にした奥女中たちが6人、ずらりと並んでいます。もし無理やり退去させようというなら自害するぞ、という気概を見せたのです。

しかたなく海舟がそのまま待っていると、やがて奥女中のなかの一人がすっと前に進み出てきました。それが、篤姫でした。海舟は城を退去するよう篤姫を説得しますが、彼女は城を出るくらいなら自害するといってききません。

そこで海舟は、

「あなたが自害すれば、私だってタダではすみませんから、その横で腹を切ることにします。すると、他人はきっと、私とあなたが心中したのだとうわさしますよ」

そう語ったのです。これにはさすがの篤姫も吹き出し、一気に座が和んだといいます。こうして海舟は、篤姫の説得に成功したのです。**あれこれ思案せず捨て身の気合いで大胆にぶつかっていく**。そうすれば、相手は気後れしたり、気をゆるめたりして、あなたの意見や主張は通せるはずです。

臨機応変に処する

さて、海舟に弟子入りした龍馬の話に戻りましょう。

「いまにては日本第一の人物、勝麟太郎《りんたろう》（海舟）殿という人に（の）弟子になり、日々兼《か》ねて思いつきところを精といたしおり申し候。（略）国のため天下のため、力を尽くしおり申し候。どうぞ御喜び願い上げ、かしこ」

これは、龍馬が姉の乙女に宛てた文久3年（1863）3月20日付の手紙です。2カ月後に書いた手紙にも、

「このごろは、天下無二の軍学者勝麟太郎という大先生の門人となり、殊《こと》のほか可愛がられ候て、まず客分のようなものになり申候（略）すこしエヘン（自慢）顔してひそかにおり申候。達人（勝海舟）の見る眼《まなこ》は恐ろしきもの」

このように、海舟のことを「日本第一の人物」とか「天下無二」とベタぼめし、心酔しきっている様子がわかりますね。幕府の軍艦奉行並が浪人の自分を客分扱いしてくれるわけですから、うれしくなって当然でしょう。

でもこれが、じつは海舟のやり方だったんです。

「平生《へいぜい》小児視（子供扱い）して居る者の中に、存外非常の傑物（優れた人物）があるものだから、上に立つ者は、よほど公平な考へをもつて人物に注意して居ないと、国家のため大変な損をすることがある」（『氷川清話』）

そう海舟が語っているように、できるだけ有能な若者は引き上げてやろうと努めていたのです。

「君達は、若い者だといへば、たとへいかなる傑物でも、やはりこれを小僧のやうに思って、いつまでも風下に置くといふのはいけない」

「後進の青年を導くには、なるべく卑屈にせぬよう、気位《きぐらい》は高尚にもつようにしてやらねばいけないよ」（前掲書）

とも述べていて、門弟と対等に接し、彼らの尊厳を傷つけないよう配慮しながら、その才能を引き出そうとしたことがわかりますね。

実際、次のような逸話があります。

海舟はあるとき10名ばかりの弟子を連れて、かつての師匠・佐久間象山のもとを訪ねました。この折、象山は海舟の身なりを見てたいそう驚きました。なぜなら、海舟が幕府の軍艦奉行並の身でありながら、弟子たちと同じ粗末な小倉袴《こくらばかま》を着けていたからです。

象山は次のように言いました。

「重職にある者が従者と同様の服装では、お役目に対してすむまい」

しかしこれを聞いた海舟は、

「先生は、私の連れを軽く見られるが、彼らはみな天下の書生です。教育によっては、他日、私やあなたより出世するかもしれません。だから私は、常に彼らを兄弟として遇しているのです。彼らは決して私の従者などではありませんよ」

と反論したのです。

側でこのやりとりを耳にした門弟たちは、きっと感激したことでしょう。だからといって、海舟が弟子に媚びたり、甘やかしたわけではありません。

海舟は、

「勇気があって役に立ちそうな者は、どんどんとその器に応じて抜擢し、重い責任を負わせていじめろ」

などと話しています。そして実際、坂本龍馬もその方法で鍛えたのです。

勝海舟は軍艦の操縦を教える学校をつくろうとしていましたが、資金繰りに苦労し、資金集めに龍馬を越前藩へ派遣したところ、なんと龍馬は5000両を借り受けることに成功したのです。思い切って重い責任を負わせたことで、龍馬は期待以上の成果を上げたわけです。

これは、部下や後輩を伸ばすコツでもあるので、ぜひ覚えておいてくださいね。

こうして元治元年（１８６４）５月、勝海舟はついに神戸に幕府の海軍操練所を設置することができました。

さて、もう少し、海舟の処世術について語りましょう。

彼は「時勢」という言葉を好んで使いました。時には勢いというものがあり、これをうまくとらえて事をおこなうべきだという論です。

逆に言うと、機が熟していないのであれば、何事も成就しないのだから、焦らずに寝ころんで時機を待てといいます。あとでくわしく述べますが、坂本龍馬の「ねぶと論」もこの海舟の考えた方を踏襲したのではないかと思います。

海舟は言います。

「人はよく方針を立てようというが、方針を定めてどうするのだ。およそ天下のことは、あらかじめ測り知ることができないものだ。網を張って鳥を待っていても、鳥がその上を飛んだらどうするつもりなのか。自分のなかに一つの執着した定見をもち、それだけで天下を律しようとするのは、決して王者がとるべき道ではない」

このように臨機応変に処することを重視したのです。さらに、

「主義といひ、道といつて、必ずこれのみと断定するのは、おれは昔から好まない。単に道といつても、道には大小厚薄濃淡の差がある。しかるにその一を揚《あ》げて他を排斥するのは、俺の取らないところだ」（前掲書）

と述べ、

「第一、自分の身の上について考えてみるがよい。誰でも初め立てた方針どおりに、きちんとゆくことができるか。とてもできはしまい。元来人間は、明日のことさへわからないというではないか。それに十年も五十年も先のことを、画一の方針でもってやろうというのは、そもそもまちがいの骨頂だ」（前掲書）

と主張します。さらに、

「マー、世間の方針々々といふ先生たちを見なさい。事が一たび予定の方針通りに行かないと、周章狼狽して、そのざまは見られたものではないヨ」（前掲書）

と笑い、

「それであるから、人間に必要なのは平生の工夫で、精神の修養ということが何より大切だ。いわゆる心を明鏡止水のごとく磨ぎ澄ましておきさえすれば、いついかなる事変が襲うてきても、それに処する方法は、自然と胸に浮かん

でくる。いわゆる物来たりて順応するのだ。おれは昔からこの流儀でもって、種々の難局を切り抜けてきたのだ」(前掲書)

このように、勝海舟は、**定見などに固執せずに心を研ぎ澄ませて臨機応変に動け**と教えてくれているのです。

我に与らず我に関せず

その後、勝海舟は江戸に大軍で攻めてきた新政府軍の西郷隆盛との会談によって、江戸の総攻撃をとめ、江戸城を無血で明け渡しました。そして明治政府に仕えて海軍卿などを歴任、同時に旧幕臣たちの面倒をよく見ました。

ただ、幕府の高官が新政府に出仕したことに、あの慶應義塾の福沢諭吉は強く反発、明治24年(1891)に「瘦我慢《やせがまん》の説」という長大な文章を書き上げ、それを勝海舟に送りつけて返書を要求したのです。「瘦我慢の説」の内容は、すさまじいばかりの海舟批判の書でした。

福沢諭吉は、

「日本には瘦我慢という美徳があった。しかし20年前、徳川家臣の一部が敵に抵抗を試みず、和を講じてしまった。これは一時的には利益だったかもしれないが、長く養ってきた日本武士の気風を損なうもの。鳥羽・伏見の戦いに負けても再挙をはかり、それで負けたら江戸城にこもり、万策尽きたら城を枕に討死する。それが本当の武士の在り方ではないか。なのにまだ戦っていないのに降伏するのは、兵乱で命や財産が損なわれなかったといえども、瘦我慢の士風を傷つけた責任はまぬがれない」

と海舟を断罪したのです。

さらに維新後、海舟が、「断然、政府の寵遇を辞し、官爵を棄て利禄をなげうち、単身去りて其跡を隠す」なら「世間の人も、初めてその誠の在る所を知りてその清操に服し、旧政府崩解の始末も真に氏(海舟)の功名に帰する」はず。なのに新政府の高官についたのは、「武士の風上にも置かれぬ」所業であり、海舟のために「惜しむのみならず、士人社会風教のために深く悲しむべきところの者なり」(『福澤全集 第6巻』国民図書)

と諭吉は痛烈に批判したのです。

海舟は、この「瘦我慢の説」について諭吉から返書を求められますが、はじめは黙殺しました。しかしその後も諭吉が催促するので、次のように返信します。

「私は、人びとから批評を受けるような大それた偉人ではない。あなたの言葉やご指摘はまことに慚愧《ざんき》に堪《た》えず、深く感謝する」

そう回答したあと、

「行蔵《こうぞう》は我に存す、毀誉《きよ》は他人の主張、我に与《あずか》らず我に関せずと存じ候」

と認めたのです。簡単に言えば、

「俺は自分の思うとおりに好き勝手にやっているだけ。他人にどう評価されようとかまわない。俺の預かり知らぬことさ」

といった意味です。

近年、SNSでいわれない攻撃を受け、傷つくだけでなく、命を絶つ人も少なくありません。ストレスのはけ口にSNSを使っているバカな人間の多さには驚きます。

ぜひそんなろくでもない連中は、厳罰に処すような法改正を求めますが、一方で、そんなくだらない者たちの言うことを真に受ける必要はないのです。

海舟のように、「行蔵は我に存す、毀誉は他人の主張、我に与らず我に関せずと存じ候」と考えてほしいです。

アホは相手にしないのが一番。時にはSNSから離れてみるのもよいかもしれません。

明治32年（1899）1月19日、勝海舟は体調を崩し風呂から出たところで急に倒れ、まもなく亡くなりました。貧しい幕臣の身分から成り上がって徳川政権の幕引きを担《にな》い、さらに明治政府の顕官に上りつめた一代の英傑は、畳の上で満75歳の生涯を閉じたのです。

最後の言葉は、「死ぬかも知れないよ」だとも「コレデオシマイ」だとも伝えられます。勝海舟らしいですね。

時には勢いというものがあり、
これをうまくとらえて事をおこなう

定見などに固執せずに心を研ぎ澄ませて
臨機応変に動け

あなたの行動は必ず誰かが見ている

坂本龍馬

1835-1867

さかもと りょうま

黒船との出合いから脱藩を決意し、勝海舟、海軍操練所、さらに薩長同盟、大政奉還へと大局的な観点で時代を駆け抜けた風雲児

もし坂本龍馬に出会わなければ……

私は、坂本龍馬がいなかったら、歴史に関する仕事をしていません。中学生のとき、テレビドラマの金八先生にあこがれ、教師の道をめざしました。そんな金八先生が敬愛していたのが坂本龍馬。だから高校2年生のとき、司馬遼太郎の『竜馬が

ゆく』（文春文庫）を読みました。名もなき一介の浪人が日本を動かしたことに心から感動しました。

そして、「大学で龍馬のことを学ぼう、歴史を勉強しよう、歴史の先生になろう」と決め、実際にその思いを実現させました。なんとも一直線で単純な人間ですが、いずれにせよ、もし坂本龍馬に出会わなければ、いまの私はなかったわけです。

だから数年前、「坂本龍馬を教科書から削除してもよいのではないか」ということがマスコミで話題になったとき、けっこうムッとしました。これを提言したのは高大連携歴史教育研究会。大学の研究者や高校の歴史の先生たちでつくる大きな団体です。

この研究会では、ここ30年で教科書の歴史用語が急激に増えていることを批判し、もっと用語や人名を削除すべきだと提言したのです。私も27年間、現職の高校教員だったので、その意見には全面的に賛成です。

でも、「龍馬の削除は違うだろ。個人的に断固賛成しかねる」。そう思いました。総論賛成、各論反対ですね。

たしかに龍馬は、政治の表舞台で活躍したわけではありません。でも、薩長同盟や大政奉還、五箇条の御誓文などに深く関与し、裏方として近代国家の誕生に果たした影響は大きいと思いますし、なにより縁の下の力もちの必要性を高校生に教えることも大事ですよね。

ところがこの発表を受けて、ある朝のニュース番組が、

「坂本龍馬は昔、教科書に載っていなかった」

という嘘の報道をしたのです。これにはビックリしましたね。

昭和18年（1943）の国定教科書（『初等科国史下』文部省）を開いてみてください。

「朝廷では、内外の形勢に照らして、慶応元年、通商条約を勅許あらせられ、薩・長の間も、土佐の坂本龍馬らの努力によって、もと通り仲良くなりました」

と書かれていますよ。これ、国定教科書ですから国民全員が読んだはず。つまり戦前から、龍馬は誰もが知っている歴史人物だったのです。

司馬遼太郎の『竜馬がゆく』が刊行された昭和30年代後半から知られるようになったイメージがありますが、それ以前の昭和32年（1957）の教科書にも、

「土佐藩の尊王攘夷派を代表する坂本竜馬・中岡慎太郎らの藩士は、薩・長両藩の間を説き、一八六六年（慶応二年）一月、薩長連合の密約を成立させた」（豊田武『高等学校社会科 日本史』中京出版）

と明記されているのです。

ちょっと熱くなりましたが、ここでは坂本龍馬がどれほどスゴい人だったかをみなさんにお話しして、彼から教訓を学んでもらいたいと思います。

初対面の人間の心を開く意表を突く方法

龍馬は郷士《ごうし》（下級武士）の次男として、土佐藩に生まれました。家庭は裕福でしたが母が幼いころに亡くなり、少年時代は弱虫で勉強もできず、塾を中退しています。そんな龍馬を見捨てず、勉強や武道を教え込んだのは、すぐ上の姉・乙女でした。そのおかげで龍馬は得意な剣術に己の将来を見いだし、やがて江戸へ遊学します。まさにその年、ペリー艦隊が浦賀に来航したのです。ペリーは尊大なヤツで、多数の短艇（ボート）を出して江戸湾の測量をおこない、巨大な軍艦1隻をその護衛として品川沖に派遣しました。幕府は驚き、諸藩に沿岸防備を命じたのです。

このとき19歳だった龍馬も、土佐藩から品川の警備に駆り出されます。黒船を目の当たりにした龍馬は、衝撃を覚えました。それは父に宛てた手紙に、「異人の首を取ってきます」と述べていることでも明らかです。戦争になると思ったのです。19歳といえば、数え年ですから、高校3年生くらいですね。

私はこのとき龍馬が江戸で黒船を見ていなかったら、彼は歴史的に活躍していなかったのではないかと確信しています。このときの衝撃が、日本の国の将来を想うきっかけになったと考えるからです。

ですからみなさんにも、海外に出て異文化に触れてみたり、異なる業種の人たちと積極的に交わったりしてほしいと私は思うのです。

翌年、留学を終えて土佐に戻った龍馬は、河田小龍《しょうりょう》のもとを訪れます。小龍は、浦戸坊片町の船役人の子でしたが、京都の狩野山梁《さんりょう》に師事して絵画を学び、京都の二条城襖《ふすま》画の修復などに力を発揮しました。

その後、土佐藩に重用され、薩摩藩へ出張して反射炉（大砲などを鋳造する溶解炉）を調査、さらに漂流してアメリカで生活していたジョン万次郎の取り調べにあたりました。のちに、万次郎からの聞き書きを『漂巽紀略《ひょうそんきりゃく》』という著書にまとめています。このように小龍は知識人で、土佐随一のアメリカ通でした。

黒船にショックを覚えた龍馬は、どうすればアメリカに対抗できるか悩み、小龍に相談しようと思ったのです。でもそんなすごい人物に、面識のない若造である龍馬が会ってもらえるはずもありません。ふつうならしかるべき人の紹介状をもって来訪するのが礼儀です。

でも龍馬には、そうしたツテがありません。ならば、あきらめるのが一般的でしょうが、どうしても会って話を聞きたいと思った龍馬は、いきなりアポなしで小龍の屋敷へ出向いてしまうのです。

のちに小龍自身が当日のことを回想していますが、龍馬は小龍の屋敷をぶらりと訪れ、

「いまの時局について、あなたは意見をおもちのはず。どうか聞かせてほしい」

そう唐突に言ったそうです。

小龍は龍馬より12歳年上の最新の知識人にして、藩の上層部の信頼も厚い重要人物。あまりにも無礼な物言いです。ですから小龍は、苦笑いで応じたといいます。そうする以外、この事態を収拾できる方法がなかったからです。

そして小龍が、

「私は隠居の身、書画をたしなみ風流をもって世を送っている。世の中に対して、何の意見ももっていない」

そうやんわり追い払おうとしたとき、龍馬は、

「いや、あるはずだ」

と即座にこれを否定し、

「いまは隠居して安穏と暮らしている場合ではないぜよ」

と放言したあと、自分はこれほど苦悩しているのだと、滔々《とうとう》と身の上話を始めたといいます。

なんとも意表を突く男です。度肝を抜かれた小龍ですが、龍馬の話を聞いているうち、不覚にも胸の奥が熱くなってしまい、初対面で胸襟《きょうきん》を開いた龍馬に、ついつい自分もその思いを開陳しはじめたのです。

このように龍馬は、**自分の情熱を相手にぶつけることで初対面の人間の心をまんまと開いてしまった**のです。

河田小龍との出会いは、龍馬の未来を大きく変えました。小龍から、

「外国人の侵略を防ぐためには強大な海軍をつくるのが先決だ」

と教えられ、

「それこそが自分の使命なのだ」

と悟り、のちにこれが、亀山社中、海援隊へとつながっていくからです。

思い切って小龍の門戸をたたかなかったら、きっと龍馬は単純な攘夷主義者のまま、大した活躍もなさずに世を終えたことでしょう。

ツテがなくてもエラい人にアポなしで会いにいく、そうした無謀とも思

える行動力が自分自身を大きく成長させることになったわけです。

小龍と会ってから数年間、龍馬は海軍をつくるという思いを秘めたまま、先輩の武市半平太《たけちはんぺいた》がつくった土佐勤王党に所属して尊王攘夷活動をしていました。ただ、やはり土佐藩を勤王一色に染め、その力をもって外国人を追い払うという思想に違和感を覚え、28歳のときに脱藩を決行します。

常に最先端の情報に敏感であれ

脱藩行為というのは重罪です。見つかって捕まれば、処刑されてしまうかもしれないのです。そのうえ実家との関係を断ってしまえば、経済的な保証はいっさいなくなってしまいます。現に脱藩から数カ月後、龍馬の有り金は尽きてしまい、刀の柄頭《つかがしら》を売って金に換え、柄の部分を白布でぐるぐる巻きにして腰に差していたという話が残っています。

しかし実家や故郷を捨てていなければ、坂本龍馬という青年は、歴史にその名を残すことはなかったでしょう。

「身を捨てて浮かぶ瀬もあれ」

これは、平安時代に生きた空也上人の歌といわれています。正確には、「山川の末に流るる橡殻《とちがら》も　身を捨ててこそ浮かむ瀬もあれ」という歌です。山のなかのトチの実が、下流に到達することができたのはなぜか。それは、勇気を出して川のなかに身を投げたからこそ、浮かび上がってそこまで流れ着くことができたのだという意味だそうです。

人はいまの境遇に安住してしまえば、その後の発展は望めません。龍馬も自分の境遇を捨てたからこそ、新しい場で大きな活躍ができたといえるのです。

脱藩して龍馬が頼ったのが、よく知られているように勝海舟でした。勝は幕府の軍艦奉行並、幕府海軍の事実上のトップです。海軍をつくりたい龍馬にとって、いちばん会いたい相手だったと思います。

前にお話ししたとおり、勝はちょうど神戸に海軍学校を設け、諸藩の若者も入学させ、藩を超えた日本海軍（一大共有の海局）をつくろうと考えていたので、喜んで龍馬を弟子にし、重用しました。残念ながら神戸の海軍操練所は池田屋事件の関係者が出たことで閉鎖され、勝海舟も職を解かれて江戸で謹慎処分になってしまいます。

藩士たちは自分の藩に戻ればよいわけですが、龍馬は浪人です。路頭に迷うことになります。そんな窮地を救ったのは、西郷隆盛や小松帯刀《たてわき》、大久保利通など薩摩藩の人びとでした。薩摩藩は龍馬たち浪人を藩邸にかくまい、すべて面倒を見てくれたのです。

その人数はあわせて30人程度いたのではないかと思われます。勝海舟が西郷らに龍馬らの世話を依頼したということもありますが、薩摩藩が快諾したのは、きちんとした理由がありました。彼らも慈善事業をしているわけではありませんから。

薩摩藩の家老・小松帯刀が大久保利通へ宛てた手紙のなかで、

「坂本龍馬ら浪人たちを航海の手先として雇用すべきだと西郷と話し合っている」

と記している箇所がありますが、龍馬たちはタダの浪人集団ではなかったのです。当時、蒸気船を操縦できるのは、最先端の特殊技能でした。そんな貴重なスペシャリストの集まりであればこそ、薩摩藩は喜んで彼らを引き受けたのです。一方やがて薩摩藩は龍馬たちに蒸気船を貸し与え、自藩の海運業に利用します。場合の龍馬も長崎で亀山社中を組織し、借りた蒸気船で手広く商売を始めました。場合によっては海軍になる集団でした。そう、海軍をつくるという長年の夢を、龍馬は実現させたわけです。

ここから得られる教訓は、最新機器や新しい技術を、人に先んじて使いこなしたり、習得していくべきだということです。龍馬はほかの志士にくらべると多くの肖

龍馬が同志と組織した亀山社中の跡（長崎市）
提供）一般社団法人長崎県観光連盟

像写真を残していますが、当時の写真術というのも西欧から流入した最先端技術でした。そうした技術を積極的に活用し、龍馬は撮った肖像をたくさん印刷して名刺がわりに配っていたといいます。

めずらしい写真なるものをもらった志士たちはきっと、龍馬のことを一発で記憶したことでしょう。これに対し、龍馬の盟友・西郷隆盛は写真を撮ることを極端に嫌いました。写真を撮ると魂を抜かれてしまうといった迷信を信じていたと考えられます。ただ、当時はむしろ、西郷のような反応が一般的でした。

ちなみに、龍馬の肖像写真の一つに、ブーツ姿の全身像があります。よくよくそのブーツを眺めると、だいぶ履き古したようで穴が空いているのがわかります。けれど、私が知るかぎりでは、ブーツを履いた幕末の志士は龍馬以外にいません。

風呂に入るのは嫌いだった龍馬ですが、西洋のオーデコロンをつけていたともいわれており、姪《めい》の春猪《はるい》にも外国の白粉《おしろい》を贈っています。

こんな話もあります。龍馬を尊敬する檜垣清治《ひがきせいじ》という土佐藩士がいました。あるとき龍馬は檜垣の長い刀を見て、

「それは実戦に向かない。これからはこれがよい」

と自分の短い刀を見せました。

そこで檜垣は次に龍馬に会ったとき、購入した短刀を見せました。すると龍馬はなんと、懐からピストルを取り出し、

「これからは、この時代ぜよ」

と言い放ったのです。そこで檜垣は苦労してピストルを手に入れ、龍馬に見せました。

ところが今度は、一冊の本を懐から取り出し、

「これからは武器の時代ではない。この本は国際間の争いごとを解決する『万国公

法』というもの。列強諸国と渡り合うには、これが必要なのだ」

と語ったといいます。

このように龍馬は、何の抵抗もなくどんどんと西洋文明を取り入れていったのです。また、人より早くそれができたのは、龍馬が最先端の情報に敏感だったからでしょう。常に海外に目を向け、耳を澄ませていたのです。

私たちはやはり龍馬のように、他人より一歩先んじて流行の予測されるビジネスツールを手に入れ、それを使いこなすべきだと思います。みなさんには、ぜひファーストペンギン（リスクを恐れずはじめてのことに挑戦するベンチャー精神の持ち主）をめざしてほしいのです。

タイミングを見計らって迅速に動け

さて、坂本龍馬の歴史上の功績といえば、同郷の中岡慎太郎とともに薩長同盟を仲介したことですね。ちなみに龍馬は、やはり同郷の土方久元《ひさもと》から薩長同盟構想を聞いたといわれています。

ご存じのように、文久3年（1863）まで長州藩は尊王攘夷を掲げて朝廷を牛耳っていましたが、公武合体派である会津藩と薩摩藩がクーデターを画策して、長州勢力は朝廷から駆逐されてしまいます。翌年、怒った長州軍は大挙して京都に攻め寄せましたが、逆に会津と薩摩によって撃退されました。世にいう禁門の変（蛤《はまぐり》御《ご》門《もん》の変）ですね。

その後、敗れた長州藩は列強の四国艦隊（英米仏蘭）に下関を攻撃され、簡単に上陸を許して砲台を占拠されてしまいました。こうして身をもって攘夷の不可能を知ったのです。

一方、薩摩藩もこれより前、あっけなくイギリス艦隊に鹿児島城下を焼かれてしまいます（薩英戦争）。こうして長州藩も薩摩藩も、朝廷を中心とした近代的統一国家をつくらねば、日本は列強の植民地になってしまう、という共通の危機意識をもつようになりました。

だからといって両藩は、禁門の変で戦争したばかり。同盟を提案しても、とうてい実現の見込みはないだろうと誰もが考えますよね。それでも一部、先見の明のある志士らが、それとなく同盟を両藩に打診したようですが、結局、相手にされませんでした。

そうした状況のなかで、龍馬は見事に薩長同盟を成立させてしまうのです。なぜでしょうか。これからその理由をお話ししましょう。

まずは龍馬の手紙を一通紹介します。理解しやすいように、漢字や表記を少しわかりやすく変えました。御覧ください。

「かの小野小町が名歌を読みても、よく日照りの順のよき時は請け合い、雨が降り申さず。あれは北の山が曇りてきたところを、内々よく知りて詠みたりし也。

新田義貞の太刀納めて潮引しも、潮時を知りての事なり。

天下に事を為す者は、ねぶと（腫《は》れ物）もよくよく腫れずては、針へは膿《うみ》をつけ申さず候」

このように龍馬は、小野小町の雨乞いの歌は、北の山が曇って雨が降りそうになってきたのを内々知ったうえで詠むから雨が降るのだといいます。

また、新田義貞は大軍で鎌倉幕府へ攻め込もうとしましたが、守りが固くてなかなか鎌倉市中へ突入できません。そこで由比ヶ浜からの侵入を計画し、海へ黄金の太刀を投げ入れて、海神に武運を祈ったところ、なんとにわかに潮が引いて陸地が現れたのです。義貞の軍勢はこの陸地を通って鎌倉のなかへと乱入し、幕府の実力者・北条一族を自害に追い込み、150年続いた鎌倉幕府を滅亡させました。

しかし潮が引いたのは神が起こした奇跡ではなく、新田義貞のたんなるパフォーマンスだと龍馬は断言します。あらかじめ義貞は、その時間帯に潮が引くことを承知していて、タイミングをうまく見計らって太刀を投げ入れ、あたかも奇跡のように見せかけ兵の士気を高めたのだと見抜いています。

この二つの事例を出したうえで、いよいよ龍馬は手紙のなかで持論を展開していきます。それが「ねぶと」論です。「ねぶと」とは腫れ物のことをいいます。

龍馬は、「ねぶと」というものは完全に腫れきるまで待たなければ、たとえ針を刺しても膿は出ず、腫れも引かないといいます。

「だから天下に事を為そうとするものは、ねぶとの膿具合をよくよく知って行動すべきだ」

というのです。別の手紙でも、

「急成はよくない。両方が必要を感じて歩み寄ったときでなければ事は成功しない」

と語っており、彼は明確に「時勢」というものを意識しながら行動していたことがわかります。前述のとおり、師の勝海舟の影響だと思います。

ともあれ、物事にはすべてタイミングがあり、それを見計らって迅速に動くのが龍馬のやり方、処世術でした。

だから龍馬は、日本の状況や薩長両藩の置かれている立場をよくよく考え、まさにいまは「ねぶと」が十分腫れきった状態で、針を入れるべき時であると確信したのです。

つまり憎悪とプライドさえ互いに捨て去れば、両藩は手を握ることができると察知したわけです。その認識に立ったうえで、龍馬は猛然と両藩にアタックをかけたのです。

その結果、誰もが成立不可能だとあきらめ、まともに取り合おうともしなかった薩長同盟という奇跡が、坂本龍馬という一介の脱藩浪人の仲介によって現実化してしまったのです。

ただ龍馬は薩長同盟を仲介するにあたり、鹿児島や下関、さらには太宰府などをまわり、実際に薩長両藩の要人や関係者たちに会って話し、その感触を確かめています。

やはり事をなすには、みずから関係者に会い、現場に立つなどして、自分の目で物事を見、肌で状況を感じて時勢を見極めることが重要だと考えます。そして、もしその時機が到来したと判断したなら迷わず行動に移すこと。それが成功の秘訣だ、と坂本龍馬は私たちに教えてくれているのです。

目標に向かってあきらめずに進む

とはいえ、龍馬が薩長同盟を成立させることができたのは、絶好の機会に乗じただけが要因だと思ってはいけません。何度も仲介に失敗しながら、それでも決してこの仕事を放り出さず、根気よく薩長両藩を説得しつづけたのが大きかったのです。失敗しても簡単にあきらめない強さ、それを龍馬の行動から学び取ってください。

では、これから薩長同盟が成立するまでの龍馬の動きを説明していきます。

慶応元年(1865)4月、幕府は諸藩に対して二度目の長州征討令を発します。前年、幕府の大軍の接近にさいし、降伏した長州藩でしたが、その後、高杉晋作のクーデターにより革新政権が誕生したからです。

このとき龍馬は、薩摩藩が征討軍に加わらぬよう西郷隆盛らを説得するとともに、長州藩との軍事同盟の締結を強く働きかけました。さらに、みずから鹿児島へ出向いて、藩士たちに薩長同盟を説いたのです。こうした龍馬の奔走により、西郷も同盟を結ぶことに同意し、藩の同意を取り付けたうえで、交渉のため長州藩へ出向くことを了承しました。

喜んだ龍馬は、西郷より一足早く長州藩下関に入り、桂小五郎と会見しました。桂は長州藩の最高実力者です。席上で龍馬は薩長同盟を強く説いて桂を納得させると、ほかの藩士たちにも同盟の必要性について熱心に訴えてまわりました。

ただ、長州藩は薩摩藩と戦ってからまだ1年と経っていません。ですから、「なにゆえ、敵である薩摩の芋と手を握らんとならんのじゃ」と、殺気だつ藩士も多かったはずです。

とくに今度やってくる西郷隆盛は、第1次長州征討に参謀として参加し、つい最近まで「長州藩を関東に移して小藩に転落させてしまおう」と豪語していた人物です。ですから龍馬も、彼らの説得に苦労したのではないでしょうか。

しかし長州藩の首脳部は、いま藩が置かれている状況を的確に認知しており、おおむね西郷を快く迎える準備が整いました。西郷は、龍馬の盟友・中岡慎太郎が連れてくることになっていて、閏《うるう》5月21日に中岡が船で下関に到着しました。すでに予定より10日遅れており、龍馬と桂は首を長くして西郷の来航を待っていました。

ところがなんと、中岡は西郷をともなっていなかったのです。西郷は、「大久保利通から急ぎ上坂をするようにとの催促を受けた」と言って、佐賀関で中岡を下船させるや、自分は蒸気船でそのまま土佐沖を通って大坂へ直行してしまったのです。

つまりは、約束をすっぽかしたわけです。ドタキャンですね。

どうやら西郷は、薩長同盟を締結することに関して藩論を統一できなかったらしいのです。そのため、こうした行動に出たといわれています。これを知って桂小五郎は憤激し、下関を去って藩庁のある山口へ帰ってしまいました。

ここにおいて薩長同盟の企ては、完全に失敗に終わったのです。龍馬もガクゼンとしたことでしょう。

西郷隆盛の約束違反で、龍馬の面目は丸つぶれとなりました。龍馬はすぐに京都の薩摩藩邸にいる西郷のもとへ詰めより、その違約を責めました。しかし西郷が謝罪すると、コロリと態度を変えて彼を許し、龍馬のほうから意外な提案をおこないます。

「長州藩へのお詫びのしるしとして、武器や艦船購入の斡旋をしてはどうか」

というものでした。

長州征討が迫るなか、長州藩は最新の銃砲や蒸気船を購入しようとしますが、幕府の妨害にあって目的を果たせませんでした。このため征討軍を迎え撃つにあたり、長州藩は武器や艦船がのどから手が出るくらい欲しかったのです。

じつは龍馬は下関を出立するにあたり、桂にこの件を約束し、長州人たちをなだめて上洛してきたのです。まことに龍馬という人は、タダでは転ばない、しぶとい人間ですね。

簡単に激怒して感情的に物事を投げ出したりすることはなく、常に設定した目標に向かって、ときには多少方向を変えながらあきらめずに進んでいく性格であることがわかります。それについては、こんな話も残っています。

若いころ、龍馬は信太《しだ》歌之助という柔術の達人と立ち会ったことがありました。龍馬は信太に挑んでいきますが、瞬時にして組み伏せられ、締め落とされて気絶してしまいます。一瞬にして勝敗は決したのです。

ところが正気に返った龍馬は、「まだまだ」と言って、ふたたび信太に向かっていきました。結果はまたも同じでした。それでも懲りずにふたたび勝負を挑み、同じことがそれから延々と続きました。

ついに信太のほうが根負けしてしまい、

「お前のような強情な奴ははじめて見た」

と感嘆したといいます。

さらに龍馬のしつこさに関していえば、蝦夷地開拓計画があげられるでしょう。龍馬は過激な行動に走って命を失っていく志士たちの現状をなげき、彼らを蝦夷地の開拓にあたらせようと計画します。人命を大切にする龍馬らしい壮大な構想です。これを実行に移すにあたり、龍馬は幕府の協力を得て、仲間に実地踏査までおこなわせています。

けれど、その計画がまさに実現しようとしていた元治元年（1864）、池田屋事件に龍馬の仲間がかかわってしまいます。このため、龍馬の拠点とする神戸海軍操練所が幕府の命令で閉鎖され、計画は中断せざるをえなくなりました。

しかし龍馬は、蝦夷地開拓の夢を捨てませんでした。慶応2年（1866）になると、外国商人から洋式帆船・大極丸を薩摩藩の仲介で購入し、この船を用いて北方交易と開拓事業を再開しようと動きだします。ただ、結局さまざまな障害によって、今度も計画は頓挫してしまいました。

それでも龍馬は夢をあきらめませんでした。龍馬は仲間の印藤肇《いんどうはじめ》に、

「蝦夷地開拓事業は自分の積年の念願で、たとえ一人でも成し遂げたいと思っている。慶応3年春には大洲《おおず》藩から船を借りておりますので、積年の夢が実現するのも近いと思います」

という主旨の文章を認めています。

しかしながら、この手紙を書いてからわずか数カ月後、暗殺の憂き目に遭い、つ

いにその遠大な志を遂げることはできなかったのです。でももし龍馬が暗殺されずに生きていたら、みなさんは蝦夷地開拓事業はどうなっていたと思いますか。

その答えはもう、言う必要もありませんよね。

夢はいつか必ず実現する

さて、龍馬から長州藩への武器購入の斡旋を求められた西郷ですが、彼は即座にそれを承諾しました。これに乗じて龍馬は、

「この仕事を亀山社中にまかせてほしい」

と、ちゃっかり商談を成立させてしまいます。

そして龍馬は、薩摩名義でイギリス商人グラバーからミニエー銃4300挺、ゲベール銃3000挺、さらに軍艦ユニオン号を購入しました。

また、長州藩士の薩摩憎しの感情を薄めるため、西郷の腹心だった黒田清隆（のちの総理大臣）を下関にともない、長州側の有力者たちに紹介します。こうした努力により、長州人の感情もだんだんと和らぎ、ついに慶応元年（1865）12月、薩長同盟を結ぶため桂小五郎が京都の小松邸へ入りました。

慶応2年（1866）1月20日、龍馬も単身、小松邸を訪れました。すでに桂がその屋敷に入ってから1カ月近くが経っており、同盟が締結されていてもおかしくなかった時期です。ところが話し合いは、一向に進展していなかったのです。桂は薩摩藩から毎日豪勢な接待を受けていましたが、薩摩側からはひと言も同盟の話をもち出さなかったのです。

桂は嘆息して龍馬に、

「いまの長州藩はこれまでの戦いで疲弊しきっている。それゆえ、こちらから他藩に援助を求め、哀れみを乞うようなことはしたくないのだ」

と告げました。

これを聞いた龍馬は、

「俺が寝食を忘れて同盟に奔走するのは、決して薩長両藩のためではない。ひとえに国家のためを思えばこそなのだ。それなのに、両藩の重役たちが会同しながら何もなすこともなく日を送るのは何事か！」

そう怒ったといわれます。まさに、そのとおりでしょう。

「なぜ藩などという小さなメンツにこだわるのか。自分はそんなもののために、命を削って薩長同盟に奔走してきたわけではない」

おそらく桂の言い分を聞いて、龍馬は憤懣やるかたない気持ちでいっぱいになったことでしょう。龍馬が家族を捨てて藩を飛び出し、困苦に耐えながら走りまわっているのは、列強の侵略から祖国を守るためなのです。個人の幸福を犠牲にして働いているのです。私利私欲のためでも、栄達のためでもありません。

「それなのに、何が哀れみを乞うまねなどできないだ！」

おそらく、激しい怒りで卒倒せんばかりだったと思います。けれど、龍馬にすれば、長州藩を代表する桂の気持ちも痛いほどわかります。ですから、その怒りを、薩摩の西郷隆盛のほうへ向かって吐き出しました。いつもは感情をむき出しにしない龍馬も、このときばかりはすごかったようです。

「（龍馬は）色を変えて薩（薩摩藩）の処置を怒り、直ちに西郷に会い、声を励まし、襟《えり》を正して大いにその失当（不当）をなじり、かつ重ねて両藩提携（薩長同盟）の急務なるを痛論す」（千頭清臣『坂本龍馬』博文館）

あまりの怒りの激しさにたじろぎつつ、西郷隆盛は薩摩藩のほうから同盟を申し出ることをその場で龍馬に約束したといいます。かくして1月22日、薩摩藩と長州藩のあいだで薩長同盟に関する話し合いがもたれ、無事合意に達したのです。

さっそくその翌日、桂小五郎は、のちの証《あかし》として、薩長同盟の条文（全六条）を書き写し、これへの裏書き（保証）を手紙で龍馬に求めました。龍馬はこの求めに応じ、条文の裏側に躍るような鮮やかな朱筆で裏書きを認めたのです。

ここにおいて、薩長同盟は正式に発効しました。一介の脱藩浪人が、仇と憎み合っていた二つの大藩を結びつけたのです。まさに歴史を大きく動かした瞬間でした。1年近くにわたって粘り強く両藩を説得してきた龍馬にとっては、まことに感無量だったことでしょう。

坂本龍馬という青年は、**あきらめさえしなければ、いつかきっと夢は現実のものとなる**ことを、私たちに教えてくれているのです。

大局的な観点で物事を見る努力が必要

ご存じのように、もう一つの龍馬の業績が「大政奉還」です。これを将軍・慶喜《よしのぶ》に提案したのは前土佐藩主・山内容堂《ようどう》ですが、彼は重臣の後藤象二郎《しょうじろう》からこの案を聞かされました。なお、後藤にこのアイデアをもちかけたのが龍馬でした。

しかし龍馬が最初に大政奉還策を提示したのは、土佐藩ではありません。前越前藩主の松平春嶽に対してだったのです。しかし越前藩の腰は重く、話はなかなか進展しません。

そんなとき後藤象二郎が龍馬に近づいてきます。土佐藩はずっと幕府寄りの姿勢をとってきましたが、慶応2年になると方針を転換します。薩長が手を結んで倒幕の気運が高まってきたからです。

親幕的な姿勢を続けていれば、幕府とともに土佐藩も沈没すると危惧したのでしょう。龍馬はこれをチャンスと考え、後藤に薩長の実力者を紹介し、デッドロックに乗り上げていた大政奉還論を提示したのです。

すると後藤は、大いに乗る気を見せるではありませんか。そこで龍馬は、越前藩から土佐藩へ乗り換えたのです。

いいですか。ここが大事な教訓です。目標を達成するためには、龍馬のように、手段を変えるという柔軟性をもつべきなのです。ただ、幕府を武力で倒そうとしていた薩長両藩は、土佐藩が勧める大政奉還に批判的でした。政権を平和的に朝廷に返しても、強大な徳川家はそのまま存続するからです。

だから長州藩の桂小五郎などは、手紙で龍馬を非難したようです。

すると驚くべきことに、大政奉還を後藤に勧めた龍馬は、武力倒幕派に豹変《ひょうへん》したのです。長崎で仕入れたライフル500挺を土佐藩に持ち込んで重臣たちに武力倒幕を解き、大政奉還を勧める後藤を引っ込め、倒幕を主張する藩士・板垣退助を引っ張り出そうと公言しはじめたのです。

あきれてしまいますね。まったく節操がありません。おそらく周囲の人びとは、愕然《がくぜん》としたことでしょう。でも龍馬の言動は大局的に見れば、矛盾はしておらず、節操がないわけではありません。説明しますね。

龍馬のめざしたものは、列強諸国の爪牙《そうが》から日本の独立を守ることでした。そのためには幕府政権を解体し、短期間に朝廷を中心とする近代的統一国家をつくりあげ、早急に強大な海軍力など富国強兵を成し遂げようと考えたのです。

大政奉還で平和的に政権が幕府から朝廷に譲渡されるなら、それに越したことはありませんね。下手に内戦すれば、列強が介入してくる危険がありますので。

現にフランス政府は幕府に多額な金を貸し、さらに軍人を送って幕府陸軍を訓練していました。イギリスは逆に薩長に肩入れしています。両国とも日本のためを思ってのことではなく、日本に自国の影響力を強化しようという意図からです。だから内戦なんてことになれば、日本の独立が危うくなります。

ただ、薩長は「戦争して徳川を倒すんだ」と叫んでいる。ならば、内戦をできるだけ短期間に終わらせなくてはいけない。そのためにはどうするか？　そうです！

土佐藩を薩長倒幕派に組み入れてしまうことです。そう判断したからこそ、龍馬はにわかに倒幕を主張しはじめたのだと私は思うのです。

このように、「日本」という観点から時局をとらえることのできた人は、当時ほとんどいなかったのではないでしょうか。とくに薩摩・長州の志士たちのあいだには、260年も前に関ヶ原合戦で敗れたときの恨みを晴らしてやるといった、意趣返しのような感情が渦巻いていました。だから倒幕だけを考えて突き進んでしまっていたのです。

そうした狭い視野に龍馬が陥《おちい》らなかったのは、藩というしがらみをみずから断ち切って、利害関係から自由な立場にあったからだと思います。龍馬は藩を捨て、家族を捨て、己の命さえ捨てる覚悟で海軍の創設や政治活動をしていました。そんな公平無私の彼だからこそ、**高所から地上を見下ろす眼をもつ**ことが可能だったのですね。

実際、龍馬は、次のような手紙を残しています。

「このごろ、妙な岩に行き、かなぐり上りしが、ふと四方を見渡して思うに、さてさて世の中というものは、牡蠣殻《かきがら》ばかりである。人間というものは、世の中の牡蠣殻の中にすんでおるものであるわい。おかし、おかし」

少し龍馬の手紙に説明をくわえますね。

妙な岩とは、海軍をつくるという龍馬の目標をさしているのだろうと私は考えています。龍馬はその目標（岩）に向かってかなぐり（がむしゃらに）上っていき、ついに己の才覚によって海援隊（土佐藩に付属する私設艦隊兼商社）を立ち上げることに成功しました。

けれど、目標を達成して岩の頂《いただき》からあらためて周囲を見渡してみると、世の中の人間というものが、みんな牡蠣殻のような狭い世界に住んでいることがわかった、そう言っているのです。

愛用のブーツを履いた坂本龍馬像
（高知市）
提供）高知県観光コンベンション協会

きっと、志士と呼ばれる人びとが藩の利害や偏狭な思想にとらわれて、大局的な観点に立って動くことができないのをあらためて実感したのでしょう。そして、それを不甲斐なく思ったのかもしれません。

ときおり自分が偏狭な考えに

固執してしまっていないか、間違った方向へ突っ走ってしまっていないかなど、**客観的に自己を分析し、思い切って視点を変えてみたり、大局的な観点から物事を見たりする努力が必要**なことを龍馬は教えてくれています。

このように一介の脱藩浪人でありながら、歴史を大きく動かした龍馬でしたが、慶応3年（1867）11月15日、刺客に暗殺されて生涯を閉じました。

犯人は幕府の京都見廻組でしたが、誰かが龍馬の居場所を教えたのではないかという説も濃厚です。その行動に疑心暗鬼となった薩長倒幕派や土佐藩の仲間が裏で関与しているという可能性も十分にありますね。

いずれにせよ、**タイミングをはかり、臨機応変に、粘り強く行動する、それが成功の秘訣である**ことを坂本龍馬は私たちに教えてくれているのです。

あきらめさえしなければ、
いつかきっと夢は現実のものとなる

時機が到来したと判断したなら、
迷わず行動に移す

目標を達成するためには、
手段を変えるという柔軟性をもつ

渋沢栄一

1840－1931

しぶさわ えいいち

農民の子として生まれ、幕末・維新の動乱のなかで５００社近い企業の創業や経営に関与し、「日本資本主義の父」と呼ばれた大実業家

私利を追わず、公益を図る

渋沢栄一は、日本資本主義の父と呼ばれた偉大な実業家です。第一国立銀行（初の民間銀行）の頭取に就任したのを皮切りに、王子製紙、東京海上保険、日本鉄道会社、札幌麦酒《ビール》、東洋硝子《ガラス》、帝国ホテルなど、なんと経営に関与した企業は５００社

に上りました。驚異的な数ですね。

なかでも大阪紡績会社は、教科書にも載る偉業でした。明治15年（1882）、栄一は大阪や東京の実業家から多額の出資を募り、イギリスの最新の輸入紡績機を大量に導入した大規模紡績工場をつくりました。そして、イギリスで最新の機械工学を学んだ山辺丈夫《やまのべたけお》を責任者に迎え、昼夜2交代で24時間操業をおこなったのです。

当時の日本の紡績業は、地方の小規模工場が多く、あまり儲けが出ませんでした。栄一はそれを大規模化して連続操業することで、大阪紡績会社の高配当に成功したのです。

するとほかの実業家たちも同じような工場をまねてつくるようになり、国内で紡績ブームが起こり、それが産業革命の呼び水になったといわれています。そういった意味では、栄一の功績はまことに大きいといえるでしょう。

大阪紡績会社のように、栄一は会社形態として「合本主義」を好みます。簡単に言うと、株式会社のように多数から出資を募るだけではなく、利益追求に適した人材を投入する手法をとったのです。

また、栄一は、ワンマン経営や大量の株式を保有せず、経営が軌道に乗るとサッと身を引いています。それは、「私利を追わず公益を図る」のを経営の目的としていたからです。

栄一は、商売で大切なことは、競争しながらも道徳を守ること、言い換えれば、「論語」(道徳)と「算盤《そろばん》」(商売)というかけ離れたものを一つにすることだと断言しています。こうした経営哲学をもった渋沢栄一のおかげもあって、日本は短期間で近代化に成功し、産業革命を経て世界の強国に成り上がることができたのだと思います。

ここでは、栄一がこうした高潔な経営哲学をもった大実業家になる転機を紹介したいと思います。というのは、どんな偉人も、若いころに大きな転機が何度かあるからです。それを見事に乗り切ったり活かしたりしたからこそ、のちの成功があるわけです。そのあたりの教訓を学んでいただきたいと思っています。

91年間の渋沢栄一の生涯を概観すると、その生き方を大きく左右する出来事をいくつか見いだすことができます。

屈辱的経験をバネに上昇する

血《ち》洗《あらい》島《じま》村(現・埼玉県深谷市)の農家・渋沢家は、父・渋沢市郎《いちろう》右衛《え》門《もん》が商才を発揮して富豪となったこともあり、領主の安部《あんべ》氏（岡部藩）からたびたび御用金（献金）を要求されていました。

あるとき市郎右衛門は、代官の若森某に急に呼び出されましたが、都合がつかなかったので、代理として17歳の栄一を岡部藩の陣屋へ差し向けました。いまでいえば高校生くらいですが、このころすでに父親の仕事の手伝いをしていました。

栄一が陣屋に出向くと、代官はいきなり500両の御用金を命じてきたのです。現代の価値でいえば、2000万円はくだらない金額です。

躊躇《ちゅうちょ》した栄一は、

「今日は、父から藩の御用向きを伺ってこいと言われて参上しただけです。500両は大金ですので、父と相談のうえ返答させてください」

と願い出ました。

ところが、です。代官は、

「そんなことは認めない。お前の家にとっては大した額ではないはずだ。この場でただちに承諾せよ」

と高飛車に脅してきたのです。

それでも栄一が首を縦にふらないと、「貴様は本当につまらぬ男だ」とさんざんなじったのです。結局、藩命には逆らえるはずもなく、翌日、しかたなく栄一は大金を持参して陣屋を再訪せざるをえませんでした。

このとき栄一は、

「この代官は、言語といい動作といい、決して知識のある人とは思われぬ」

「百姓をしていると、彼らのような、いわばまず虫螻蛄《むしけら》同様の、智恵分別もないものに軽蔑せられねばならぬ、さてさて残念千万なことである」（『雨夜譚《あまよがたり》―渋沢栄一自伝』長幸男校注、岩波文庫）

と身分の不条理を痛切に感じました。そして、

「何がなんでも武士になってやる。同じ人間なら武士でなくてはだめである」

という大志を抱くようになったのです。

いってみればこの屈辱的経験が、栄一の第一の転機といってよいでしょう。たんに代官に対する憎悪に終わるのではなく、その怒りをバネにして自分も武士になってやると上昇をめざしたところがすばらしいですね。怒りというのは、ものすごいエネルギーです。ただ、ベクトルは通常、下を向いてしまいます。それを上に向けることを心がけるべきだと思います。

栄一の青少年期は、ちょうど歴史上の激動期にあたりました。幕府はペリーの要

求によって開国を余儀なくされ、数年後、列強諸国との貿易が始まると、生糸や茶など輸出品を中心に諸物価が高騰していきます。その結果、人びとの生活は苦しくなっていきました。

このため、外国人を国内から追い払おうという攘夷思想が高まり、各地で外国人襲撃事件が頻発するようになりました。また、こうした経済的混乱を招いた幕府への不満から、大老の井伊直弼が襲撃されて殺され、幕府の威信は失墜してしまいました。

一方、京都の朝廷は尊攘派の志士に牛耳られ、上洛した将軍・家茂も朝廷の要求に屈して諸藩に攘夷決行を命じざるをえない状況になります。

こうした世相は、栄一にも大きな影響を与えました。幼いころから学問好きだった栄一は、やがて江戸に遊学して志士たちと交わるようになり、そのなかで攘夷思想に染まっていきました。文久3年（1863）になると、親族の尾高惇忠《じゅんちゅう》、渋沢喜作《きさく》と驚くべき危険な計画を立てたのです。なんと横浜にいる外国人たちを皆殺しにしようというのです。

実際、武器や甲冑《かっちゅう》をどんどん買いあさり、70人近い仲間まで集めました。この人数で高崎城を乗っ取って城から武器を奪い、そのまま横浜の居留地へなだれ込もうというわけです。

ただ、実行直前、京都の情勢が激変したという風聞が栄一の耳に届いたようです。そこで、京都にいた従兄の尾高長七郎に問い合わせたところ、直接、長七郎が栄一らのもとにやってきて、挙兵の中止を求めたのです。

というのは、天誅組の変など尊攘派の挙兵はあっけなく失敗に終わり、朝廷からも長州系の尊攘派が駆逐（八月十八日の政変）されたからです。ただ襲撃計画の中止を求められた栄一は長七郎に激しく反発し、3日間、激論が続いたといいます。

けれど長七郎は、

「素人集団が蜂起しても諸藩の兵にただちに征伐され、百姓一揆《いっき》同様、幕吏《ばくり》の辱《はずかし》めを受け、空しく刑場の露と消えるだけだ」

と力説しました。

ここにおいて栄一も、最終的に長七郎に理があると悟り、ついに攘夷決行を断念したのです。

これは、重要な教訓です。考えてもみてください。もし栄一が外国人を襲撃したらどうなっていたでしょうか。首謀者なので極刑は免れず、のちに大実業家になることもありませんでした。そういった意味では、**計画中止の決断が結果的に未**

来を拓いたわけです。これも重要な教訓の一つですね。

よくよく考えたプロジェクトであり、すでに資金をかなり投入してしまったとしても、**途中で情勢が変わったり、大きな欠陥に気がついたら、思い切って中止する勇気、それが必要**なのです。

ただ、かなりの人数が攘夷計画にかかわっていたので、栄一らは幕府に露見することをおそれ、渋沢喜作と故郷から逃亡することに決めました。

このとき頼ったのが、平岡円四郎という人物だったといいます。円四郎は一橋慶喜の用人（重職）でした。若者を招いて話を聞くのが好きで、栄一もたびたび江戸の屋敷を訪問していたそうです。

経済的手腕を発揮し大きな利益をもたらす

当時、円四郎は慶喜とともに京都にいましたが、栄一はその妻に「平岡家の家来」と名乗る許可をもらい、関所をうまく通過して京都にたどり着いたといいます。ただ、何もなすことなく日を送り、金もつきはじめてしまいます。

さらに、江戸にいた長七郎が幕吏に捕まり、悪いことに捕縛時、「幕府はもうつぶれる」と記した栄一らの手紙を所持していたことがわかったのです。この事実は円四郎の知るところとなり、栄一と喜作は一橋家の屋敷に呼び出されました。このとき栄一は、正直にすべてを円四郎に告白しました。

すると意外にも円四郎は、

「ならば、お前たちは一橋家の臣になれ」

と勧めてきたのです。

意外な提案ですが、当時、孝明《こうめい》天皇に気に入られた一橋慶喜は、朝廷で大きな力をもちはじめ、やがて禁裏《きんり》守衛総督という役職につきます。そうしたこともあって、各地から役に立ちそうな人物を集めていたのです。栄一もその才能を見込まれたのだと思います。

栄一としても、もし一橋家に仕官すれば、徳川の親族ということもあり、幕府のお咎めを逃れられると考えました。

そこで、反対する喜作を、

「卑屈といわれても糊口《ここう》（生活費）のために節《せつ》（信念）を曲げたといわれても、それから先は自身の行為を以て赤心《せきしん》（誠実さ）を表白」（『雨夜譚』）すればいいと説き伏せ、円四郎の申し出を受けたのです。

現代でいえば、たまたま知り合いだったある会社の重役が、急に業績を伸ばしている企業だったというわけです。本来なら相手にされないはずが、人が足りないので採用されたのです。

でも、ここからが勝負です。大企業ゆえ、何もしなければ埋もれてしまいます。そこで栄一は思い切った行動に出ました。まもなく円四郎の尽力で慶喜へのお目見がかないましたが、このとき栄一は臆することなく、

「幕府の命脈はつき、近いうちに瓦解します。そうなれば一橋家もつぶれます。徳川宗家を守るのであれば、遠く離れて助けるほかはありません。それには、天下の志士を集めることです。他日彼らは天下を乱すでしょうから、あらかじめ配下にしてしまえばよろしい。もし幕府がその行動に嫌疑をかけてきたなら、幕府をつぶして徳川を再興するまでです」

と進言したのです。

この大胆不敵な提言により、以後、慶喜は栄一に一目置くようになったといいます。

いいですか。雇用されたばかりの下級家臣が殿様に会う機会など、めったにないのです。それは大企業の経営者に平社員が会えないのと同じです。そのめったにな

い機会だからこそ、自分の印象を相手に残す必要があるのです。

栄一は驚くべき危険な言葉を口にすることで、慶喜との対面で強烈なインパクトを与えたのです。

残念ながら、栄一が主家の命令で関東で人集めをしているとき、恩人の円四郎は尊攘派に暗殺されてしまいました。いまにたとえるなら、自分を採用してくれた上司が会社を辞めてしまったようなものです。うしろだてがいなくなったのです。でもその後も栄一は、用人の黒川嘉兵衛や原市之進に重用されました。なぜなら、一橋家に多大な貢献をしつづけたからです。当たり前ですが、使える社員は上司が替わっても重宝されるのです。

では、栄一はどのように一橋家に貢献したのでしょうか。

禁裏守衛総督として朝廷で力を発揮しはじめた慶喜ですが、一橋家はほとんど兵力をもちませんでした。当時は乱世、軍事力の多寡《たか》が政治力を左右するようになっていました。

そこで栄一は、西国にある一橋領から農民を集めて軍隊をつくることを慶喜に直言しました。そして承諾を得ると、みずから各地へ出向いて代官や庄屋を巧みに動かし、短期間に450名を超える農兵隊を組織したのです。

また、一橋領をめぐるうちに、栄一はさまざまな点に気がつきます。たとえば、年貢米を委託された兵庫の商人が、安価のままで米を売却している現状を知ります。「もったいない。灘《なだ》などの酒造家ならもっと高く買ってくれるのに」

そう考えた栄一は、実際に酒造家たちに高く買ってもらい、大きな儲けを出したのです。同じく播州の領地で生産している白木綿についても、大坂にもっていって高値で販売して利益をあげました。

さらに、きな臭い世の中では鉄砲や大砲が必要です。でも、火薬がなければ役に立ちません。そこで、備中に火薬の原料になる硝石製造所を建設しました。さらに、領内に藩札を流通させるなど、大いに経済的手腕を発揮して一橋家の財政を潤したのです。

もともと栄一の仕事は、農兵を集めることでしたね。でも、目的だけ達成できればいいやという考え方をしませんでした。いろいろなことに耳目を向けたのです。だからこそ、さまざまな「おかしなこと」に気がついたわけですね。

さらに、ここからが大事です。それらを上司に報告するという他人まかせなやり方ではなく、「おかしなこと」を自分で行動して解決したところが見事だと思いませんか。

でしょう。仕事をするうえで、分野違いであっても気がついたことは、自分で改善したり解決していく姿勢が大切なのです。当然、栄一のこうした働きは一橋家に大きな利益をもたらし、その結果、一橋家の重役たちから重宝され、経済官僚として栄達していきました。

ところが、です。将軍・家茂が死去すると、慶応2年（1866）8月に慶喜が徳川宗家を継いだのです。幕臣の多くは慶喜を次期将軍に推しましたが、栄一は断固反対でした。

「将軍には幼い徳川一族を擁立し、慶喜はこれを補佐する立場に徹するべきだ」と考えたのです。理由は簡単です。もう幕府の命脈は長くないと考えていたからです。

ところが栄一が忠告する前に、慶喜は将軍職を受諾してしまったのです。これにともない有能な栄一も幕臣に取り立てられましたが、陪臣出身なので、慶喜にお目見えできない立場になってしまいました。これに失望した栄一は、せっかく夢に見た武士になれたのに、幕臣を辞する決意をしたそうです。

かけがえのない大きな財産を手にする

そんなとき、大きな転機が舞い込んできました。フランス政府の要請により、慶喜は弟の徳川昭武《あきたけ》を幕府の代表としてパリ万国博覧会に出席させることにしたのです。しかもその後、昭武をそのまま留学させることに決めたのです。

それにともない、

「庶務・経理係として随行してくれないか」

と栄一は打診されたのです。この人事は、慶喜の意志だったといわれています。栄一はかつて、横浜の外国人を皆殺しにしようとした男ですね。でも、このときにはすでに、「列強諸国にはかなわない。むしろよいところを学ぶべきだ」という考え方に変わっており、いま述べたように閉塞感にさいなまれていたこともあって、ただちにその依頼を引き受けました。

こうして28歳の栄一は、慶応3年（1867）正月、昭武ら20数名と横浜港から船でフランスへ向かいます。そして2カ月後にパリに入ると、思い切って髷《まげ》を切り落としました。その記念写真を送りつけたら、妻が大いに嘆いたといいますが、これまでの自分と決別する決意だったのではないかと思います。

万博終了後も、昭武の後見として現地にとどまり、スイス、オランダ、ベルギー、イタリア、イギリスなど各国を歴訪して、製鉄所、軍艦建造所、鉄道施設、ガラス工場、博物館、紙幣製造所などの施設を見学します。フランスに戻ると、語学教師を雇ってフランス語の勉強を始め、わずか1カ月で簡単な日常会話を習得したそうです。

そしてフランスの病院、競馬場、水族館、動物園、オペラ劇場、水道・下水道施設、刑場など、数カ月のあいだにあらゆる場所を見てまわり、フロリ・ヘラルトという銀行家から銀行や株式、会社の仕組みなどを学んだのです。

ヨーロッパでの滞在はたった1年半でしたが、旺盛な好奇心をもった栄一はその明晰な頭脳に膨大な情報を詰め込みました。

とくに栄一が感心したのは、フランスにおける商人の地位の高さでした。日本とは異なり、実業家は軍人（日本でいえば武士）と対等に接し、国民からも尊敬を集めていたことです。17歳のとき、身分の不条理に激怒した栄一には、ヨーロッパ社会は驚きでした。「私は日本に戻って、人間が対等に語り合える社会をつくりたい」、そう思ったことでしょう。

当初は昭武と一緒に5年以上はフランスに滞在する予定でしたが、幕府政権が消滅し、新政府から栄一のもとに帰国命令が届きます。ところが、これを黙殺したのです。すでに徳川家からの送金は途絶えていましたが、栄一はうまく滞在経費を節約したり、フランス公債や鉄道債権を購入するなど、見事な資金繰りによって留学の継続を可能にしていたからです。もうこのころから理財の才を発揮していたわけですね。

ところが水戸藩主が急死し、昭武が藩主につくことが決まったので、栄一はしかたなく帰国を決めました。短いあいだでしたが、ヨーロッパの最新の知識を多く吸収できたことは、栄一にとってかけがえのない大きな財産となりました。

いまはインターネットもあり、コロナ禍で簡単に外国には行けない状況ですが、若い人はなるべく異文化を見るべきだと思います。違う世界を知るのです。違う生き方を知るのです。社会人も同様です。自分の狭い業界だけにとどまらず、さまざまな業種の人たちと交流するのです。

そうすると自分のいる世界を、外から客観的に見ることができるようになります。また、自分がいまいる場所以外にも、いくらでも生きていける場があることを知ることができるはずです。こうした視野の広さは、きっとあなたに強さをもたらすことでしょう。

栄一が帰国したとき、すでに徳川家は静岡70万石の大名に縮小されてしまっていました。慶喜も朝敵となって静岡で蟄居《ちっきょ》していました。日本に戻った栄一は、地元の血洗島村へは戻らず、慶喜のいる静岡へ行きました。

この時期、新政府は新紙幣「太政官札《だじょうかんさつ》」(不換紙幣)を普及させるため、強制的に諸藩に紙幣を貸し付けて利子をとるという政策を進めていました。静岡藩も50万両以上を政府から押しつけられていました。

そこで栄一はこの借財を確実に返すため、フランスで知った合本会社を組織しようと静岡の商人たちに呼びかけ、商法会所を設立します。そして自分が頭取となり、太政官札で穀物や肥料を買い、領民への融資をおこないました。自分がヨーロッパで目にしたことを日本でかたちにしたのです。

これはとても大切な教訓です。いくら知識をつめこんでも、それを役立たせなければ何の意味もないのです。**学んだことは実行に移す。それが大事なのです。**

旧幕臣から新政府の官僚へ

ところが翌明治2年（1869）、静岡で新しい取り組みを始めた栄一のもとに、新政府からの出仕命令が届きました。洋行帰りの知識人なので政府も放っておかなかったのです。栄一が東京へ赴くと、政府から民部省租税正を拝命したのです。いまでいう、財務省主税局長にあたるでしょうか。

しかし栄一は、大隈《おおくま》重信・大蔵大輔《たいふ》（省の実質的なトップ。当時は大蔵省と民部省が融合していた）の屋敷を訪ね、

「私は静岡での事業に励みたいと思います。大蔵・民部省内で何をしたらよいかわかりません」

と辞意を告げたのです。

すると大隈は、

「新政府はこれから、私たちで智恵を出し、勉励と忍耐によってつくりだしていくもの。ぜひとも力を合わせてほしい」

と懇切に慰留してくれたのです。

その熱意に負け、栄一は奉職を約束したといいます。旧幕臣から新政府の官僚へ。これも栄一にとって大きな転機でした。

こうして経済官僚になった栄一は、

「省内に有為な人材を集めた一部局をもうけ、旧制の改革や新組織、法律などはすべてこの部局を通して実現させていくべきです」

と大隈に提案します。

しばらく省内の様子を見てまわり、さまざまな矛盾に気づいたからでした。たんに**役人としての自分の職務に甘んじず、「おかしなところがないか」と探す**。それは一橋家時代と同様でした。さらに上司のトップである大隈にいきなり提言をするのも、やはり一橋家時代に身につけた手法でしょう。

これは禁じ手の一つですが、どうしても社内で自分の思った仕事を成し遂げたいのなら、直属の上司でなく決定権をもつ取締役に直談判するというのもやり方の一つです。ただそれは、本当に会社に絶大な利益をもたらすときに限りますよ。なぜなら、秩序を乱すわけですから、直属の上司に恨まれるでしょうし、同僚からも妬まれるでしょう。

ちなみに、取締役がアホすぎて、あなたのすばらしい提案を受け入れない場合もあります。ただ、そのときは、そんなダメなヤツがトップをしている会社に将来性はないので、さっさとやめてしまいましょう。あなたが有能であれば、喜んで別の企業が雇用してくれるはずです。

いずれにせよ、栄一の提案を度量の大きい大隈はすぐに了承しました。

すると栄一は、徳川家や大蔵・民部省内から有能な人物10数名を集めてエキスパート集団「民部省改正掛」、いまでいうシンクタンクをつくったのです。ちなみにこのとき、大蔵省と民部省は融合されていたので、こうした名前になったのです。

それからの栄一の活躍は驚きのひと言につきます。上司は大隈から井上馨《かおる》にかわりましたが、改正掛は太陽暦への転換、官営鉄道の敷設、富岡製糸場（官営模範工場）の設置、郵便制度の創設、度量衡の統一、租税改革（地租改正）、新貨幣制度（新貨条例）の設置、国立銀行条例など、矢継ぎ早にさまざまな仕事を手がけていったのです。

当然、栄一の仕事ぶりは高く評価され、大蔵権大丞《ごんのたいじよう》へとスピード出世しました。

ところが、です。明治4、5年ごろから、栄一は、実業界に入りたいと思うようになったのです。栄一はもともと、近代社会の形成は政府主導ではなく民間主導で成し遂げるべきであり、それには「官尊民卑の打破」が急務だと考えていました。

でも、国家の官僚として商人たちと接するなかで、学問もなければ気概もなく、役人に平身低頭するばかりの卑屈な姿を見て大いに失望します。そして、

「こんな商人たちでは、とうてい日本の商工業を改良進歩させることはできない。

だからこの私が官僚をやめて商業に身をゆだね、およばずながらも先頭に立って、この不振の商業を盛り立て、日本の実業界に一大進歩を与えよう」

という大望を抱くようになったのです。

明治6年(1873)になると、栄一は軍備拡張を主張する大蔵卿の大久保利通と対立を深め、ついに上司の井上馨とともに政府を下野したのです。ある意味、この確執が栄一の背中を押したともいえるのです。

ただ、傍から見れば、安定した公務員の職をなげうったことになります。でも、はたして安定は幸福なのでしょうか。私はそうは思いません。いくら組織で出世したからといって、将来の希望を見いだせないのであれば、思い切ってそこから飛び出し、夢を追うべきと考えます。それを栄一は私たちに教えてくれています。これからその話をしていきましょう。

「日本資本主義の父」と呼ばれる

政府を出た栄一は、第一国立銀行の頭取につき、実業家としての第一歩を踏み出します。以後、半世紀にわたって500社近い企業の創業や経営に関与し、「日本資本主義の父」と呼ばれる大実業家になったのです。

ただ、渋沢栄一は、たんなる実業家にとどまるような人間ではありませんでした。もっと大きな人なのです。後年、栄一は次のように語っています。

「自宅へも皆さんが種々なことをいって見えますが、それが必ずしも善いことばかりではありません。否、寄付をしろの、資本を貸せの、学費を貸与してくれのと、随分理不尽なことを言ってくる人もありますが、私はそれらの人びとに、悉《ことごと》く会っています。世の中は広いから、随分賢者もおれば偉い人もいる。それをうるさい、善くない人が来るからといって、門戸を閉鎖してしまうようでは、単り賢者《ひと》に対して礼を失するのみならず、社会に対する義務を完全に遂行することができません。だから私は、どなたに対しても城壁を設けず、充分誠意と礼譲をもってお目にかかる」(『論語と算盤』)

このように栄一は、誰とでも会って有望な人びとを積極的に支援したのです。それが、富豪としての社会的責任だと考えていたのです。

「自分は社会から儲けさせてもらっているのだから、それを還元すべきだ」

というのが口癖だったそうです。

また、東京商法会議所など経済団体の組織に尽力し、会頭として政府に実業界の要望を伝えました。

そんな栄一は、69歳を機に経営の第一線から手を引き、その後は東京市養育院の院長として社会福祉事業に力を入れたり、東京高等商学校、高千穂商業学校、岩倉鉄道学校の創立・支援などの教育分野で精力的な活動を続けます。

特筆すべきは、アメリカとの民間親善外交を推進したことでしょう。栄一は生涯に四度渡米しています。最初は明治35年（1902）。このときなんとセオドア・ルーズベルト大統領と会談しました。ルーズベルト大統領は日本の軍隊と美術のすばらしさをほめましたが、これに対して栄一は、

「日本の商工業についてもほめていただけるよう努力します」

と答えています。

しかしそれから数年後、日米関係はにわかに悪化します。2年後に日露戦争が勃発し、アメリカ国民は日本の外債を大量に購入してくれ、さらにルーズベルト大統領も講和の仲介をとってくれました。というのは、戦後、ロシアが満洲の利権を日本に譲った場合、日本政府はアメリカと満洲の鉄道を共同経営すると約束していたからです。ところが、です。日本は約束を破り、満洲の鉄道を単独経営することにしたのです。

また、このころ、カリフォルニア州などに日本人移民が多数流入していました。日本人は白人と生活習慣が大きく異なるうえ、アメリカの白人社会と交わろうとせず、安い賃金で長時間よく働くので、白人たちは職を奪われるかもしれないと心配し、排日運動が高まったのです。

明治39年（1906）にサンフランシスコで大地震が起こると、学校の教室が足りないことを理由に、日本人学童は公立学校から閉め出され、東洋人学校への転校を余儀なくされました。小村寿太郎《じゅたろう》外務大臣はこの状況を危惧し、栄一に、「民間の力で日米関係を改善してほしい」と依頼したのです。

そこで明治41年（1908）、栄一は東京・大阪・京都などの商工会議所の主催というかたちでアメリカの実業家たちを日本に招き、自宅でもてなすなどして親善に努めました。翌42年（1909）には、実業団の団長として実業家たちを率いて3カ月にわたってアメリカの60近い都市をまわり、日本への理解を求める活動をおこなったのです。

栄一は、平和主義者でした。戦争が国の経済を助けるという考えを明確に否定し、平和こそ経済を発展させ、人びとを幸せにするという信念をもっていました。

ですから日米同志会や日米協会などをつくって、民間人の立場からアメリカとの

日本資本主義の父・渋沢栄一の像
提供）一般社団法人千代田区観光協会

関係改善に尽力しつづけました。しかし関係悪化に歯止めはかからず、大正13年（1924）、排日移民法がアメリカ議会を通過してしまいました。

それから2年後の昭和2年（1927）、親日家の宣教師シドニー・ギューリックが、「日米の親善活動は気長にやらなくてはいけない。日米両国の子供たちがお互いに親しむことが大切だと思う。そこで日本の子供たちにアメリカの人形を送りたいのだが」と相談をもちかけてきました。

大いに賛成した栄一は、日本国際児童親善会を創設し、日米間で人形の交換による親睦《しんぼく》をはかったのです。残念ながら、それから10数年後、日米両国は全面戦争に突入してしまいますが、栄一の進めた民間外交は尊いものであり、その平和的な精神を、私たちも見習うべきでしょう。

このほか栄一は、明治神宮の創建を実現させたり、田園調布というすばらしい住宅街を分譲したり、関東大震災で私財を提供して首都復興に努めています。

農民の子として生まれた渋沢栄一は、幕末維新の動乱期に、たびたび人生の大きな転機に直面しました。選択を一歩間違えれば、すべてを失い没落していたことでしょう。しかし栄一は、短気による性急な賭けをせず、そのつど日本や自身の将来を見すえたチョイスをしました。

代官に馬鹿にされた屈辱をバネに農業経営に励み、無謀な攘夷を直前で思いとどまりました。倒そうとした徳川一族（一橋家）にプライドを捨てて仕え、思い切って海外に渡りました。こうした賢明な選択の積み重ねが、渋沢栄一を偉大な実業家にしたのです。

ただ、彼は実業家の枠に己をとどまらせませんでした。多くの会社の経営にたずさわりながら、つねに栄一は日本の社会をよりよくしようと考え、実業以外の分野でも、また最晩年になってからも、あれだけ大きな仕事を成し遂げることができたわけです。ぜひ、そんな渋沢栄一という偉大な哲人に、私たちも見習いたいものです。

学んだことは実行に移す。
それが大事

さまざまな「おかしなこと」に気づき、
それを自分で解決する

与えられた仕事以外やらない人は、
決して出世の見込みはない

第2章

正義、大義が原動力になる

Chapter2 Introduction

何が正義か大義かは、個人や立場によってかなり違うはず。でも自分が正しいと思った道を、人は歩むべきだと思うのです。

エラい人の顔色を見て、忖度《そんたく》したりコロコロ態度を変えたりするのをやめませんか。だって、そんな人生、ちっとも楽しくないでしょう。ずる賢く立ちまわるヤツが多い世の中ですが、オイシい思いをしている人を見てうらやましがるのは、あなたのためになりません。世の中の不公平を憤《いきどお》るのも、愚かなことです。

自分のなかに「正義」という確固たるモノサシをもち、それにしたがって生きていくのです。そのために出世のチャンスを逃そうと、馬鹿にされようと、別にいいじゃないですか。そうやって生きてきた人は、死ぬ瞬間、心から満足感を抱きながら旅立てると思うのです。

それに、あなたが正義の行いを続けていれば、必ず共鳴者が現れます。一人、二人、三人と数は増え、やがて世の中が正しいほうへ変わっていくものです。

そこでこの章では、正義や大義を掲げて世の中を動かした行基、和気清麻呂、吉田松陰に学んでいただきたいと思います。

行基《ぎょうき》

668-749

時の天皇から名指しで非難されようとも、強い信念と行動力で困窮した人びとを救い、仏教を広めた奈良時代の僧侶

きまりを無視し仏の教えを民間に広める

ちょっと前は「忖度」なんていう難しい字を読める人は少なかったのに、いまや小学生でも読める時代になってしまいましたね。長期間続いた安倍晋三内閣のおかげです。

でも、多くのビジネスパーソンは、忖度という言葉がはやる前から、組織のなかで上司や顧客に忖度しながら仕事をしてきたことでしょう。もしまったく忖度をせずに行動したら、即、左遷や退職に追い込まれるからです。

しかし、長い歴史のなかには、いっさい**権力に忖度せずに思ったとおりに行動し、ついには権力のほうを動かしてしまう**スゴい人たちがいたんです。この章で紹介する行基もその一人です。

行基は、お坊さんです。仏教が日本に伝来したのは6世紀前半のことですが、それから200年経った奈良時代に活躍した人物です。

当時、仏教は国家を守護する力をもつとされ、朝廷の貴族たちにあつく崇拝されていました。だから奈良の平城京には官立（国営）の大寺院が立ち並び、貴族たちも私的な氏寺《うじでら》を次々と建立《こんりゅう》してきました。寺院には多くの僧侶が生活しており、大いに尊敬されていたのです。

でも、仏教はあくまで国家や貴族のためのものであり、僧侶が庶民に布教することは許されていませんでした。なのに行基という人は、そのきまりを平然と破り、おおっぴらに仏の教えを民間に広めていきました。

それだけではありません。多くの貧しい人びとを率先して救い、信者になった彼らを率いて国家に無断で橋や道路、池や井戸をつくったのです。

では、その結果、どうなってしまったのか。そのあたりを含めて、行基の生きざまを語りたいと思いますので、ぜひ、みなさんはそこから最強の教訓を見いだしてください。

「なぜこんな状態を放置しておくのか！」

天智天皇7年（668）、行基は河内国《かわちのくに》大鳥郡に誕生したとされます。父は中級豪族の高志才智《こしのさいち》、母は蜂田古爾比売《はちだのこにひめ》。父の家系は百済《くだら》（朝鮮半島南部）の渡来人・西文氏《かわちのふみうじ》の末裔《まつえい》です。中国や朝鮮の文化は日本より進んでいたので、3世紀から7世紀にかけて多くの渡来人が来日し、さまざまな技術を伝えました。

15歳のときに出家した行基は、24歳で徳光禅師から戒を授けられ、元興寺《がんごうじ》（飛鳥寺）の道昭《どうしょう》のもとで仏教を学び、その死後も37歳まで山中で修行に励みつづけたといいます。ずいぶんと長いあいだ、一般の暮らしとは無縁の生活を送っていたわけです。

ちなみに師の道昭は、唐に留学してあの有名な三蔵法師（玄奘《げんじょう》三蔵）に重用された人物です。三蔵法師は、『西遊記』に出てくる孫悟空の師匠ですね。もちろんフィクションですけど……。行基のもつ優れた土木技術は、そんな道昭が唐から持ち帰ったものだといわれているんです。

慶雲2年(705)ごろに行基は山を下ります。それは、母の看病のためだといわれますが、下界で彼が目にしたものは、労役や重税のために塗炭の苦しみにあえぐ民の悲惨な姿でした。ずっと山中で暮らしていた行基にとって、目の前に広がる光景はまさに衝撃的なものだったと思われます。

当時の都は藤原京から平城京へと移っていきますが、庸《よう》(布)や調(特産物)といった税は、農民たちがわざわざ地元から都まで運ぶことになっていました。運搬を担う農民を運脚夫《うんきゃくふ》と呼びますが、彼らは片道ぎりぎりの食料しか所持していなかったので、税を運び込んですぐに都で餓死したり、帰り道に路傍でのたれ死んだりする者が続出しました。

いまでは考えられない恐ろしい時代です。もちろん、人権なんてものはありません。

さらに、この時期には新しく奈良に都(平城京)を建設するため、各地から集められて強制的に労働させられた役民がおり、彼らもまことに悲惨な状況に陥っていたようです。

「なぜこんな状態を放置しておくのか！」

行基は、朝廷の政治に大きな怒りと失望感を覚え、彼らを救おうと決意します。

無論、同じ思いを抱いた役人や僧侶もいたはずです。

でも行基が彼らと決定的に違うのは何か。そう、**自分の思いを行動に移したこと**です。これができるかどうかが、凡人と偉人との違いでもあるのです。

たとえば、にぎやかな雑踏を歩いているとき、目の前で人が倒れました。これを見たあなたは驚き、「助けなくては」と思いますよね。周囲の人びとも同じです。

しかし、倒れた人のもとに駆け寄って、実際に救助にあたる人はごくごく少数でしょう。それはなぜか？　誰かが助けるだろうと思うからです。このため、そのまま倒れた人の前を通り過ぎたり、足を止めても遠巻きに様子を見る人が大半。

もう一度いいます。ここが凡人と偉人の分かれ目なんです。

正しいと思うことを躊躇なく行動に移す勇気、それが大切なのです。

行基は、それができた人なのです。

彼は困窮民を救うため、布施屋《ふせや》と称する宿泊救済施設を次々とつくり、彼らに食事を提供するとともに、山林修行で得た薬草などの知識を用いて病も治してやりました。

こうした善行はたちまちうわさになります。『続日本紀』には、

「行基がやってきたと聞けば、人びとは競って行基のもとへ走り、町から人がいなくなった」

とあり、行基のもとには多くの人びとが救いを求めて群がるようになります。そんな彼らに行基は熱心に仏の功徳を説き、どんどん出家させて弟子にしていきました。

それには理由があります。一人より二人、二人より三人のほうが多くの人を救えるからです。こうして行基は、多数の弟子を率いて各戸をまわって托鉢《たくはつ》をおこない、それで得た米や品物で布施屋を維持・拡大し、さらに多くの困窮民を救済したのです。

都がだめなら都以外で人びとを救えばいい

その後もますます行基集団は膨張の一途をたどり、その数は1000人、さらには2000人と増えていきます。

でも、さすがにこうなってくると、朝廷も、行基の活動を無視できなくなります。

当時、朝廷は「僧尼令」という法律によって、僧にさまざまな規制をかけていました。そもそも、勝手に自分が僧であると名乗ること自体、許していません。また、先ほど述べたように、庶民に仏教を広めることも違法行為でした。

なぜ禁じたのかについては、諸説あります。仏教は仏のもとに平等という普遍的な性格をもっているので、庶民にその教えが広まれば、律令制度が原則とする身分秩序が崩れる危険があると考えたという説。僧侶は聖なる存在であり、それが卑しい庶民と接触すると、穢《けが》れによって清浄性を失ってしまうと考えたのだという説などです。

いずれにしても、行基は僧尼令に堂々と違反したわけです。だから、時の元正天皇《げんしょう》は、養老元年（717）4月23日に、次のような詔を出したのです。

「まさにいま、小僧行基あわせて弟子等、街衢《がいく》に零畳《れいじょう》して妄《みだり》に罪福を説き、朋党を合わせ構えて、指臂《しひ》を焚《た》き剝《は》ぎ、門を歴《へ》て仮説し、強いて余の物を乞い、詐《いつわ》りて聖道と称し百姓《ひゃくせい》を妖惑《ようわく》す。道俗擾乱《じょうらん》して四民業を棄《す》つ」（『続日本紀』養老元年夏4月壬辰）

かなり難解な文章なので、わかりやすく意訳してみましょう。

「未熟な行基という坊主が、弟子たちと都の街頭でみだりに教えを説き、集団で指や臂《ひじ》に火をつけたり、その皮をはいで血で皮に写経し、強引に物を乞い、聖なる道だと偽って民を惑わしている。このため人びとはおかしくなってしまって、仕事を放棄している」

ちなみに、「指臂を焚き剝ぎ」する行為を「焚身捨身《ふんしんしゃしん》」と呼びます。考えただけで痛そうですが、唐（中国）においては修行の一環としてこうした苛烈な行いをする者が少なくありませんでした。ただ、朝廷は僧尼令で、こうした行為を固く禁じていました。

ともあれ、行基は時の元正天皇から直接、名指しで非難されたのです。それだけ朝廷でも問題行動だと思われていたのでしょうね。ふつうの人ならこれでビビってしまい、すぐに行いを改めますよね。

ところが、なんと行基は、弟子たちや民衆をさらに動員して、その活動を活発化させていったのです。そうなんです、天皇の意向を完全に無視したのです。不敵です。驚くべき剛胆さです。

翌年には降福院、さらにその2年後には石凝院《いしごりいん》と、人びとを救済する寺院を新たに建てています。この結果、大きな変化が起こります。朝廷の下級役人たちのなかにも、行基を信奉する者たちが現れたのです。また、行基に帰依《きえ》して人妻や子供たちが出家するケースが急増します。

これに激怒した朝廷は養老６年（７２２）、ふたたび行基の活動を厳しく取り締まることに決め、勝手に僧侶になった者を発見した場合には、なんと杖で百叩きの刑を執行したあと、本貫地（本籍地）へ強制的に送還すると宣告したのです。

これによって、一時的に行基集団の活動は下火になっていきます。とくに平城京周辺での活動は激減しました。

ところが、そんなことくらいでへこたれる行基ではありませんでした。助けが必要な人は、都以外にも大勢いました。だから、活動場所を変えたのです。今度は和泉《いずみの》国《くに》などで大々的に土木工事を始めたのです。

いいですか。これは、歴史の重要な教訓です！

いまいる場がすべてではない、ということなのです。世の中は広いのです。みなさんのなかにも、本当にやりたい仕事ができない職場にいる人も多いはず。でも、我慢していれば、やがて環境が整うのでしょうか。そうであるならば、我慢しましょう。

でも、多くがそんな保証はないですよね。だったら、**自分で環境を変えようと努力することが大事なんです**。会社や上司に直談判して、可能な状況をみずからつくり出すのです。それでも変わらないのなら、あなたが職場を変えてしまえばいいじゃないですか。同じ職種なら別の地域、いや、外国に行ったってかまわないと思いますよ。どうせいまの職場にいても、あなたの未来は拓けないのですから。

先述のとおり、行基は進んだ特殊な土木技術をもっていました。しかも、大人数を抱えていますから、人海戦術によって道路や溜め池をつくったり、橋をかけることができたのです。いまの言葉に言い換えれば、誰ももちえない高いスキルをもつ技術者集団だったのです。

ここ、大事ですよ！　逆に言えば、何の特技も技術もない人を、社会は評価してくれないのです。いずれにせよ、各地の豪族（いまでいえば地方の市町村長でしょうか）たちは、行基集団を熱烈に歓迎するようになります。それはそうですよね。行基たちが来てくれると、インフラがどんどん整備されていくわけですから。

中央政府に疎まれた行基でしたが、こうした地方におけるめざましい活動を見て、ついに朝廷も態度を軟化させていきます。

天平3年（731）になると、行基にしたがう弟子たちのうち、61歳以上の男と55歳以上の女は、得度して正式な僧になることが許されました。そうなれば税はいっさい免除ですから、大きな得点です。

時は聖武《しょうむ》天皇の時代でした。ちょうどこの前後、皇后になった光明子《こうみょうし》（藤原不比等の娘）が、行基がつくった布施屋のような施薬院《せやくいん》や悲田院《ひでんいん》を設けているので、もしかしたら彼女が行基の行為に感化され、それが朝廷の態度が変化した一因かもしれません。

強烈な信念がついに天皇をも動かす

聖武天皇の治世は、神亀元年（724）から天平感宝元年（749）までの20数年間でしたが、権力者が次々に変わったり、地震や噴火などの自然災害や飢饉や疫病が頻発するひどい時代でした。

天平元年（729）には、政治を主導する左大臣・長屋王が天皇や国家を呪詛したとして謀反の疑いで自殺に追いやられています。

通説では、長屋王が藤原氏出身の光明子を皇后にすることに反対したので、藤原四兄弟（光明子の兄たち）に陥《おとしい》れられたと考えられています。その真偽は定かではありませんが、長屋王が自死した翌年、畿内で旱魃《かんばつ》が起こり、たびたび落雷が発生します。2年後、ふたたび旱魃が襲い、それは翌年まで続き、翌天平6年（734）には大地震が起こったのです。

こうした自然災害の続発は、為政者に対する天の戒めだと考えられていました。この考え方は、その後も日本に定着します。たとえば江戸時代の老中・田沼意次は、斬新な重商主義政策をおこないましたが、浅間山の大噴火、天明の飢饉によって政権が倒壊しています。

ともあれ、焦った聖武天皇は大赦《たいしゃ》を実施したり、捕獲した生き物を解放したりするなどの善行をおこない、さらに諸社に祈願を命じ、たびたび自分の不徳を詫びる詔を出しています。

でも、そんな対策はまったく役に立たず、さらに衝撃的なことが起こってしまいます。翌天平7年（735）、九州の太宰府で疫病（おそらく天然痘）によって多数の人びとが亡くなり、天平9年（737）、その疫病は西日本一帯に広がり、ついに平城京にも到達したのです。新型コロナウイルス同様、伝染病は人を選びません。

貴族たちも例外ではなく、この病に冒されました。長屋王の変後、政治の主導者となった藤原四兄弟も次々と罹患し、なんと全員が死んでしまったのです。一説には、この伝染病で人口の25〜35%が命を落としたといいます。新型コロナウイルスとは比較にならないほどの被害です。

こうした事態に聖武天皇は激しい衝撃を受けました。翌年正月、それまで空位だった皇太子の地位に、光明子とのあいだに生まれた娘・阿倍《あべ》内親王（長女）を立てたことでもわかります。場合によっては、己の命も危ういと考えたのでしょう。あるいは「自分は天皇としてふさわしくない」と思い、このまま災厄が続くようであれば、場合によっては譲位も念頭に置いていたのかもしれません。

というのは、藤原四兄弟が死に絶えた前年8月、聖武天皇は、

「この春以来、災気にわかに起こって、天下の百姓が多数死に、官人で命を落とした者も少なくない。朕の不徳がこのような災厄を招来させたわけで、朕は天を仰いでみずからを恥じ、恐れおののいている」

という長文の詔を発しているからです。

自分の政治的無能さをさらけだしているわけで、聖武天皇が国の統治者としての自信を完全に失ってしまったことがわかります。

そうしたなか、さらに彼を追い詰める出来事が起こります。天平12年（740）9月、大宰少弐《だざいしょうに》（九州大宰府の次官）・藤原広嗣《ひろつぐ》の上表文が聖武天皇の手元に届けられます。そこには、政治に対する痛烈な批判と災害の頻発が書かれ、

「政治を主導している橘諸兄《たちばなのもろえ》のブレーン・吉備真備と玄昉《げんぼう》をただちに排除せよ」

という要求が記されていたのです。

吉備真備と玄昉を批判しているかたちになっていますが、暗に朝廷のトップにいる聖武天皇の為政を糾弾したのだといわれています。これによって完全に聖武はメンタルが折れてしまいます。反乱はすぐに平定されたのに、平城京から飛び出してあちこちの都を転々とし、数年間、平城京に戻らなかったのです。

さらに、です。もう自分には政治力がないので、仏の「奴《やっこ》」となり、仏教にすがって世の中を平安にしようと考えたのです。それを具現化したのが、各国における国分寺の建立でした。天平13年（741）、各国に七重の塔をもつ巨大な国分寺と国分尼寺をつくらせはじめたのです。

そして、なんと行基とコンタクトをとったのです。みずから行基のいる泉橋院《せんきょういん》に赴いて対面し、一日中懇談したといいます。このとき行基は74歳の高齢者でした。

行基は、たとえ国家権力によって弾圧されても決して屈せず、次々と寺院を建てて人びとの貧困や病を救いました。また、橋や道路、溜め池など大規模な土木工事をおこない、庶民や地方豪族から多くの支持まで集めます。

この強烈な信念をもつ在野の僧を、ついに天皇も認めざるをえなくなったのです。というより、すがるようになったわけです。会見のさい、行基はこれまで自分が建立した諸寺院の由来を話しました。すると聖武天皇は、行基の寺院を国家が保護する旨を約束したといいます。

それから2年後、聖武天皇は大仏造立の詔を発しました。このとき行基は、朝廷の求めに応じて勧進《かんじん》（創建のための浄財を集める役目）となり、積極的に支援活動をしたと伝えられます。

この功績をたたえ、天平17年（745）、行基は大僧正に任じられました。かつて「小僧」と蔑まれた僧が、仏教界における最高位を授与されたのです。それから4年後、行基は大仏の完成を見ることなく、菅原寺において82歳の生涯を閉じました。遺体は生駒山《いこまやま》の東陵で火葬に付されたといいます。

これ以後、人びとによって行基の遺徳が語り継がれ、やがて伝説化して、「行基菩薩」とあがめられ、いまもなお多くの日本人に慕われているのです。

人間、確固たる信念と不屈の精神があれば、どんな偉業でも成し遂げられることを行基は私たちに教えてくれているのです。

正しいと思うことを
躊躇なく行動に移す勇気が大切

確固たる信念と不屈の精神があれば、
どんな偉業でも成し遂げられる

いまいる場が、すべてではない

和気清麻呂

733-799

わけの　きよまろ

まさかの復命で道鏡《どうきょう》の野望をつぶすも、みずからも流罪《るざい》に。のちに都の造営などの功績で異例の大出世をした奈良時代の英雄

皇族以外から天皇を出す!?

和気清麻呂という人物をご存じでしょうか。

日本史の教科書では、載っていたとしても小さくしか扱われない、いわば忘れられた歴史人物といってもいい人です。

ところが戦前にもし「歴史人物の人気ランキング」なるものがあれば、間違いなくBEST10に入ったはずです。それほど人気があった人なのです。

天皇家の血筋が乗っ取られるのを防いだ英雄として、国定教科書にも載っていましたし、10円札の肖像としても長年、国民から親しまれてきました。いまも皇居のお濠のほとり（東西線竹橋駅近く）には、昭和15年（1940）に造られた巨大な清麻呂の銅像が立っています。

ここでは、そんな和気清麻呂という人物から多くの教訓を学んでいただこうと思います。

清麻呂は、天平5年（733）に下級貴族の磐梨別《いわなしのわけの》乎麻呂《おまろ》の子として生まれました。奈良時代の人です。天平神護元年（765）、従六位上右兵衛少尉《うひょうえのしょうじょう》に叙せられ、さらに翌年、従五位下近衛将監《このえのしょうげん》に昇進しました。五位と六位には大きな違いがあります。五位以上を貴族といい、さまざまな特典が与えられるのです。

清麻呂の姉・広虫《ひろむし》が孝謙《こうけん》天皇に仕え、信頼されていたので、出世が早かったのだろうといわれています。今も昔もコネが大事なのです。

孝謙天皇は天平宝字2年（758）、淳仁《じゅんにん》天皇に譲位して上皇となりましたが、同5年（761）に近江国《おうみのくに》保良宮《ほらのみや》で重病にかかってしまいました。このとき看病のために派遣された僧侶が、道鏡という人でした。当時の僧侶は、医者の役目も兼ねていたのです。

とくに道鏡は、厳しい修行のすえ宿曜秘術《すくよう》という業《わざ》を獲得したといわれ、上皇の病はその秘法によってたちまちにして治ってしまいました。これに感激した孝謙上皇は、それ以後、道鏡のことをたいそう信任し、いつも連れ歩くようになったといいます。

孝謙女帝（上皇）は独身でしたが、どうやら二人は男女関係になり、事実上、道鏡は上皇の夫としてふるまい、朝廷内でもみるみる栄達していきました。時の権力者は藤原仲麻呂でしたが、この状況を憂いて道鏡を排除しようと挙兵します。しかし、あっけなく敗死してしまいました。

すると同8年（764）、孝謙上皇は淳仁天皇を廃して復位（称徳《しょうとく》天皇）し、翌年、道鏡を太政大臣禅師にすえて政治を一任するようになったのです。太政大臣というのは朝廷の最高職です。お坊さんだったので「太政大臣禅師」という名にしたのでしょう。

さらに翌年には、「法王」という地位につきました。仏教界の天皇という意味でしょうが、まさに孝謙天皇と肩を並べる立場になったといえるかもしれません。道鏡は以後、仏教政治をおこなったといいますが、どのような特色があったかということは、『続日本紀』などを読んでもよくわかりません。

それから5年後の神護景雲3年（769）5月、突然、九州から朝廷に使いがやってきて、次のような知らせがもたらされました。

「道鏡を天皇にすれば、世の中は平和になるだろう」

という宇佐八幡宮の神の神託（お告げ）がくだったというのです。

使いを送ったのは、大宰主神《だざいのかんづかさ》の中臣《なかとみの》（習宜《すげ》）阿曾麻呂《あそまろ》という人で、かつて豊前介《ぶぜんのすけ》をしていた地方役人です。

昔はこうした神のお告げは、みんな本当のことだと信じていました。それにしても、皇族以外から天皇を出すなど前代未聞のこと。なので、朝廷の貴族たちは、秩序が崩壊するのではないかと大きな不安を覚えました。

しかも、この神託の裏には、どうやら陰謀があったようです。神託の前年、道鏡の弟である弓削浄人《ゆげのきよひと》が大宰帥《だざいのそち》（九州を統括する長官）に就任しているからです。阿曾麻呂はこの清人の支配下にあったわけで、おそらく道鏡の密命を受けた清人が、裏で神託をデッチ上げたのではないかと考えられています。

たぶん、道鏡は焦っていたのではないかと思うのです。すでに称徳天皇は病気がちで、いつ崩御してもおかしくなかったからです。事実、翌年53歳で死去してしまいます。

つまり「彼女が死ねば、自分の地位は危うくなる」と思い、偽の神託を仕組んだ可能性があるといわれています。天皇にさえなってしまえば、あとはこっちのものだと考えたのかもしれませんね。

道鏡は、自分の即位に称徳天皇が同意すると確信していましたし、称徳天皇が愛する道鏡に譲位したいと考えていたのも間違いないと思われます。ひょっとしたら称徳天皇も、この企みに一枚嚙んでいた可能性もあります。

称徳天皇には、近親者に弟や甥などの男性皇族がいませんでした。なので、自分が死ねば遠縁の皇族が皇位を継ぐことになってしまいます。ならば、愛する道鏡に即位してもらいたいと思うのが当然でしょう。

ですから神託を聞いた称徳は大いに喜びました。ただ、貴族たちの同意を得るため、確認の使いを送ることにしたのです。

そこで天皇は、和気広虫の弟である清麻呂を招き、

「夢に八幡神が現れ、お前の姉・広虫を使いに請うたが、代わりにお前が宇佐八幡へ赴き、神意を確かめてこい」

と命じたのです。

強い意志をもって真の神託を復命する

ここにはじめて和気清麻呂が歴史上の表舞台に登場してくるのです。広虫は女帝の腹心です。だから清麻呂も、おのずと天皇が期待する回答は理解できたはずです。しかも朝廷は、清麻呂が九州へ出立するさい、輔治能真人《ふじのまひと》という姓《かばね》を与え、さらに道鏡も、

「八幡神は私の即位のことを告げるであろう。もしよい知らせをもたらせば、お前の官職や位階を上げてやろう」

と清麻呂に伝えたといいます。

いまでいえば、部下にめちゃくちゃ忖度を求めたのです。

こうして清麻呂は、天皇と道鏡の期待を担って宇佐八幡へ赴き、神前にぬかずいて八幡神の神意を仰ぎました。『日本後紀』によればその答えは、

「道鏡を皇位につけよ」

という思ったとおりのものでした。ただ、巫女を介しての神宣だったと思われま

す。

もしこのまま清麻呂が天皇に復命していたなら、道鏡は確実に即位していたはずです。でも清麻呂は、どうしてもその神託を素直に信じることができなかったのです。だって、そうでしょう。自分が報告すれば、皇統（天皇家の血筋）が途絶してしまうからです。

ですから、

「このような大役を仰せつかったからには、ぜひとも神の意志がわかる証拠がほしい」

そう思ったのです。

そこで清麻呂は、次のように祈念したのです。

「いま大神の教えるところ、これ国家の大事なり。託宣とは信じがたし。願わくば神異（証拠）を示さんことを」（『日本後紀』）

その瞬間、奇跡は起こったといいます。清麻呂の目の前に、忽然と巨大な光の玉が姿を見せたのです。清麻呂は驚きのあまり度を失い、仰ぎ見ることができませんでしたが、はっきりと神の言葉を耳にしたのです。

八幡神は清麻呂に対し、

「わが国は開闢《かいびゃく》以来、君と臣の違いはしっかり定まっている。臣をもって君となすことは前代未聞である。だから皇位には、必ず皇族を立てよ。無道の人である道鏡は早く除きなさい」

と宣《のたま》ったのです。

先程とは、まったく逆の神託でした。たぶん清麻呂が見聞きしたものは、幻視幻聴の類だと思います。きっと彼の潜在意識、心の声だったのでしょう。

それにしても、さあ大変です。もちろん清麻呂は、いま耳にしたことが神の真意だと認識したはずです。それを伝えることが己の使命だとわかっていたでしょう。でも、もしいまの言葉を復命したら、いったい自分は、いや、一族はどうなるでしょうか。間違いなく災いが及ぶはず。あなたなら、どうしますか？

和気清麻呂は、最終的に嘘はつきませんでした。

「道鏡は排除すべきである」

という神託を天皇に復命したのです。

これは、まさかまさかの展開だったと思います。称徳天皇は大いに落胆、道鏡は憤激しました。そして、清麻呂は嘘の神託を復命した罪に問われ、官位を剥奪されたうえ、名前をなんと「別部穢麻呂《わけべのきたなまろ》」と変えられたうえ大隅国《おおすみのくに》へ流罪に処されてしまったのです。

とはいえ、貴族たちもこの復命を聞いてしまっています。いまさらいくら清麻呂の言葉が嘘だと言っても、道鏡を天皇にするというコンセンサスはとれないでしょう。つまり清麻呂のまさかの復命によって、道鏡は皇位への道を絶たれてしまったのです。

そして翌年、称徳天皇が崩御すると、道鏡は失脚し、下野国《しもつけのくに》薬師寺へ左遷され、数年後、寂しく世を去りました。清麻呂は皇位をねらう道鏡の野望をくじき皇統を救ったので、戦前は皇国史観もあって、英雄とか忠臣と讃えられたのです。

ところが戦後、評価は逆転し、

「宇佐八幡宮神託事件は、藤原百川《ももかわ》ら藤原氏が道鏡を失脚させるために仕組んだ策略で、清麻呂はその手先にすぎない」

という説が出てきました。

でも、これは完全な誤りだと思います。

というのは、道鏡が失脚した後、清麻呂は京都に呼び戻され、元の官位に復しましたが、その後10年間、まったく昇進していないからです。

もし藤原百川の手先として道鏡を失脚に追い込んだのなら、こんなふうに冷遇されるはずはありません。それを考えれば、やはり和気清麻呂は、自分の意志で天皇に復命したのであり、そこに私は清麻呂の偉大さを感じるのです。

土木事業から民政まで幅広く活躍

さて、その後の清麻呂です。桓武天皇が即位すると、清麻呂は摂津大夫《だいふ》（現在の兵庫県の役人）に登用されました。延暦3年（784）の長岡京遷都《せんと》事業では、遷都責任者の藤原種継《たねつぐ》を補佐して都の造営を進めていきます。そしてその働きが評価され、ようやく従四位上に叙されたのです。

都の造営なんて、どこで土木技術を習得したのかわかりませんが、この時期の清麻呂には土木技術の最新知識があったのは間違いありません。不遇の時代に勉強していたのかもしれませんね。

延暦7年（788）には、清麻呂は23万人を指揮して摂津・河内両国の境界に濠と堤を築き、そこに河内川を引き入れる灌漑《かんがい》工事をおこない、広大な土地を開拓しています。また、伝承によれば、尼崎港を開いたのも清麻呂だといい、成功はしなかったものの、水害から人びとを守るため賀茂川の流れを変えようとしたらしいです。

延暦12年(793)、桓武天皇は長岡京から山背国葛野郡宇太《やましろのくにかどのぐんうた》への遷都を宣言します。じつはそれを天皇に進言したのは清麻呂でした。このおり清麻呂は、平安京の造営大夫に任じられ、同15年(796)、造京の功により従三位に叙せられたのです。三位というのは公卿と呼ばれる地位です。いまでいえば閣僚クラスにあたります。地方出身の下級貴族としては異例の大出世だといえるでしょう。

驚いたことには、清麻呂の才能は土木事業の分野のみにとどまりませんでした。それだけではありません。民政家としても活躍しました。摂津大夫の折には、「民部省例」(法令集)を編纂したり、桓武の実母・高野新笠《たかののにいがさ》の家系図「和氏譜《やまとうじふ》」を撰するなど、文系の仕事でも力を発揮しているのです。

「全国の駅では庸(税)が免ぜられているが、畿内には庸がないので、せめて調(税の一種)を免じて民の負担を軽くしてほしい」

と朝廷に奏上して許されています。

備前国の国造《くにのみやつこ》(岡山県の役人)であったときにも、

「鉄の産出量が激減したので、税としての鉄の供出を免じてほしい」

と願い出て朝廷に了承させています。

さらに、農民の利便のため、和気郡を割いて磐梨《いわなし》郡という地方行政区を新設して

皇居のお濠端に立つ和気清麻呂像

提供）一般社団法人千代田区観光協会

います。

晩年には民部卿になりますが、延暦17年（798）、身体の衰えを感じて辞職を申し入れました。けれど朝廷はこれを許さず、かえって功田20町を下賜して、もう少し職務に励むよう激励しています。朝廷にとって余人をもって代えがたい人物だったことがわかりますね。

しかし、翌年2月21日に清麻呂は急逝してしまいます。67歳でした。臨終にさいして清麻呂は、長男・広《ひろ》世《よ》に次の遺言を残しています。

「身は高禄をはみ、公において益なく、かねて国造を忝《かたじけの》うし、民において徳なし。（中略）いま賑給田《しんきゅうでん》をおき、もって民の命を救い、もって国恩に報ぜん」(『日本後紀』)
つまり、「私は高い給与をもらっていたのに、大したことができなかった。そこで給田を設けて人びとの命を救い、国の恩に報いたいと思います」という意味です。
これにより息子の広世は、朝廷の同意を得て100町の私墾田を、民が困窮したさいの賑救田として郷里8郡に分置したのです。**死にさいしてもなお清麻呂は民を慈《いつく》しむ心を忘れなかった**のです。
こんな立派な人だったのに、皇居のお濠端に立つ清麻呂の銅像は、排気ガスで煤を振りかけたように黒変し、誰ひとり立ち止まって像を眺める人もいません。でも、忘れ去られたこの人物から、私たちが学べる点は決して少なくないはずです。

清麻呂と榎本武揚に共通する精神

失脚して配流された和気清麻呂は、どうしてその後に復活して異例の栄達を遂げることができたのでしょうか。

一つは、私欲に惑わされず、己の信念を貫き通したからではないでしょうか。**どんなエラい人にも忖度せず、正しいことを正しいといえる勇気をもってい**

たのです。自分の心に嘘をつかなかったからです。こうしたやましいところのない人は、最強です。だってつけ入る弱みがないからです。攻撃のしようがありません。でも、それだけでは出世はできませんよね。何の取り柄もないバカ正直者は、傍から見ればすがすがしいけれど、たんにそれだけの話です。

清麻呂は、人がもち得ない最新のスキルを身につけていました。これが二つめの要因です。しかも、スキルは一つではありませんでした。**最新の土木技術と書物編纂の才、さらに民政も得意だった**ことがわかります。

こうなってくると、スペシャリストというより、ゼネラリストに近かったかもしれません。何でもそつなくこなしてしまうという才能はきわめて稀です。

近代でいうなら、榎本武揚《たけあき》でしょう。榎本といえば、江戸幕府の海軍を統轄した軍人です。新政府に降伏するのをよしとせず、品川から旧幕府艦隊を率いて東北へ脱走し、さらに多数の旧幕府兵や反新政府勢力を引き連れ蝦夷地へ逃れた人です。

蝦夷地を征服したのち、彼らは独立政権を立ち上げますが、このときのリーダーは選挙で選びました。圧倒的多数票を獲得したのが榎本武揚です。いかに人徳があったかがわかりますね。結局、彼らは箱館戦争で新政府軍に敗れ、拠点の五稜郭を開いて新政府に降伏しました。当初、リーダーの榎本は処刑される予定でしたが、箱館戦争で戦った敵将の黒田清隆が助命嘆願運動を展開、そのおかげで生き延びることができました。これもやはり人徳でしょう。

その後、開拓使次官だった黒田のもとで働きますが、のちに新政府の高官に成り上がっていきます。その経歴は驚きです。海軍卿、皇居造営御用掛、清国駐在特命全権公使、逓信大臣、その後は農商務大臣、文部大臣、外務大臣を務めています。あまりに継続性のないバラエティに富んだ職歴、悪くいえばハチャメチャな経歴です。でも、どの仕事もそつなく無難にこなしました。とてつもなく多才な人なのです。だからこそ、榎本は賊将から明治政府の顕官に成り上がることができたのです。

ただ、成功の理由は、生まれながらの能力の高さだけではありません。旺盛なチャレンジ精神と知識欲も大いに関係していたと思います。いちばんよくわかる逸話が、明治8年（1875）に日本政府代表としてロシアを訪れ、千島・樺太《からふと》交換条約を結んだあとの榎本の行動です。明治11年（1878）に帰国するさい、ペテルブルグから馬車でシベリアを踏破して、北海道から日本へ戻ってこようと思いたったのです。

家族にあてた手紙によれば、

「日本人はロシア人を大いに恐れ、いまにも北海道を襲うのではないかと言っている。そんなことはまったくのデマだと私は知っている。だからロシアのシベリア領を堂々と踏破し、その臆病を覚ましてやるのだ」

とあります。

それにしても、ずいぶんと大胆です。このときの冒険旅行の記録は、詳細を究めています。現地の人びとと接してシベリアの政情、軍事、経済、文化、施設や工場、言語や自然、住人や宗教などあらゆるものを書きとめているのです。

文献などが残っていないのが残念ですが、おそらく和気清麻呂も榎本武揚と同じような性格だったのではないかと思うのです。

「どんなことも、ノーと言わずにやってみる。興味のあることをどんどんみずから学ぶ」

そうしたチャレンジ精神と知識欲が彼を大成させたと思うのです。

最後に余談になりますが、清麻呂が地方でおこなった政治を見ていくと、常に民の幸福を願っていることがよくわかります。他人に対する慈しみの心、それがひしひしと感じられるのです。

もしみなさんが竹橋駅周辺に行く機会があれば、そんな清麻呂の生きざまに思いを馳せ、しばし立ち止まって銅像を眺めてみてほしいと思います。

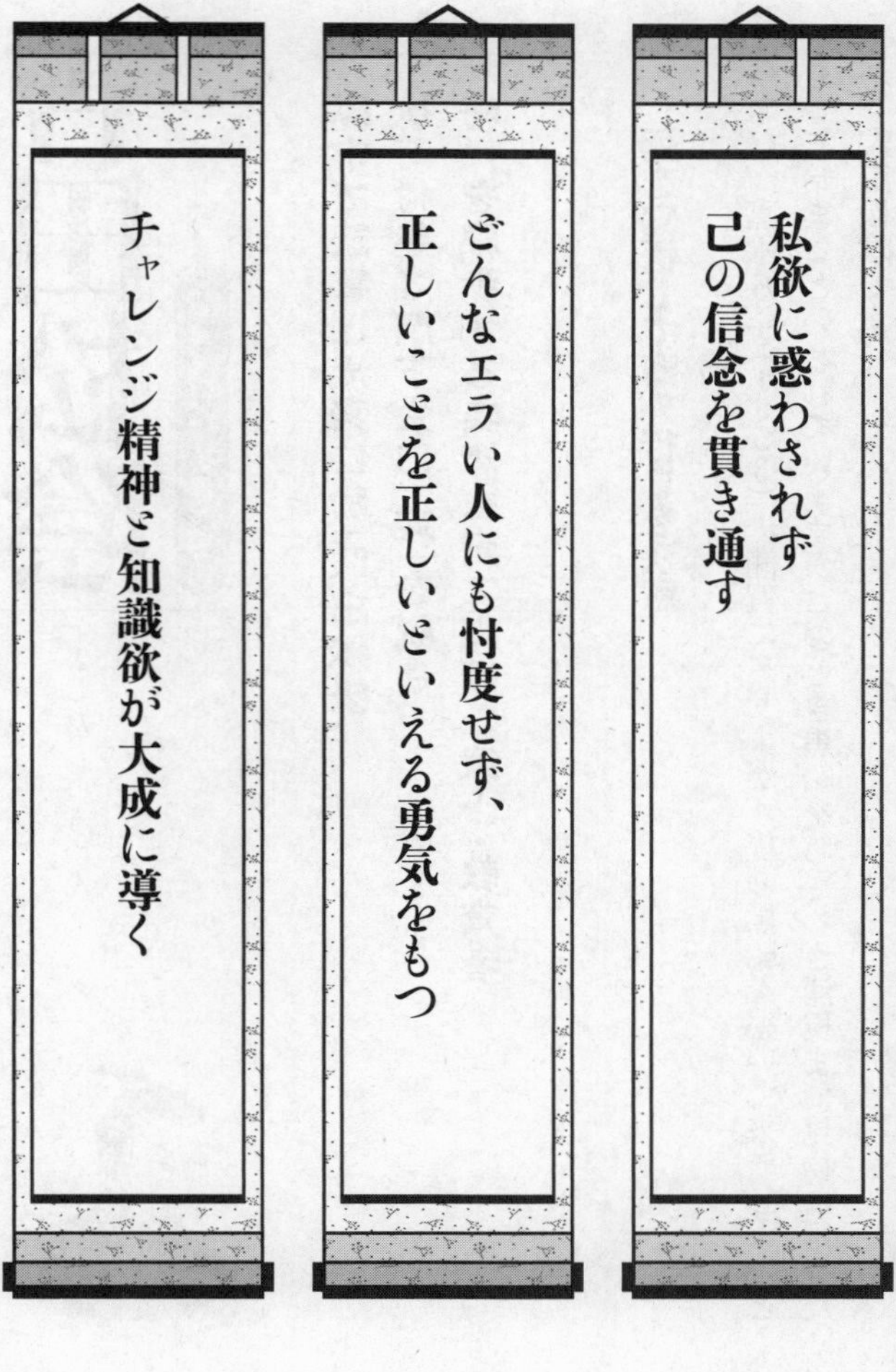
私欲に惑わされず
己の信念を貫き通す
どんなエラい人にも忖度せず、
正しいことを正しいといえる勇気をもつ
チャレンジ精神と知識欲が大成に導く

吉田松陰

1830-1859

よしだ しょういん

獄中で読書と思索に励み、出獄後、松下村塾で門下生に「志」を説き、時代を闊歩する英傑を育て上げた武士・教育者

死を覚悟して海外行きを決意

幕末は、嘉永6年（1853）に浦賀にペリーが4隻の黒船を率いて来航したことをもって始まるといわれています。このとき黒船をわざわざ浦賀まで見物に行ったのが、吉田松陰です。

松陰は長州藩、いまの山口県の下級武士・杉家の次男として生まれました。5歳のときに叔父の吉田大助の養子となり、翌年、大助が没したので家を継ぎました。

この吉田家は代々、藩校・明倫館《めいりんかん》の兵学師範（先生）でしたので、幼いころから叔父の玉木文之進《ぶんのしん》などに徹底的なスパルタ教育を受け、11歳のときには、藩主の毛利敬親《たかちか》の前ですばらしい授業をしたことで藩内で有名になりました。

松陰はペリーが来航したときは江戸にいましたが、そのニュースを知ると即座に浦賀へ向かいました。そして黒船を目の当たりにして衝撃を受けます。

「とても日本の船や大砲では敵わない。もしペリー艦隊と戦っても勝ち目はないだろう。ただ、太平の世に慣れた武士が、ふんどしを締め直すいい機会。むしろお祝いすべきだ」

と手紙で知人に述べているんですね。兵学にくわしい松陰には、日米の軍事力の差がはっきりわかったのでしょう。

松陰は、

「こんな強大な軍艦をもつ列強諸国を駆逐するためには、欧米に渡って相手の文明や技術を学び、速やかにわが国に導入することだ」

と考えました。

そして、本当に密航計画を立てるのです。何とも突飛な発想ですし、スゴい決意です。というのは、鎖国の時代に海外に行こうとして露見したら、当時は死刑に処せられたからです。つまり松陰は、死を覚悟したわけです。

ちょうど長崎にロシア艦隊（代表はプチャーチン）が来航していたので、松陰は現地へ向かいました。しかし到着したときにはすでに長崎を発ったあと。そこで翌安政元年（1854）にペリー艦隊が再来すると、今度は弟子の金子重之輔《しげのすけ》とともに小舟で艦隊の停泊する伊豆の下田沖に向かい、黒船に横付けして身振り手振りで渡米の意志を伝えました。

理解できたのかどうか不明ですが、アメリカ人は彼らを甲板まで上げてくれました。船内には日本語ができる者もおり、松陰たちの意図は理解されました。しかし日米和親条約が結ばれたばかりなので、「それはできない」と追い返されてしまいます。馬鹿正直な松陰は、処刑されるのを覚悟で幕府に自首。幕府の役人はその身柄を長州藩に引き渡しました。

驚いたのは長州藩です。「密航を企むなんて大罪人だ」ということで、松陰は牢獄に入れられました。野山獄《のやまごく》という武士を入れる牢獄です。牢内には囚人が11人いて、49年間も在牢している猛者もいました。

松陰が乗り込もうとしたポーハタン号

出所）横浜開港資料館所蔵

寒くても火の用心のため暖房はありません。じめじめした薄暗い牢からいつ出られるかもわからない。ところが、松陰は知人に宛てた手紙のなかで、

「私は牢に繫がれてしまったけど、いよいよ努力して文章を書いたり学問を修めたりしようと思う。この状況をみずから楽しんでいるよ」

と記しているのです。また、

「野山獄は暖房がないので、明け方は寒くて目が覚めてしまうが、こうしたときの頭は非常に冴えており、とてもよい考えが浮かんでくるのだ」

と言っています。

通常なら絶望してもおかしくない状況なのに、驚くべきプラス思考です。

じつは成功者の多くに、こうした楽天性が見られます。**どんな過酷な状況にあっても、そこに喜びや楽しみを見いだす**のです。ある意味、マゾヒストなのかもしれません。

ぜひみなさんも、苦しい環境にさらされたとき、無理をしてでも松陰のように「楽しみ」を見いだしてほしいと思います。

天性の素質で牢獄を学校に変える

実際、松陰は本当に獄中で猛烈に勉強をしています。結果として約1年間牢獄にいたわけですが、書物の差し入れは許されていました。読んだ本は年間600冊。いまよりページが少ないとはいえ、600冊ですよ、600冊！　しかもすべて感想を手帳に書き込み、所感を囚人たちに語ったのです。

囚人たちは最初、「この若者はちょっと変なのかな」と相手にしなかったことでしょう。しかし、牢獄はやることもなく暇すぎます。だから松陰の話が耳に入ってきてしまう。しかたなく聞いてみると、なんだかいいことを言っている。「えっ、おもしろいじゃないか」となって、やがて毎日、囚人たちは松陰の講義を楽しみにするようになったのです。

松陰は、そんな囚人たちに学問の大切さを説きました。すると、松陰に心開いた囚人たちは、

「世に出る希望のない私たちに、学問は何の役に立つというのでしょうか」

と真剣に尋ねてきました。

これに対して松陰は、

「あなたがたは、ここで朽ち果てる人たちではない。いまから努力して学問を修め、徳を積んでいけば、きっと釈放され、将来は大事を成し遂げるはず」

と断言したのです。

「この人は、お世辞を言っているのではない。本気で自分たちに期待をかけてくれているのだ」

これまで人をだましたり苦しめてきた悪人だからこそ、松陰の本音が染み入るように実感できたと思うのです。こうして囚人たちの向学心に火が灯り、みなが必死に勉学に励むようになりました。

松陰は、かつてこんな言葉を残しています。

「余に一つの護身の符《ふ》あり。孟子曰く『至誠《しせい》にして動かざる者は、いまだこれあら

ざるなり』と。それこれのみ。諸友、それこれを記せよ」

すなわち、「自分が誠心をもって相手に対すれば人は必ず動く」これが松陰の信念だったのです。その根底には、人間の善性への絶対的な信頼がありました。「人間は生まれながらにして善きもの。根っからの悪人はいない」と信じていたのです。

事実、松陰は獄中から「福堂策」という建白書を長州藩に提出していますが、そこには、

「獄内は囚人たちの自治にまかせ、彼らには学問や諸芸を身につけさせるべきであり、人間が罪を犯したからといって、どうして禽獣《きんじゅう》や草木に劣るでしょう。一つの罪でその人をすべて否定するのはおかしい。罪は病のごときもので、それは治癒させればよいだけではないか」

と説き、

「長年牢獄へつないでおくのは惨《むご》い仕打ちなので、改悛の情が見られる者は釈放すべきだ」

と主張しています。

こうして囚人たちに講義を始めた松陰ですが、やがて、

松陰が主宰した松下村塾（山口県萩市）

提供）萩市観光協会

「あなたは字がうまいですね。私に書き方を教えてくれませんか」とか、「あなたのつくる俳句はすばらしい。どうやったらそんな俳句をつくることができるのですか」

というふうに、それぞれの囚人の得意な分野を見いだしては、彼らに教えを乞いはじめたのです。

さらに他の人も誘って、それぞれが教師や生徒になって学び合う。さらには看守までもが、松陰の講義を牢外で正座して拝聴するようになります。こうしてわずか数カ月のあいだに牢獄が学校に変貌するという、小さな奇跡が起こったのです。

このとき松陰は、まだ25歳の若者で

した。つまりは天性、教師としての素質があり、あとでくわしく述べますが、他人の才能を見いだすことにずば抜けた目をもっていたのです。

1年後に出獄したものの、残念ながら松陰は自由の身になれませんでした。自宅軟禁、一歩も自宅から出てはいけないと命じられます。ただ、こうした才能があったので、叔父が主宰していた松下村塾を引き継ぐことが許されました。

行かれた方もいると思いますが、山口県萩市には松陰神社があり、境内に松下村塾の建物が現存しています。とても簡素な造りで、講義室はわずか8畳一間。しかも塾で松陰が教育にあたった期間はたったの2年間程度。

なのに、この建物から高杉晋作、久坂玄瑞、山県有朋、伊藤博文、品川弥二郎といった錚々たる人物が巣立っているのです。塾生は90人ほど、よく通ってきたのは40人程度。その大半が近所の子供や青年たちです。いったいどんな教育をおこなったら、こんな成果を出せるのでしょう。

そのあたりをこれからくわしくお話ししていきましょう。

夢や目標をもつことの大切さを伝えつづける

松陰は29歳で世を去りますが、ものすごい量の文章を残しています。そのなかで頻繁に多く出てくる言葉が「志」です。いまでいう「夢」とか「希望」「目標」のような意味です。

たとえば「志を立てて以て万事の源《みなもと》となす」と言っています。

これは、大切なのは「志」、すなわち自分の夢や目標を見つけることがすべての源になるのだという意味です。

また、こんな言葉も残しています。

「業の成ると成らざるとは、志の立つと立たざるとに在るのみ」

事業が成功するか失敗するかは、志が定まっているかいないかによるんだという意味です。目標、夢さえ定まっていれば、それは絶対成功するという確信をもっていたことがわかりますね。

まだあります。

「苟《いやしく》も能《よ》く志立たば、為すべからざるの事なく、為すべからざるの地なし」

「もし志さえ立てば、どこであってもなんであっても出来るのだ」という意味です。

それほどまでに松陰は、門弟たちに「志」をもたせることを重視していたのです。

ただ、志を立てることの大切さは、多くの志士が語るところでもありました。

松陰と同じように安政の大獄で処刑された福井藩士の橋本左内も、次のような言葉を残しています。

「志ナキ者ハ魂ナキ蟲《むし》ニ同ジ、何時迄《いつまで》立候《たちそうら》ヘテモ丈《たけ》ノノブル事ナシ。志一度相立候ヘバ、其以後ハ日夜逐逐《ちくちく》成長致《いた》シ行キ候者ニテ、萌芽《ほうが》ノ草ニ膏壌《こうじょう》ヲアタエタルガゴトシ」（橋本左内「啓発録」、『日本思想体系55』山口宗之校注、岩波書店）

「志がない者は、魂がない虫けらと同じ。いつまでたっても大きくなることはない。でも一度志を立てたなら、それからはすごいスピードで成長するはず。ちょうど芽吹いた草に肥えた土を与えたようなものだ」

とても含蓄のある言葉ですね。私はよく講演会で、中小企業の経営者に向けて話をしますが、その後の懇親会で、

「社員が入社しても簡単に辞めてしまう。給料や条件がちょっと違うと、いいほうに流れちゃうんだよね」

なんて愚痴をたびたび耳にします。

でも、本当にそうなのでしょうか。わざわざ入社した会社なのに、給料がちょっと安いからといって、そう簡単に辞めてしまうのかなと疑問に感じています。

「この会社のなかで自分は何ができるのか。どう自分の能力を活かせるのか」

そういったことがはっきりわからず、モチベーションや希望がもてない、それが去っていくおもな理由ではないかと思うのです。多少、条件が悪くたって、この職場で自己実現ができるとわかれば、いまの若者もそう簡単に会社を辞めませんよ。社員に夢をもたせられない、会社の経営者や幹部が悪いのです。

たとえば三菱を創業した岩崎弥太郎。彼は諸外国の汽船会社や政府の息のかかった海運業者との激しい競争を勝ち抜き、やがて日本の海運を独占しました。そんなことが可能だったのは、有能な社員や技術者が弥太郎のもとに集まったからです。それはいったいなぜでしょうか。

一つは、弥太郎が社員たちに頻繁に大きな夢を語ったことが関係している、と私は確信しています。弥太郎は言いました。

「三菱は国内の汽船会社との戦いに競り勝ち、さらに日本に君臨している外国汽船会社を追い払い、やがてはみずから世界に進出してたくさんの海外航路を開き、どの港にも日の丸がはためくようにしてみせるのだ」と。

こうした大きな夢を語れなくては、リーダーとしては失格です。数カ月先のせせこましい営業目標を掲げ、社員を叱咤するだけの経営者や上司に、社員は決して魅力を感じないはず。

では、吉田松陰は、弟子にどんな夢を語ったのでしょう。一つ、紹介しますね。

「松下は城の東方にあり。（略）吾《わ》れ謂《い》えらく、萩城のまさに大いに顕《あら》われんとするや、それ必ず松下の邑《むら》より始まらんかと」

解説しましょう。

「松下村塾は長州藩主の居城である萩城の東にある。私は断言する。もし長州藩からスゴい人物が顕れるとしたら、それはこの松下村塾から出るだろう」

どうです。人間、不思議なもので、常に他人からほめられつづけると、

「もしかしたら自分って、本当にすごいんじゃないか」

と思うようなります。

豚もおだてりゃ木に登るように、松陰から真剣にほめられつづけた結果、松下村塾は次々と優れた人物を輩出したのではないかと思うのです。

人の才能の見つけ方・伸ばし方

さて、松陰は人の才能を見つける天才でしたが、どうやって他人の長所を見いだ

したのでしょうか。それに関して、次の松陰の言葉を読んでください。

「人、賢愚《けんぐ》ありといえども各々《おのおの》一、二の才能なきはなし。備《そな》わらんことを一人に求むることなかれ。小過《しょうか》を以《もっ》て人を棄《す》てては大才《たいさい》は決して得るべからず」

つまり松陰は、

「人には愚かな人も賢い人もいるけれど、一つか二つの才能がない人はいないんだ。だから他人に完璧を求めてはいけない。小さな欠点があるからといって、もうこの人はだめだというふうに棄ててしまったら、絶対に大きな才能を見いだすことはできないよ」

と言っているのです。

私たちはちょっとでも他人の欠点に気づくと、その人のすべてを否定しがちです。ですが、松陰は違うのです。常に、その人の優れたところはどこかということを気にかけながら、熱心に教育にあたっていたのです。

さらに大事なのは、ここからです。松陰は、見つけた長所を直接本人に伝えたのです。いいですか。もう一度書きます。松陰の偉さは、**自分が見つけた弟子の長所を直接本人に伝えた**ことです。

言葉でも相手に伝えたでしょうが、文章に記して渡しました。「あなたのここが

よい」と記した松陰の手紙や文書が数多く残っています。たとえば教え子のなかに、俊輔という少年がいました。松陰は、

「君は人と人をつなげる周旋の才能があるね。将来、凄い大政治家になりそうだよ」

とほめています。そう言われた俊輔は、のちの伊藤博文です。本当に的確に才能を見抜いているなと感心します。

さて、松陰がいちばん大事だと考えた「学問」とは何だと思いますか。それは歴史だ、と松蔭は言っています。

松陰は、

「どうしたらいいか迷ったときは、歴史を通観し、偉人たちのいろんな意見を参考にして自分なりの工夫を加えたら、必ず答えは得られるだろう」

「歴史や偉人の言動を知り、あなたの志気を高めなさい」

と言っているんです。

松陰の死が弟子たちにもたらした先駆けの精神

松陰が松下村塾で教えるようになってから2年後、大老の井伊直弼が松陰のよう

な尊王攘夷派の人たちへの弾圧を始めます。安政の大獄ですね。そんな直弼の手足となって京都で尊攘派を捕縛していたのが老中の間部《まなべ》詮勝《あきかつ》でした。

これを知った松陰は、弟子たちに「間部を殺せ」と言いはじめたのです。さらには長州藩に対し、

「間部を襲撃するので武器を貸してほしい」

と依頼します。

長州藩は驚きました。そしてただちに松陰を牢獄に戻してしまいます。当然ですね。しかし松陰は、牢獄からも手紙で弟子たちに間部の打倒を慫慂《しょうよう》しつづけました。

この過激な言動に、江戸にいた高杉晋作や久坂玄瑞らは、「先生、自重してください」と記した血判を送り、強く諫めました。また、このとき多くの弟子が過激な松陰先生から離れていきました。手紙も送らなくなります。

そんな弟子の様子に失望した松陰は、

「みんなは私とは考え方が違う。その分かれるところは、僕は忠義をするつもり。あなたたちは功績をあげようとしているんだ」

と主張します。さらに、

「お前たちはいま動いたら犬死だというけれど、時が来てから動いて功績を残して

いるのは、敵から寝返った不忠の臣ばかりではないか。先駆けになって時代を動かすこと、それが本当の志士なのだ」と。

「損得を考えず、先駆けとなって大義のために行動する」

それが大事なのだ、そう松陰は説いたのです。しかし残念ながら、弟子たちにその思いは届きませんでした。松陰が寵愛し、自分の妹と結婚させた久坂玄瑞も、松陰との音信を絶ってしまいます。

やがて、松陰は江戸に呼び出されました。取り調べでほかの志士たちとの関係を聞かれた松陰は、正直に、

「老中の間部を殺そうとしました」

としゃべってしまいます。

人間の善性を信じており、楽観的な人でもあったのです。計画を実行に移したわけではないので、「大丈夫だろう」と判断したのでしょう。しかし、結局、それが仇となって処刑されてしまいました。まだ29歳でした。

ところが、不思議なことに、松陰が幕府によって殺されたことで、弟子たちの様子が大きく変わるんです。当時、師（先生）というのは両親の次に大切な存在。そんな師が幕府によって不条理に命を奪われたことで、弟子たちが目覚めるのです。

松陰のいうとおり、損得を度外視し、先駆けになって列強諸国を追い払い、さらには師を死に追いやった幕府を倒そうと先鋭的に行動しはじめたのです。

ご存じのとおり、幕末の長州藩は、攘夷、攘夷と叫んで、幕府から征討を受けたり、外国軍に攻め込まれたりとボロボロになっていきますが、過激な尊王攘夷運動を展開した中心人物の多くが松陰の門弟たちでした。

人数については前にも触れましたが、松下村塾に通っていた人は、いま確認されているだけでも90人ほどいます。なかでも頻繁に通学していたのが約40人。その40人がどうなったか、みなさんはご存じでしょうか。伊藤博文や山県有朋などは維新の元勲になりますが、40人のうちの半数が、じつは戦死や自殺、変死しているのです。

みんなまだ、20代の若者でした。久坂玄瑞も松陰が死ぬと、行動が一変、松陰の遺作を松下村塾で輪読しつつ、その遺志の継承に努め、品川のイギリス公使館を焼き討ちにしたり、下関海峡を通過する外国船に大砲を放ったりし、そして最後は、京都の禁門の変に参加して戦死しました。

まさに松陰が求めたように、時代の先駆けとなって死んだのです。そういう意味では、久坂ら門下生たちは吉田松陰を知ってしまったがゆえに、このようなかたちで人生の幕を閉じたのです。久坂はまだ25歳でした。

こうした人生が彼らにとって幸福だったか不幸だったかは、私にはわかりません。それを知るのは本人だけです。ただそれくらい、人は人に大きな影響を与えることができるわけです。

誠意をもって他人に接し、人の長所を常に探して本人に告げ、みずから先駆けとなって損得を考えず、大義のために行動する。もしそれができたら、きっとあなたは偉大なリーダーになることができるでしょう。

高杉晋作によって具現化した松陰の夢

さて、松陰が最後に到達した「草莽崛起《そうもうくっき》」という思考についてお話ししましょう。

ペリーが来たときには、

「自分たち武士こそがペリーら列強諸国を追い払うべきだ」

と松陰は考えていましたね。

武士は支配階級、だから日本を守るという感覚です。

でも、松下村塾の門弟は武士だけでなく、足軽や農民、商人、魚屋の子もいまし

た。そういう青少年を教えていくなかで、

「本当に武士が偉いのだろうか。大切なのは、身分ではなく志の有無ではないのか。志さえあれば、武士や農民といった身分など関係ないのではないか。志をもった者たちを結集し、外国人を追い払おう」

という考えに到達したようです。松陰は最終的には封建社会における身分という壁を超越したのです。

ここで一つ大事な教訓は、「誰からでも学べ」ということです。松陰は、門弟から学んで自分の考え方を改めました。とくに師が偉いといわれる時代に、それができた松陰はスゴいと思います。

あなたも誰かれ問わず、後輩からも積極的に学び、みずから変わっていくべきなのです。立場が上とか下とか、そんなことにこだわっているから飛躍できないのではないでしょうか。

ちなみに、松陰の「草莽崛起」の考え方を実現させたのが高杉晋作です。彼は、武士や農民に関係なく、志をもつ人びとが集まる奇兵隊という軍隊を創設しました。松陰の夢が高杉によって具現化したのです。その後、長州藩当局は、さらに有志でつくる隊を認め、続々と同じような部隊が生まれていきます。こうしたものをまとめて諸隊と呼びました。

やがて長州藩は、幕府の10数万の大軍に征討を受けることになります。このとき長州藩内で政変が起こり、保守派が尊攘派から政権を奪いました。そして保守派政権は、尊攘派3人の家老の首を差し出し、謝罪して武力討伐を免れました。

これより前、高杉は身の危険を感じて九州に逃げました。ところが、3家老が犠牲になったことを知ると、ふたたび長州に舞い戻り、奇兵隊や諸隊の隊長たちに保守派打倒の兵をあげようと呼びかけました。

でも、長州の正規軍と戦っても、諸隊にはとうてい勝ち目はありません。このため拒否されてしまったのです。すると高杉は、

「ならば俺は一人でも立ち上がる」

と言い放ったのです。このとき、

「私は高杉さんについていく」

と賛同した隊長がいました。それが伊藤博文です。

高杉は伊藤とともに、わずか80人で決起することに決めました。そして、その80人が、最終的に当時100万石の力はあった長州藩をひっくり返してしまいます。奇抜な戦い方をして次々と正規軍を出し抜いていくのです。

すると、この活躍を見た奇兵隊をはじめとする諸隊も、高杉らに合流していきました。こうして正規軍は苦戦し、ついに保守派政権を瓦解させたのです。まさに高杉は、松陰のいう先駆けとなって歴史を大きく変えたのです。

松陰は生前こういうことを言っています。

「**能わざるにあらざるなり、為さざるなり**」と。

「できないのではなく、やらないだけじゃないか」という意味です。

残念ながら高杉は結核のために、明治維新を見ることなく亡くなりましたが、この高杉の行動に「不可能を可能にする」秘訣があるように思うのです。

いずれにせよ、松陰の遺志はその死後、門弟たちに引き継がれ、見事に結実していったわけです。

どんな過酷な状況にあっても
そこに喜びや楽しみを見いだす

立場が上とか下とかにこだわることなく、
誰からでも学べ

自分が誠心をもって相手に対すれば
人は必ず動く

第3章
ずば抜けた行動力で突破する

Chapter3 Introduction

妄想好きで、心のなかでありえない素敵な場面を思い描き、にんまりする人は少なくないでしょう。でも実際に行動に移さないかぎり、そうした空想が現実になることはありません。夢を実現するためには、まずは現実の世界で一歩踏み出す必要があるのです。宝くじだって、買わなければ決して当たらないのと一緒ですね。

ただ、歴史上、大きな仕事を成し遂げた人の多くには、このアドバイスは何の役にも立ちません。なぜなら、私たちとは正反対だからです。「無謀すぎる」「無理だ」「絶対にできない」という概念をもち合わせていないからです。彼らは思い立ったら迷うことなく、すぐに行動へ移します。そして、困難と思える大きな障害をあっけなく突破してしまうのです。

この章では、ずば抜けた行動力で政権を安定させた北条政子と執念で鎌倉幕府を滅ぼした後醍醐天皇から、日本史の教訓を学んでいただきましょう。きっと二人の生きざまを知ったら、あなたの辞書からは「優柔不断」という文字は消え去るはずです。

即断即行、これが大事なのです。

北条政子

ほうじょう　まさこ

1157-1225

妻として将軍・源頼朝を愛し抜き、
夫亡きあとは身を挺して幕府存亡の危機を救い、
のちに「尼《あま》将軍」と呼ばれる

鎌倉時代の人びとに将軍と認知された女性

北条政子は、鎌倉幕府をつくった源頼朝の正妻です。政子というと、「尼将軍」と呼ばれ、権力者としてのイメージが強いですが、これは江戸時代になってからの俗称だといいます。

では、同時代（鎌倉時代）の人たちは、政子のことをどんなふうに認識していたのでしょうか。

慈円《じえん》（関白・藤原忠通の子。天台座主）は、その著『愚管抄《ぐかんしょう》』のなかで、政子について、

「女人入眼《にょにんじゅげん》ノ日本国、イヨイヨ、マコト也《なり》ケリト云フベキニヤ」

と記しています。

「入眼」とは、「物事を完成すること」という意味です。つまり慈円は、

「日本という国は、女性によって物事が完成するというけれど、まったくそのとおりだな」

と政子の政治力を皮肉っているのです。

また、『吾妻鏡《あづまかがみ》』（鎌倉幕府の正史）の写本の一つには、その冒頭に、鎌倉幕府の歴代将軍（関東将軍）一覧が掲載されていますが、三代将軍・源実朝と四代将軍・藤原頼《より》経《つね》のあいだに「平政子」と記されているそうです。

平政子とはもちろん、北条政子のことです。

研究者の上杉和彦氏は、

「政子は、源氏将軍と摂家将軍・親王将軍にはさまれるようにして、実朝が暗殺された一二一九年（承久元）から頼経が征夷大将軍となる一二二六年（嘉禄二）の間の足

かけ八年間における『関東将軍』の一人に数えられているのである。女性である政子は、征夷大将軍にこそ任じられていないから、現代の私たちは決して彼女を幕府の将軍としては数えないが、彼女をれっきとした『四番目の将軍』とする認識が古くに存在していたことになる」（上杉和彦『源頼朝と鎌倉幕府』新日本出版社）

と論じています。

このように鎌倉時代の人びとは、北条政子を鎌倉幕府の将軍（鎌倉殿）として認知していたのです。やはり尼将軍というイメージは間違っていないわけですね。

それにしても、なぜ女人でありながら、政子はこれほどの力を握るようになったのでしょうか。そのあたりのことについて、くわしくお話ししていきましょう。

買った夢がとりもった政子と頼朝の出会い

ひと言でいうと、北条政子という女性はたいへん情熱的な人だったといえます。

そもそも頼朝との結婚からして劇的でした。当時としてはめずらしく、二人は駆け落ちで結ばれたのです。

源頼朝は、父親の義朝《よしとも》が平治の乱で平清盛に敗れ、14歳のときに伊豆の蛭《ひる》ケ《が》小島《こじま》に流されました。

政子の父である時政は、伊豆の在庁官人（地元役人）であり、頼朝の監視役のような立場にありました。だから政子が、罪人の頼朝と恋に落ちるのはたいへん危険なことでしたが、それがスリルに思えたのか、彼女は頼朝と男女の仲になったのです。

これを知って仰天したのは時政でした。娘を頼朝から引き離し、平氏の役人である山木兼隆《かねたか》に嫁がせることにし、その館に政子を送ってしまいました。

このとき頼朝は手紙を送り、輿入《こしい》れする政子に対して、

「伊豆山権現で待っているから逃げてこい」

とひそかに伝えたそうです。

すると政子はなんと嵐のなかを、20キロメートルもの道程を深夜に駆けに駆けて、伊豆山権現にたどり着いたといいます。情熱的ですね。

山木や時政は彼女を追いかけましたが、神社は当時、アジール（この世との縁が切れる聖域）とされ、伊豆山権現に逃げ込んだ政子を捕まえることはできませんでした。また、一説には、伊豆山権現には僧兵が多くいて、彼らとの揉め事を嫌って捕まえるのをあきらめたともいわれています。

いずれにしても、さすがの時政も、二人の結婚を認めざるをえなくなったのです。

『曽我物語』という後世の史料になりますが、政子と頼朝が出会うきっかけについて、ちょっと信じられない話が残っています。なんと、「夢」が出会いをとりもったというのです。

せっかくなので紹介しましょう。21歳の政子がまだ独身だったとき、二つ年下の妹・時子（阿波局とする異説あり）が、昨日見た不思議な夢の話をしてくれました。

「なぜだかわからないけれど、高い峰に上り、太陽と月をつかんで左右の袂に入れ、さらに橘の三つ実った枝を髪にさしたのです。男であっても太陽や月をとることなどできないのに、ましてや女の身である私は思いもよりません。誠に不思議の夢でした」

この話を聞いた政子は、それがとてもめでたい夢だとすぐにわかりました。というのは、似た逸話が『日本書紀』（７２０年成立）に載っていたからです（実際には載っていないが、『曽我物語』にはそう記されている）。

それは、次のような話です。

「垂仁天皇の皇后が懐妊したとき、橘の実を食して体調がよくなった。そこで彼女は毎日橘の実を食べたいと願ったが、それは異国から持ち帰ったものだった。がっかりする皇后だったが、間守《まもり》という臣が、私が異国に渡り、取って参りますと述べたので、垂仁天皇は大いに喜んだ。しかし間守はなかなか戻ってこない。案じていたところ、やがて別の者が間守の依頼だとして多くの実をもってきた。こうして皇后は橘の実をたくさん食べ、その力によって立派な皇子が誕生。それがのちの景行《けいこう》天皇であり、なんと在位は120年間におよんだのである」

この話を知っていたことでもわかるように、**関東の武士の娘でありながら、政子はなかなか教養が深かった**のですね。

政子は、

「きっとこの夢は、近く結婚して四海を治めるような皇子を産むことを暗示しているのでしょう。ぜひ妹をだまして、この吉夢を買い取ってしまおう」

と瞬時に考えつきます。

そして妹に、

「この夢、かえすがえすも恐ろしい夢よ。よい夢を見ても3年は人に語ってはいけないというでしょ。それなのにあなたは、悪い夢を見て7日の内に語ってしまったのだから、きっと大変なことになるわ」

と嘘をついたのです。

まさか姉が自分をだましているとは思わない時子は、大いに歎きます。

ほくそ笑んだ政子は、

「一つ方法があるの。縁起の悪い夢は、転じ替えて難を逃れるといいというわ」

と答えました。

喜んだ時子が「ぜひに」と哀願したので、政子は同情したそぶりで、

「夢を売り買いすれば、災いを逃れられるそうよ。私に夢を売りなさい」

と言ったのです。

さすがに時子は、

「夢は見えないし、手にもとることもできない。そんな夢をどう買うのですか」

と言うと、政子は、

「大丈夫。私があなたの夢を買い、災いを除いてあげる」

と伝えました。

時子は、

「私が見た夢だから、悪いことがあってもあきらめがつきますが、もしお姉様が夢を買って不幸が起こっては心配です」

と断りました。

焦った政子は、

「いま話したように夢を売り買いすれば、災いは転じて私たちには悪いことは起きません」

とまことしやかに偽ったので、ついに時子は夢を売ることに同意します。時子から夢を買い喜んだ政子は、父の時政から賜った家宝の唐鏡と小袖を与えて、時子から夢を買いました。時子とのやりとりでわかるように、政子は機転が利き、相手の反応に柔軟に対応しつつ、自分の思うように相手を動かすことができる人でした。

それからまもなく、源頼朝は時子のうわさを聞き、恋文を出したところ、家来の安達盛長《あだちもりなが》が誤って政子のほうに手紙を渡してしまいました。

頼朝からの手紙が届いた政子は、ハッとしました。その日の明け方、一羽の白鳩が飛んできて、いきなり口から金の箱を吐き出し、膝の上に置いた夢を見たからです。

しかも箱を開けてみれば、中に手紙が入っており、それは源頼朝からの文だったのです。まさに正夢になったわけです。

そうしたこともあり、政子は流人である頼朝と交際することを決め、以後、二人のあいだに文通が始まり、ついに頼朝が夜に忍んで政子のもとに通うようになったといいます。

こうした駆け落ちの逸話や夢の話からわかるように、**彼女は自分から積極的に幸せをつかみにいった**のです。待っているだけのシンデレラではだめなのです。

ただひたすら頼朝への愛を貫く

ともあれ、駆け落ちのすえ、政子は頼朝の正妻となり、すぐに娘（大姫《おおひめ》）が生まれました。さらに、寿永元年（1182）、ふたたび妊娠して嫡男・頼家《よりいえ》を産みました。いまでも鎌倉の鶴岡八幡宮から長く海岸方面へ伸びる段葛《だんかづら》という小高い参道がありますが、じつはこれ、北条政子の安産を祈って源頼朝がつくったものだとされています。

なんとも心優しい夫の頼朝ですが、その陰で、じつはとんでもないことをしていました。妻の政子が出産のために実家に里帰りしている隙に、せっせと浮気に励んでいたのです。相手は亀ノ前という女性で、とても温和な性格だったので、頼朝は彼女にぞっこんになり、近くに住む家臣の伏見広綱《ひろつな》の屋敷に住まわせ、通いつめました。

新生児を抱いて御所（頼朝の屋敷）に戻ってきた政子は、すぐにこの事実を知りました。当時、頼朝のような立場なら、側室が一人や二人いるのが当たり前でした。少なくても京都出身の頼朝は、そう信じていました。ところが政子は、激怒したのです。というのも、関東では一夫一妻制が一般的だったからです。

政子は夫の浮気に腹を立てただけではありません。なんと、牧宗親《まきむねちか》（義理の叔父）に頼んで、伏見広綱の家を徹底的に破壊させたのです。これに仰天した広綱は、亀ノ前をともなって大多和義久《おおたわよしひさ》の屋敷に逃げ込んだといわれます。なんとも、すさまじい嫉妬《しっと》心ですね。

けれど、正妻が愛人宅を破壊するという行為は、この当時、それほどめずらしいことではなかったようです。

「後妻打《うわなりうち》」といって、寛弘元年（1010）に左大臣・藤原教通《のりみち》の乳母である蔵命婦《くらのみょうぶ》は、夫が入り浸っている女のもとへ部下30人を遣わして家財を壊させたといいます。また逆に、愛人がときには愛人を捕まえて殺してしまうことさえあったそうです。

正妻を返り討ちにすることもありました。

ただ、頼朝にだって、武士の棟梁としてのメンツがありますよね。だからすぐに亀ノ前を呼び戻し、屋敷を壊した宗親の髻《まげ》を切り落とし辱《はずかし》めを与えました。

しかし、政子は折れません。今度は夫の行為を実父の時政に言いつけたのです。怒った時政は、鎌倉から伊豆へ引き上げてしまいました。これから平氏を倒して独自の武士政権を樹立しようとしていた頼朝にとって、いま舅《しゅうと》で重鎮の北条氏に離反されるのは大きな痛手です。

このため頼朝のほうがとうとう折れ、亀ノ前を匿《かくま》っていた伏見広綱を遠江国《とおとうみのくに》（静岡県）へ流して、北条氏に謝罪した、と伝えられています。亀ノ前のほうはしばらく近くに住まわせていたようですが、その後の消息はわからないので、やはり縁を切ったか、亡くなったのでしょう。

でも、頼朝の好色はその後もおさまりませんでした。数年後、今度は大進局《だいしんのつぼね》という女性に男児を産ませています。これを知るとやはり政子は嫉妬し、その子が7歳になったとき、出家させて寺院に入れてしまいました。

ちょうど頼朝が大進局に子供を産ませた年（1186年）、頼朝に敵対した弟・義経《よしつね》の愛人・静御前《しずかごぜん》が捕らえられ、鎌倉に連行されてきました。静御前は舞いの名手として知られていたので、政子は頼朝に、

「ぜひ彼女の舞いを見てみたい」

とたびたびせがんだのです。

そこで鶴岡八幡宮の能舞台に静御前を立たせ、夫婦で彼女の舞いを鑑賞しました。このとき静御前は、愛する義経を思慕する歌をうたいながら、華麗に舞いはじめたのです。

これを見た頼朝は、

「幕府を讃える舞いを踊るべきなのに、反逆者の義経を想うとは何事だ」

と怒りはじめました。

さて、このときの政子の反応です。政子は、

「あなた、思い出してください。あなたがまだ流人だったころ、私はあなたと恋に落ちました。ところが父の時政が反対し、私を山木の館へ入れてしまいました。けれど私は、自分の気持ちに誠実であろうと、豪雨のなか夜道を駆けてあなたのところへ行きました。また、あなたが平氏打倒の兵をあげ、石橋山の戦いで行方知れずになったとき、私は心配のあまり魂が消え入りそうでした。静御前も同じ気持ちなのです。もし義経を思慕しないのなら、貞女とはいえません。ぜひここは怒りの気持ちを抑えて、このすばらしい舞を堪能しましょう」

そう言って、頼朝が席を立つのを押しとどめたのです。

私はこれは、政子の策略にちがいないと確信しています。事前に政子は静御前と

示し合わせて、義経を想う歌をうたわせたのです。そして、頼朝を諫めるふりをして、自分がいかに頼朝を愛しているかを再認識させ、大進局との関係を終わらせようとしたのだと考えています。まさに、見事というほかありません。

おそらく政子は、静御前と取り引きをしたのだと思います。静御前はこのとき、義経の子を妊娠していました。たぶん政子は、産んだ子が女児なら命を助けるが、男児なら殺すことになっていました。たぶん政子は、「男児であっても助けてあげる」と静御前に約束したのではないかと、私は想像します。

静御前が産んだのは男の子でした。政子はこのとき頼朝に助命を願っています。しかし政子の頼みであっても、それは許されず、男児は海に捨てられたそうです。いずれにせよ、こうして見ると政子はめちゃくちゃ頼朝のことを愛していたのですね。

ただ、征夷大将軍として武家政権（鎌倉幕府）を立ち上げた頼朝は、建久10年（1199）、落馬したときの傷がもとで死んでしまいます。まだ53歳でした。記録には残っていませんが、政子は大いに悲しんだことでしょう。

頼朝が死ぬと、43歳の政子は出家して尼になりました。武家では、それが一般的なことでした。

息子の不祥事をすみやかに、鮮やかにおさめる

頼朝にかわって二代将軍になったのは、政子の長男・頼家です。政子は将軍の母になったのです。

ただ、21歳で将軍になった頼家は、とんでもないぼんくら息子でした。蹴鞠《けまり》に熱中しすぎて政治をおろそかにし、寵臣《ちょうしん》ばかりをかわいがり、頼朝以来の老臣たちを冷遇しました。当然、御家人たちの不満は募っていきました。

政子は、蹴鞠に出かけようとする頼家を留めるなど、その行動をたびたび諫めたようですが、傲慢になる一方で、ついにとんでもない事件を起こします。

有力御家人・安達景盛《かげもり》が京都から連れてきた愛人を気に入ってしまい、景盛に三河国へ遠征を命じ、その留守中にその愛人を連れ出して側近の小笠原長経《ながつね》の屋敷に入れたのです。好色は父の頼朝譲りのようですね。

遠征から戻った景盛は、びっくりします。だって主君である将軍・頼家が自分の愛人を拐《かどわ》かしたわけですから。当然、恨みに思いますね。

すると、そのうわさを知った頼家は、

「将軍を恨むとは何事ぞ！」

と逆ギレして、長経ら側近に命じて安達一族を討伐するよう命じたのです。

これにより、鎌倉市中には武装した御家人たちが続々と集まり、大変な騒ぎになりました。

この事態を収拾したのは、そう、北条政子でした。その行動は、まことに鮮やかです。

政子は、征伐されそうになっている安達景盛の屋敷に入ってしまったのです。そしてそこから息子の頼家に対し、

「父の頼朝が死んだばかりでみんなが悲しんでいるのに、なぜお前はこんな愚かな戦を始めようとするのか。乱世のもとだ。景盛は生前、夫の頼朝公が目をかけていた武士ではないか。もし彼に罪があるというのなら、私がきちんと取り調べます。調べもせずに即座に討てば、のちに後悔することになるでしょう。ここまで言っても、景盛を成敗するというのであれば、最初にこの私を殺しなさい！」

と伝えたのです。すごい言葉、というより脅しですね。

母親が討つべき敵の屋敷にいては、さすがに頼家も攻め込むことはできず、結局、いったん攻撃を中断させせました。

これを確認した政子は、今度は景盛に向かって、

「攻撃を中止させたものの、私も年老いているので、今後のことが心配です。ですから、お前には将軍・頼家に二心がないことを明記した誓約書を記してもらいます」

そう言って、景盛に起請文《きしようもん》を認めさせ、それを頼家に送ったのです。そのうえで再度、頼家に対して、

「お前の行為は将軍としてふさわしくない。政治をせずに女性ばかりにうつつを抜かすな。暗愚な側近をかわいがらず、われら北条一族と親しみなさい」

と諭《さと》し、うまく騒動をおさめたのです。

まさに**一触即発の事態、それが大事にいたる前に体を張ってみずから収拾に動く**。リーダーとしての見本的な行動ですね。

ただ、結局、バカ息子の素行は、治りませんでした。頼家は、政子と北条一族を避けるようになり、妻(若狭局)の実家である比企《ひき》一族と親密になっていきました。

そんな頼家が建仁3年(1203)、重病に陥りました。そこで時政ら重臣たちは、その死後のことを取り決めました。話し合いの結果、頼家の長男で6歳の一幡《いちまん》に関東の支配権(28カ国の地頭職と総守護職)を与え、関西については頼家の弟・千幡《せんまん》に支配(38カ国の地頭職と総守護職)させることにしたのです。

これに大いに不服だったのが、頼家の舅で一幡の祖父にあたる比企能員《よしかず》でした。能員は全国を頼家の子・一幡に譲るべきだと考え、この決定を娘を通じて病床の頼家に伝えました。すると頼家はひそかに能員を招いて密談し、北条一族を討つことを決めたのです。

ところが、です。この密談を障子越しに政子がこっそり聞いていたのです。驚いた政子はすぐに父親に伝え、時政は先手を打って、能員をだまして自宅に招き暗殺してしまいました。その場には、政子も同席していました。そして、能員の死を見届けた政子は、御家人に対して比企一族の討伐を命じたのです。

こうして比企一族は幕府軍によって攻め滅ぼされましたが、事実を知った頼家は激怒し、病床からよろよろと立ち上がり、刀を取って外へ出ていこうとします。このとき部屋に入り込んで頼家を押しとどめたのは、なんと政子でした。彼女は頼家を取り押さえ、そのまま出家させてしまったのです。

いいですか。ここ、大事なところですよ。相手の作戦を知ったら、すぐに先手を打つことです。驚いたり、怖がったりしている暇はありません。ただちに動くのです。敵は相手にばれていないと油断していますから、強烈なダメージを与えられるはず。政子は大した人です。

ところで、なぜ時政ではなく、女である政子が御家人に命令を下せ、将軍を出家させることができるのか、みなさんは不思議に思うかもしれませんね。

研究者の野村育世氏は、次のように論じています。

「中世の後家は、夫亡き家の家長であり、家屋敷や所領などの財産をすべて管領《かんりょう》し、子供たちを監督し、譲与を行なう、強い存在であった。子供に対しては絶対的な母権をもって臨み、実質的にも精神的にも支配者であった」

「後家の場合はしばしば惣領の立場に立った。後家とは、男・女というジェンダー（社会的に作られた性別）の壁を越境し、普段は男の領域とされた公の場に居ることが可能な存在であった」（野村育世『北条政子』吉川弘文館）

なるほど、男尊女卑的なイメージがある中世ですが、この時期、女性、とくに後家の地位がこんなに高かったとは驚きですね。

さて、頼家は祖父の時政によって伊豆の修善寺に幽閉され、翌年、暗殺されました。まだ23歳。バカ息子であったものの、自分の腹を痛めた子が実の父によって抹殺される、事前に知っていたかどうかわかりませんが、きっとひそかに悲しみに暮れたことでしょう。

御家人たちの心を一つにまとめた政子の言葉

三代将軍についたのは、次男の実朝でした。ところがまた、新たな問題が起こります。

元久2年（1205）に政子は、時政の後妻で政子の継母にあたる牧《まき》の方の、わが子の実朝を暗殺して娘婿である平賀朝雅《ともまさ》（源氏の血筋を引く）を将軍にする計画を知ったのです。孫である将軍・実朝を補佐する執権になった父の時政も、この企みを黙認します。ずいぶんひどいおじいさんです。

そこで政子は、御家人たちに命じて、時政邸にいる実朝をすばやく義時（政子の弟）邸へ移して保護します。そのうえで父・時政を出家させ、鎌倉から伊豆へ追放したのです。どうです。今回も政子は先手を打ったのです。みなさんにも、先手必勝を心がけてほしいと思います。

道理は政子側にあったので、御家人たちはいずれも政子に味方しました。

このように政子は、わが子を将軍から引きずり下ろし、さらに父親を失脚させたのです。しかたないとはいえ、好んでこんな骨肉の争いをしたくはなかったでしょう。でも、頼朝がつくった武家政権を守ることが、後家としての務め。そう信じて行動したのだと思います。

それからの幕政は、政子と弟の義時（二代執権）が統轄するようなかたちになります。将軍・実朝は頼家のように傍若無人ではありませんが、病弱なうえ、和歌に熱中し、中国（宋）にあこがれる文学青年で、政治にはあまり関心がなかったようです。

ところが建保7年（1219）、大変な事件が起こります。右大臣拝賀の式のために鶴岡八幡宮に入った将軍・実朝が、公暁に暗殺されてしまったのです。公暁は、頼家の遺児でした。彼は、父親の頼家を将軍の地位から引きずり下ろし、死に追いやったのは実朝だと思い込み、犯行におよんだのだといいます。

いずれにせよ、突然、将軍不在の状況になってしまったのです。

このため幕府は、朝廷の実力者・後鳥羽上皇に、

「あなたの皇子一人を鎌倉に送って欲しい」

と頼みます。

貴種である皇族を将軍にすえ、幕府の動揺を沈静化させようとしたわけですね。

ところがです。なんと後鳥羽上皇は、この依頼を断ってきたのです。後鳥羽上皇はたいへん勝ち気で武芸を好み、盗賊をみずからねじ伏せるような剛毅な人でした。

この時期の日本は、東国を鎌倉幕府が、西国を朝廷が支配していましたが、後鳥羽上皇は、既存の北面の武士（上皇の直属軍）に加え、西面の武士を置いて軍事力を拡大し、ひそかに倒幕を企んでいたといわれます。

だから実朝が死に、源氏将軍が三代で絶えたことは、願ってもないチャンスだと考えたのです。

しかたなく幕府は、摂関家の九条道家の三男・三寅《みとら》（のちの四代将軍・藤原頼経）を鎌倉に迎えます。ただ、三寅は2歳とまだ幼く、それから数年間は実質的に北条政子が将軍の役割を果たすことになりました。

承久3年（1221）、後鳥羽上皇は西面の武士や畿内近国の武士らに挙兵を求めました。ただ、頭がいいのは、「幕府を倒せ」と言わなかったことです。執権の北条義時の追討を命じたのです。御家人たちの分断が図れますからね。

実際、京都を警備していた幕府の御家人たちは、みな上皇側についてしまいます。このため鎌倉にいた御家人たちも大いに動揺します。当時、朝廷や天皇など貴人に楯突くことはおそれ多いことと考えられていたのです。

まさに幕府存亡の危機でした。この窮地を救ったのは、そう、北条政子です。政子は主たる御家人たちを一同に集め、側近の安達景盛を通じて、

「皆心を一にして奉《うけたまわ》るべし。これ最期の詞《ことば》なり」

と語りはじめ、かつて関東の武士たちが差別され、貧しい生活を余儀なくされていたこと、それを頼朝が改善してくれた恩を説き、

「もし上皇方に味方しようというなら、私を殺し、鎌倉を焼き払ってから京へ行くがよい」

と言い放ったのです。

これを聞いた御家人たちは、みな涙を流して幕府に忠誠を誓い、一致団結して京都へ攻め上り、この乱をたちまちにして平定したのです。

「日本一幸せな女」の抱えた苦悩

それからも政子は、政権内でゴタゴタがあるたびに、身を挺して解決していきます。そういった意味で政子は、幕府政権の守護神といえました。ただ、権力の頂点に立ち、将軍と目された政子でしたが、幸せだったかといえば、そうとはいえません。むしろ家庭的には薄幸でした。

考えてもみてください。40代前半で夫の頼朝に先立たれ、二代将軍となった長男

の頼家は、横暴なふるまいによって関東武士からひんしゅくを買い、実父の時政に暗殺されて短い生涯を閉じました。

また、次男で三代将軍になった実朝も、逆恨みした頼家の子・公暁（政子の孫）に殺されてしまいます。娘の大姫と乙姫も早世し、政子は実子すべてに先立たれてしまうのです。

『承久記』によれば、政子は晩年、次のように語ったそうです。

「私はまるで日本一幸せな女であるかのようにいわれているけど、私ほど苦労した者はいないでしょう。頼朝と駆け落ち婚したことで親に恨まれ、夫が平氏と戦っている6年間は不安な毎日を過ごしました。やっと平氏が滅んで安心したのもつかの間《ま》、娘の大姫が病で死んでしまった。悲しくて娘のあとを追おうとすると、夫に諫められ思いとどまったが、その愛しい夫は先立ってしまった。だから今度こそ死のうと考えたが、幼い息子たちの面倒を見てやらねばと生きる決心をしたの。なのに、そんな息子たちも次々と先に逝ってしまった。ああ、こんなつらい目に遭うなら、もっと早くあの世へ行くべきでした。どこかの川や淵に身投げして、いっそ死んでしまいたい心境です」

なんとも切ない言葉ですね。妹の夢を買ったことで栄達した政子でしたが、むしろ買わなかったほうが、平々凡々ではあるが幸せな人生を歩んでいたかもしれません。

じつは、北条政子とよく比較される日野富子《ひのとみこ》（室町幕府の八代将軍・足利義政《よしまさ》の正妻）も同じでした。自分の息子・義尚《よしひさ》を強引に将軍にしようとしたことが一因となって、応仁の乱が始まりますが、どうにか息子を九代将軍にしたものの、やはり父の愛人を奪うなどバカ息子で、果ては25歳の若さで死んでしまいます。また、夫の義政も富子を嫌って別居するようになり、やはり先立ってしまいます。

権力と家庭の両立というのは、結構、難しいのです。これはぜひ、教訓にしておきましょうね。

幸せは自分から積極的につかみにいく

権力と家庭の両立というのは、結構、難しい

一触即発の事態が大事にいたる前に、体を張ってみずから収拾に動く

後醍醐天皇

1288-1339

ごだいごてんのう

父親の政治工作により壮年天皇となり、強固な意志と行動力で倒幕に成功するが、「建武の新政」はわずか2年で失敗に終わる

ワンポイントリリーフからエースへの格上げ

後醍醐天皇は、150年続いた鎌倉幕府を倒し、久しぶりに朝廷に政権をとりもどした天皇です。彼が幕府を倒そうと大それたことを考えたのは、一代限りの君主という立場を克服するためだったといわれています。

ただ近年、研究の進展によってさまざまな見解が出ていますが、本書は教訓を得るという観点で書き進めているので、『太平記』や『梅松論』など2次（編纂）史料に書かれていることをもとに話を進めていこうと思います。

当時、皇位の継承は、鎌倉幕府の許可が必要でした。しかも、天皇を輩出する家柄（皇統）が、持明院統と大覚寺統に分裂しており、両党が交替で即位する両統迭立《てつりつ》が原則でした。

後醍醐天皇は大覚寺党の皇族でしたが、父の後宇多上皇から皇太子に任じられるさい、**「お前は一代限りの治天《ちてん》の君だからな」という約束のもとで立太子した**という経緯がありました。治天の君というのは、朝廷の実質的な指導者の地位をいいます。

後醍醐の実父・後宇多上皇は辣腕《らつわん》な政治家で、花園上皇の日記にも、

「生まれながら聡明で、儒学や歴史にくわしく、詩も巧みで、隷書《れいしょ》という漢字の書体を得意とする。政治も大変安定しており、大変な英主である」

とその資質をほめているほどです。

後宇多は巧みな政治工作によって大覚寺統のほかの候補を抑えて、自分の第一皇子・邦治《くにはる》親王を皇太子につけ、のちに即位して後二条天皇となった邦治のもとで、

治天の君となって院政を展開していました。

ところが、です。後二条天皇はわずか24歳の若さで早世してしまい、持明院統の富仁《とみひと》親王が即位して花園天皇となりました。

これにともなって皇太子を選定するにあたり、大覚寺統としては後宇多の弟・恒《つね》明《あき》親王が有力候補でしたが、後宇多は幕府と朝廷のあいだを取り次ぐ関東申次《もうしつぎ》の西園寺実兼《かねさね》と結託し、己の次男である尊治《たかはる》親王を強引に皇太子としました。

さらに文保2年（1318）に花園天皇を退位させ、尊治を皇位にすえました。そのうえ、次の皇太子も大覚寺統の邦良《くによし》親王とすることを、幕府に了承させたのです。

この尊治が後醍醐天皇です。このとき31歳でしたが、30歳を過ぎて即位した天皇というのはなんと250年ぶりでした。院政というのは、幼い天皇のもとで上皇が実権を握るのが常道だったからです。

皇太子の邦良《くによし》親王は故・後二条天皇（大覚寺統）の長男ですから、後宇多上皇にとっての嫡孫にあたります。つまり後宇多上皇という人が、巧妙な政治工作によって両統迭立の原則を突き崩したことがわかります。

じつはこれも、歴史の教訓といえるのです。**本当に実現させたいことがあるなら、無理を承知でゴリ押ししてみる**ことです。強引さに負けて、けっこう無理が通ってしまうことはあるもの。ダメだろうなとあきらめずに、強く相手に主張してみるのも大事ですよ。

ちなみに後宇多は、本当はすぐに邦良親王を天皇にしたかったようですが、彼が幼く病弱だったため、とりあえず次男の尊治をリリーフにしたといわれています。その証拠に、後宇多上皇から後醍醐天皇への皇室領の譲り状には、

「お前の退位のあと、所領はすべて邦良親王に譲り、お前の子孫は親王として君主を助けるのだ」

といった趣旨が書かれているからです。

こうして後宇多上皇は、後醍醐天皇の即位後も実質上の治天の君として、朝廷の政治を動かす立場にありました。おそらく後醍醐天皇の譲位後も、邦良を即位させて実権を握るつもりだったのでしょう。

ところが、です。やがて後宇多上皇は健康状態が悪化し、仏道に執心するようになっていきます。すると、後醍醐天皇は在位3年目にして、後宇多上皇の院政を停止し、親政を始めたのです。

無理やり後醍醐天皇が後宇多から実権を奪ったのか、それとも後宇多自身の気力が失せ、後醍醐天皇に権力を譲り渡したのか、政権移行の経緯については諸説あり

ますが、いずれにしても、ワンポイントリリーフからエースへの格上げになったわけです。

天皇が国家の舵取りをすることがあるべき姿

後醍醐天皇は、記録所という組織を再興して近臣を集め、新しい政策を次々に断行していきました。たとえば、飢饉で物価が高騰すると、米価の公定価格を設定し、公設市をつくって商人に定価販売を命じました。酒の公定販売も実施しています。また、商工業者から地口銭《じぐちせん》(家屋の間口の広さに応じて課す税)など臨時税を徴収するなど、商業を統制しようとしました。

交通のさまたげになる関所の新設も禁じました。でも、関所に関する支配・命令権は、鎌倉幕府に属していたのです。それを平然と侵害したわけです。さらに、長門《ながと》や周防《すおう》の国分寺を復興するなど、寺社に対する影響力も強めていきました。

久しぶりの壮年天皇であり、間近で父・後宇多上皇の「無理を押し通す」というやり方を見ていたので、こうした辣腕をふるえたのだと思います。

元亨4年(1324)6月、後宇多法皇が亡くなります。このとき皇太子の邦良親王は、後醍醐天皇が約束どおり皇位を譲ってくれるのか心配になったようで、側近の六条有忠《ありただ》を鎌倉幕府に派遣して打診をおこなっています。

これを知って、後醍醐天皇は焦ったと思います。このままいけば、近いうちに皇位を邦良に譲らなくてはなりませんから。ここにおいて後醍醐天皇は、なんと幕府を倒してしまおうと決意したのです。

どうして急に考え方が飛躍するのだろうと、不思議に思った方も多いでしょう。じつは後醍醐天皇は、皇太子時代から儒教に興味をもち、宋の朱子が完成させた儒教の一派・宋学（朱子学）を学ぶようになっていました。当時、最新の流行学派で、その思想のなかに君臣の上下秩序を絶対的なものと考える大義名分論が含まれています。

これを学ぶなかで後醍醐天皇は、

「日本の王権は天皇にあり、天皇が直接、国家の政治をとることが本来のあるべき姿。臣下の将軍が実権を握っている状態はおかしい」

という考えにいたり、鎌倉幕府からの政権奪回をめざすようになったとされます。

とはいえ、ふつうなら150年も続いた武士政権である鎌倉幕府を、そう簡単に倒そうと思わないでしょう。それができると信じたところに、後醍醐天皇のスゴさがあるといえるのです。

なぜこのような性格になったのかは、幼少年期の記録がないのでわかりませんが、父・後宇多上皇の強さを遺伝的に継承したのかもしれません。

ただ、こうした思考経路は、えてして偉人に多いパターンなのです。たとえば、幕末でいえば高杉晋作ですね。すでにお話ししたとおり、高杉はわずか80人で長州藩の政権を倒そうと挙兵しましたよね。こんな少数で実質100万石近い石高をもつ長州藩を転覆させようというのですから、無謀を通り越してあきれるしかありません。

でも高杉は、それを実現させてしまったのです。

一介の浪人である坂本龍馬もそうでしたね。わずか1年前に戦争（禁門の変）したばかりの薩摩藩と長州藩が手を結ぶのは、誰もが無理だと思っていました。ところが猛然と両藩に働きかけ、ついに薩長同盟を成立させてしまったのです。

ふつうなら、「絶対無理！」、そう考えるでしょう。でも、彼らはそう思わないのです。思考回路が通常ではないのです。しかも、驚くような行動力を見せてくれます。

後醍醐天皇も、まさしくそんなタイプの人でした。

とはいえ、後醍醐天皇もバカではありません。この時期、幕府政権が揺らぎを見せつつあったことをしっかり見抜いていました。

最大の要因は、御家人（幕府の家臣）の貧窮です。二度にわたる蒙古《もうこ》襲来で多くの御家人が奮戦しました。けれど戦費は自弁で、戦死したり怪我をしたりした武士も少なくありません。なのに外敵からの防衛戦だったので、十分な土地などを恩賞としてもらえませんでした。

これは、御恩と奉公で成り立つ封建社会にあって、幕府に対する不信感を決定的なものにしました。

また、武士社会では、分割相続による所領の細分化が進んでいました。武家では、跡取り以外の子供たちも惣領《そうりょう》（本家の当主）から所領をもらって分家を興すのが通例です。でも、この相続方法で世代を重ねていけば、惣領家（本家）の所領はしだいに細分化され、分家に与える土地や財産も少なくならざるをえません。つまり、みんなが貧しくなるシステムだったのです。

さらに、貨幣経済への不適応が、御家人の貧窮にいっそうの拍車をかけました。

それなのに、執権の北条氏とその家来たちだけが、いい思いをしていたのです。有力御家人を次々と倒し、得宗《とくそう》（北条氏嫡流の当主）による専制を完成させ、全国の守護の過半を自分たちで独占する体制を築いていました。

これはさすがに、むかつきますね。しかもです。得宗の北条高時《たかとき》はアホでした。闘犬や田楽《でんがく》にうつつを抜かし、政治は内管領《うちかんれい》の長崎高資《たかすけ》に一任しています。しかもその高資も、御内人《みうちびと》（得宗に仕える家臣）の専横を許すなど、不公平な政治を平然とすすめたのです。

こんな状態だったので、後醍醐天皇とその寵臣たちは倒幕は可能だと判断したのです。倒幕計画の中心になったのは、日野資朝《すけとも》、日野俊基《としもと》らの公家でした。彼らは打ち合わせのさい、美女をはべらせての酒宴をし、幕府の目をごまかします。

そして土岐頼員《よりかず》、多治見国長《たじみくになが》ら武士を味方に引き込み、北野祭の警備で六波羅探題の兵が手薄になったところをねらって、挙兵することを申し合わせました。ところが、です。土岐頼員が妻にうっかり計画を漏らしたことから、幕府に探知されてしまいます。

これも、あるあるのパターンですね。大事な秘密を握ると、黙っていられないタイプの人がいます。極秘に大きなプロジェクトを立ち上げる場合、こうした口の軽い人間を仲間に引き入れてはいけません。失敗のもとです。大事を成功させるためには人選が大切なのです。心得ておきましょう。

計画を知った六波羅探題は、頼員と国長の屋敷を包囲します。頼員はやむなく自殺して果てましたが、国長はわずか数十人で1000以上の討手を引きつけ、300人近くを死傷させて全滅しました。乱後、日野資朝は佐渡へ流されましたが、後醍醐天皇はシラをきり、運よく追及されずにすみました。

時勢をつくりだした執念

「やっぱり強大な武家政権を倒すのは無理。倒幕はやめておこう」

ふつうならそう思うものです。けれど後醍醐天皇は、それからも倒幕の意志を変えなかったのです。

繰り返しになりますが、これだけの打撃を受け、なぜあきらめなかったのか、その意志の強さはどこからくるのか、そのあたりは残念ながら正直よくわからないです。宗教のように、大義名分論を信奉していたのかもしれません。

いずれにせよ、その後も日野俊基らを使ってひそかに倒幕計画を進め、元徳2年(1330)になると、延暦寺や興福寺、東大寺などに行幸して僧兵を味方につけました。そして真言立川流(男女交合を教義に取り入れた)を説く怪しげな文観《もんかん》ら側近僧侶らに、盛んに幕府調伏の祈禱をおこなわせたといいます。

これに心を痛めたのが後醍醐天皇の重臣・吉田定房《さだふさ》でした。彼は悩んだすえに倒幕の企みを鎌倉幕府に訴え出たのです。まさかの裏切りですが、今度は飼い犬に手を咬まれたのです。ここでもう一度言いますね。口の軽い人を仲間に引き入れてはいけません。計画が水の泡になります。

どうも後醍醐天皇には、人を見る眼がなかったようです。鋼鉄のような固い意志をもちながら、いつも部下のミスや裏切りで失敗するのは、そういった人を誘い込んでしまうという弱点が彼にあったからだと思います。

のちに述べますが、その弱点が、最後に後醍醐自身の野望を打ち砕くことになるのです。

いずれにせよ、吉田定房の密告により、日野俊基や文観らは逮捕され、厳罰に処されました。それでも後醍醐天皇は倒幕をあきらめませんでした。関係者の逮捕から3カ月後の元弘元年（1331）8月24日、突然、宮中から姿をくらまし、笠置山《かさぎやま》へ入って全国の兵を糾合《きゆうごう》したのです。

笠置山は峻険な岩山でありましたが、幕府の大軍（一説には7万5000騎）に攻め立てられ、かなわないと見た後醍醐天皇は逃亡しましたが、現地の住人に捕縛されます。そして無理やり、持明院統の量仁《かずひと》親王（のちの光厳《こうげん》天皇）に譲位させられ、隠岐《おき》へ流されてしまったのです。

陸地と切り離された島に送られ、さすがに絶望しかない境遇。けれども、意外なことが起こります。後醍醐が隠岐にいるあいだ、次々と天皇方に味方する武士たちが幕府に対して挙兵していったのです。

配流前、後醍醐天皇が全国の武士たちに「幕府を倒せ」と命じる綸旨《りんじ》（天皇の文書）を出したことで、この呼びかけに応じた者たちです。畿内の新興武士である楠木正《まさ》成《しげ》、後醍醐天皇の皇子である護良《もりよし》親王などは、ゲリラ戦法を駆使して畿内で幕府の大軍を悩ませました。

こうした混乱を知った後醍醐天皇は、名和長年《なわながとし》らの協力を得て隠岐からの脱出に成功、伯耆国《ほうきのくに》の船上山《せんじょうさん》によって、ふたたび倒幕の旗をあげたのです。もう頭が下がるくらいの、すさまじい執念です。命ある限り、倒幕に向かって前進しつづけようというそのエネルギーは、きっと味方を奮い立たせたことでしょう。

ただ、奮い立ったのは味方だけではありませんでした。幕府軍の大将として反乱を平定するために関東から遣わされた足利尊氏《あしかがたかうじ》が、後醍醐天皇の綸旨を受け取るやにわかに寝返り、鎌倉幕府の六波羅探題に攻め込んだのです。

さらに関東では、新田義貞が反旗をひるがえし、鎌倉をめざします。進むにつれて新田軍は雪だるま式に数を増やし、ついに鎌倉市中に乱入、北条一族が東勝寺で自害したことで幕府は滅亡したのです。元弘3年（1333）5月のことでした。

まさに、あれよあれよという間の長期政権の瓦解でした。勝海舟の項目でもお話ししましたが、時の勢いというのは恐ろしいものです。転がりはじめたら、もう止められないのです。逆に言えば、**時勢を味方につければ、歴史を動かすことができる**ということです。

この場合、時勢をつくりだしたのは、ひとえに後醍醐天皇個人の執念といえるでしょう。**失敗しても失敗しても、あきらめないで突き進んでいけば、不可能だと思える夢も実現可能なのだ**ということを、ぜひみなさんも心に留めておいていただきたいです。

幕府が滅亡すると後醍醐天皇は京都に帰り、新政権を打ち立てます。そして、みずからが強烈なリーダーシップをとって親政を始めたのです。

「朕《ちん》が新儀《しんぎ》は、未来の先例」（『梅松論』）

と、後醍醐天皇は宣言しました。

「俺が始めたことは、すべて未来の先例や模範となるだろう」

という意味で、政治一新への意気込みと自信が感じられますね。

後醍醐天皇が理想としたのは、10世紀の醍醐天皇の善政「延喜《えんぎ》の治」でした。天皇の諡号《しごう》は、その死後に与えられますが、後醍醐天皇は醍醐天皇を敬愛するあまり、生前から自分のことを「後醍醐」と称していたくらいです。この逸話一つをとっても、いかに彼が思い込みの激しい人だったかがわかりますね。

この一途な性格が、不可能と思われていた倒幕を実現させた原動力だったのでしょうが、一方で政権奪取後は、それが仇となっていくのです。これまで成功に関する教訓をお話しすることが多かったのですが、失敗も大事な教訓です。ここからは失敗から教訓を学び取っていただきます。

後醍醐天皇はなぜ失敗したか

それでは、「建武の新政」の失敗を、くわしく記していきましょう。

後醍醐天皇は武家政権だけでなく、院政や摂関政治も否定し、かつての天皇親政をめざしました。しかしそれはたんなる「延喜の治」への復古ではなく、あくまで新たな政治体制、政治改革を志向するものでした。

鎌倉幕府は後醍醐天皇を隠岐に流したあと、持明院統から光厳天皇を即位させました。後醍醐天皇はただちに光厳天皇を退位させました。しかも光厳が定めた正慶《しょうけい》という元号を、自分のころの「元弘」へ戻し、元弘の変以前の朝廷の叙位もすべて無効だと宣言したのです。

そして先述のとおり、摂政・関白を廃止し、自分に敵対した関白の鷹司冬教《たかつかさふゆのり》や太政大臣の西園寺兼季《かねすえ》らの官職を容赦なく剝奪しました。さらに、太政官制度に大規模な改変を加えて、太政大臣（最高職）を欠員とし、天皇独裁体制を敷いたのです。

翌年、後醍醐は元号を「建武」と改めたので、新政権を一般的に建武政府と呼びますが、参考までにいえば、この元号はかつて後漢の光武帝が漢朝を復興させたさいの元号で、光武帝にあやかろうとしたものでした。

そして後醍醐天皇は、驚くべき法律を出します。

「すべての土地の所有権は、私があらためて許可し、綸旨を与える」

とする個別安堵《あんど》法を発令したのです。

天皇の承認がなければ、何人《なんぴと》の土地も保証されないことになったわけです。

本領安堵（領地の保証）や新恩給与（恩賞としての新しい土地の給付）に関しては、雑訴《ざっそ》決断所や恩賞方という政府の組織が存在したのですが、最終的に天皇の綸旨がないと認めないというのです。

さあ、大変です。全国の人びとはきっと仰天したでしょうね。個別安堵法が発布されるや、諸国から武士や領主が土地の安堵（保証）を求めて京都の天皇のもとに殺到しました。

当たり前ですが、それを後醍醐天皇個人がすべて聖断するのは不可能です。このため、こんな法律をぶち上げておきながら、結局、各国の国司（いまでいう都道府県知事）に安堵をゆだねる諸国平均安堵法に切り替えざるをえなくなったのです。

また、後醍醐天皇は、権威の象徴として、かつての大内裏《だいだいり》（平安宮）の造営を公言しました。大内裏は、約100年前に火事で全焼してから再建されていませんでした。この造営費用は、地頭の収入のうち、20分の1をおさめさせるとしたのです。さらに荘園領主などにも税を課しました。しかし、多くの人びとの反発を喰らい、遅々として再建は進まず、結局、計画倒れに終わりました。

さらに、改銭の詔を発し、銭の「乾坤《けんこん》通宝」と紙幣を鋳造すると発表したものの、これも、うやむやになって終わってしまいます。

万事がこんな調子でした。思いつきで次々と新令を出すものの、すぐに機能不全に陥り、法律を改定するといった愚策を重ねていったのです。大々的に打ち出した法令が、尻すぼまりで自然消滅することも多々ありました。**きちんと計画性をもたないまま、己ひとりに権力を集中しようとしたため失敗した**といえるでしょう。きっと部下の言うことにも耳を貸さなかったのでしょうね。

朝廷は、京都周辺には政治力を行使できましたが、全国を統治していたのは鎌倉幕府だったので、後醍醐天皇も天下の情勢にうとく、武士に対する支配も不慣れだったこともあるでしょう。ならば、建武政府の政治組織にある程度権力をゆだねるべきであったのに、それを許容できないかたくなさが致命傷になったのです。

これって、けっこう中小企業の創業者に多いパターンです。何でも自分で承知していないと気が済まないタイプです。もちろん、企業規模が中小ならそれもできるでしょうが、全国規模に同じやり方を適用したところに、後醍醐天皇の失敗があったといえるのです。

ともあれ、こうした一貫性のなさで、後醍醐の建武政府は急速に支持率を失っていきました。

「このごろ都にはやるもの。夜討、強盗、謀綸旨《にせりんじ》、召人《めしうど》（罪人）、早馬、虚騒動《そらさわぎ》、生《なま》頸《くび》、還俗《げんぞく》、自由《まま》出家、俄《にわか》大名、迷者、安堵、恩賞、虚軍《そらいくさ》」

これは、建武元年（1334）に二条河原に掲げられた落書です。必ず日本史の教科書に載っていますから、みなさんも読んだ記憶があるでしょう。都の流行を取り上げながら、その内容は痛烈な建武政府の批判となっています。とにかく、この政権は、あらゆる階層に評判が悪かったのです。

公家は、これまでの伝統を後醍醐天皇が「未来の先例だ」といって平然とぶち破ることに不満を抱いていました。実際、公家に政権担当能力がないことがわかると、後醍醐天皇は太政官制をないがしろにして、政府の組織を鎌倉幕府の形態に近づけ、旧御家人を大量に登用しました。

一方、武士たちも、土地安堵の混乱に怒りをもっていましたが、さらに激怒させたのが、恩賞の不公平です。公家に厚く武士に薄かったのです。この一事が、最終的に建武政府を短命に終わらせることになりました。

鎌倉幕府が瓦解したのは、武士の活躍があったればこそ。にもかかわらず、公家を優遇したことで、武士たちは武家政権の再興を強く望むようになります。

ただ、後醍醐天皇に強力な軍事力があったなら、もしかしたら建武政府はもう少し寿命を延ばしていたかもしれません。しかし、どういうわけか後醍醐天皇は、直属軍の創設には無関心だったのです。

かくして建武2年（1335）、得宗・北条高時の遺児・時行《ときゆき》が挙兵。これを討伐

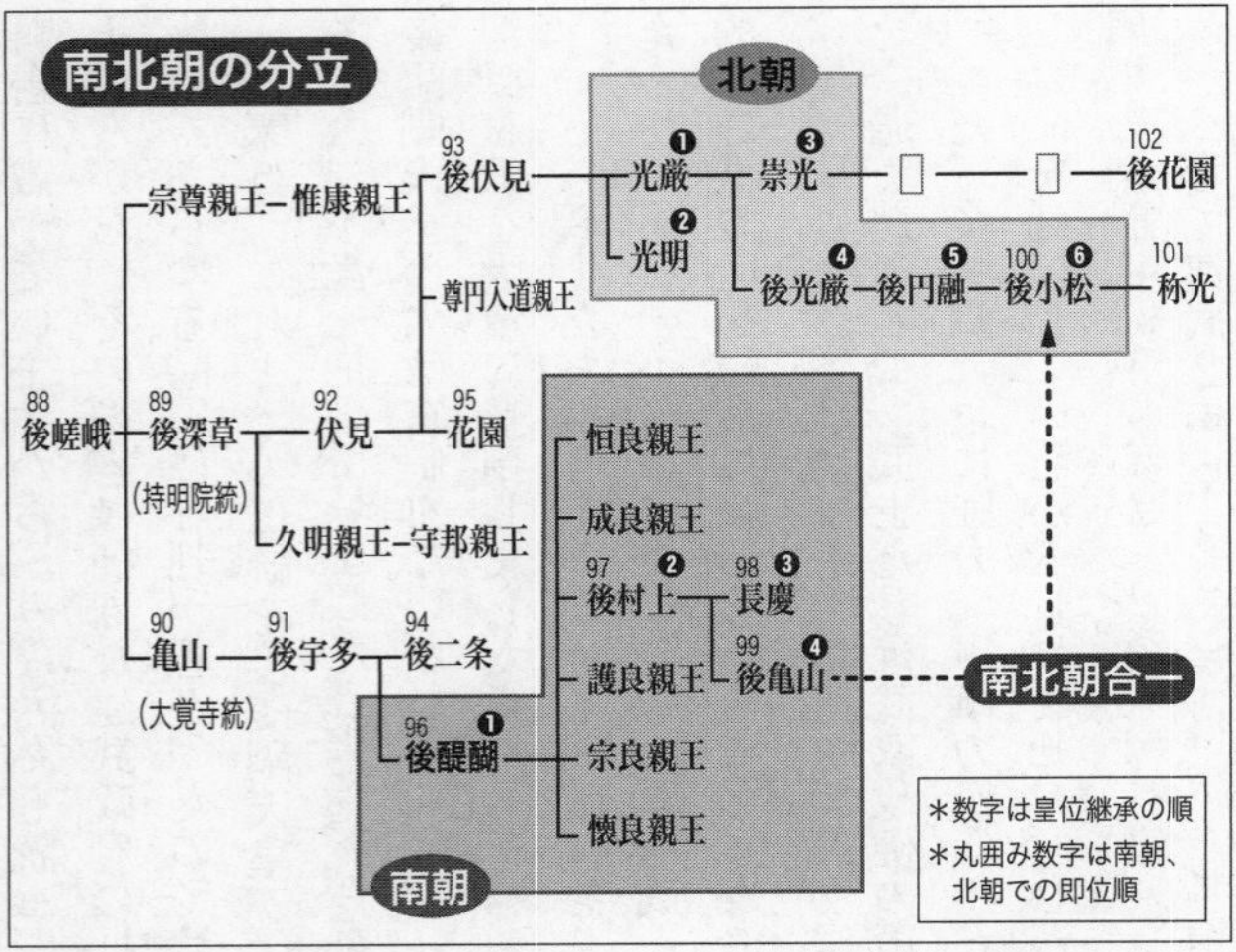

出所）『図説 日本史通覧』（黒田日出男監修、帝国書院）を元に作成

するため京都から関東へ赴いた足利尊氏が、後醍醐天皇に反旗を翻《ひるがえ》しました。尊氏は戦いに敗れていったん九州へ逃れますが、勢力を挽回して京都へ攻め上ってきます。建武3年（1336）、敗北した後醍醐天皇は、ついに尊氏に降伏しました。こうして建武の新政は、わずか2年で終焉《しゅうえん》を迎えたのです。

退位して逼塞《ひっそく》した後醍醐天皇でしたが、彼は不屈の精神の持ち主でしたね。ずっとおとなしくしているはずはありません。隙を見て京都を脱し、大和国吉野に入って新たな政権を打ち立てたのです。

これが南朝ですね。

もし後醍醐がそのまま長生きしていたら、ひょっとしたら、尊氏の室町幕府を倒したかもしれません。しかし、惜しいかな、それからわずか3年後に52歳の若さで生涯を閉じてしまいました。

でも、死に臨んでも京都奪還の希望を捨てず、

「玉骨《ぎょくこつ》はたとひ南山の苔《こけ》に埋まるとも、魂魄《こんぱく》は常に北闕《ほっけつ》の天を望まんと思ふ」

と臣下に遺言しています。

自分はたとえ魂となっても、北闕、すなわち京都を望むというその言葉に、恐ろしいまでのエネルギーを感じます。事実、足利尊氏は後醍醐の怨霊に恐れおののき、天皇の霊魂を供養するため天龍寺を創建するなどしていますから。

ともあれ、すさまじいばかりの一念によって後醍醐天皇は鎌倉幕府を倒し、一時のあいだながら、天下の政治をとることができたのです。後醍醐天皇の生涯を見るにつけ、現代人には執念というものがちょっと足りないのではないかと思うしだいです。

口の軽い人間を仲間に引き入れるべからず

失敗してもあきらめずに突き進めば、
不可能だと思えることも実現可能になる

時勢を味方につければ、
歴史を動かすことができる

第4章
我慢と忍耐で出世する

Chapter4 Introduction

最近は若者だけでなく、老人もよく切れますね。カッとなって粗暴な行動に出て、人生を棒にふる人も少なくありません。短気は損気です。激しい怒りに見舞われたら、瞳を閉じて深呼吸しながらゆっくり数字を数えると、10秒ほどで心は平静に戻るはずです。

長い人生、いいときばかりではありません。これからいやなこともくさるほど経験するでしょう。だからといって、くさって責任を放棄したり、仕事を投げ出したりしてしまっては、決して成功できません。とにかく我慢と忍耐です。

勝海舟は、「下がった相場はいつかは上がるもの。焦らず待ちなさい。その間《かん》、10年はかからないよ」と言っています。

10年も待つのかと、みなさんの溜息が聞こえてきそうですが、グッと堪えて長年努力していれば、いつかは大きなチャンスがあなたの前に姿を見せるはず。それに多くの偉人は、もっと長い年月を耐え忍んで成功を手にしているのです。

この章では、驚くべき忍耐力で大きな成功をつかみとった平安時代の吉備真備と戦国時代の徳川家康からその秘訣を学んでいきましょう。

吉備真備

693?(695?)-775

きびの まきび

下級役人の子から唐に渡って18年、帰国後、左遷の憂き目にあうも、その才によって右大臣にまで上りつめ、長寿をまっとう

夢を買って出世した男!?

古代・中世の日本には、夢を買う風習があったことをご存じでしょうか。大金で宇宙旅行の夢をかなえるといった、その「夢」ではありませんよ。寝ているときに見る「夢」のことです。

奈良時代に吉備真備が出世したのも、貴人の夢を買ったからだと伝えられています。

真備は、吉備地方の豪族で下級役人・下道圀勝《しもつみちのくにかつ》の子として生まれましたが、鎌倉時代に成立した『宇治拾遺《しゅうい》物語』には、彼が夢を買って栄達したという不思議な話が載っています。

真備が若いころ、見た夢の意味を知ろうと、夢を解釈する「夢解《ゆめとき》の女」のもとに出向いて占ってもらいました。その後、彼女と雑談していると、国司の若君が数人の供を連れてやってくるではありませんか。あわてて真備は階段を上がって身を隠し、下の様子を覗きました。

すると若君は、昨夜見た夢の内容をくわしく夢解女に話し、その意味するところを尋ねたのです。女はその話を聞くと目を大きくして、

「まことにすばらしい夢です。あなたは必ずやこの先、大臣に出世するでしょう。ただし、決してこの夢を他人に語ってはいけませんよ」

と答えたのです。

若君が帰ったあと、下に降りてきた真備は、その夢解女に、

「夢は買い取ることができるはず。あの男の夢を私に売ってくれ。国守《こくしゅ》の任期は4

年。それが過ぎればあいつらは都に帰ってしまう。私は地元の有力者。私の言うことを聞いたほうがよいと思うぞ」

と脅したのです。女はうなずき、

「では、若君とまったく同じように振る舞ってこの家を訪れ、彼の夢を寸分違わず私にお話しください」

と述べたのです。

真備がそのとおりにすると、夢解の女も同じように、

「あなたは必ず大臣になる」

と告げたのです。真備はうれしく思い、着ていた衣を脱いで女に与えたといいます。

その後、真備は「大臣になる」という夢を信じて学問に励み、驚くほど有能な人物となりました。そのうわさを聞いた朝廷が真備を都に呼び出してみると、話に違わず学才に優れていたので、遣唐留学生に登用されたのです。

こうして真備は唐へ渡り、長年、最新知識を吸収して帰朝し、ついには栄達して夢のとおり大臣まで上りました。もちろん私は、他人からよい夢を買ったから真備が栄達したのだとは思っていません。

若いころから出世を望む大志があり、その夢をかなえたいと熱望していたからこそ、その願いが現実化したのだと考えています。やはり、成功するためには、目標に対する膨大な熱量が必要なのです。真備は、人を欺いたり脅したりして、効果があるかどうかもわからない夢を買いました。そこまでして栄達しようと願う、想念の強さが大事なのです。

ここでは、そんな下級貴族から右大臣に成り上がった吉備真備の生き方に学んでいただこうと思います。

「話す力」と「聞く力」のバランス

真備は留学生として唐で18年間も学び、天平7年(735)にようやく帰国しました。儒学をはじめ最新の学問を修得するとともに、多くの貴重な書物や楽器、武器などを日本に持ち帰りました。その功績により、帰国すると正六位下に叙され、大学寮の大学助《だいがくのすけ》に抜擢されます。

大学は中央の官吏養成機関で、大学助というのは、いまでいえば国立大学の副学長にあたる職といってよいでしょうか。

その後、真備は従五位下に昇進し、中宮亮《ちゅうぐうのすけ》となります。これは、皇太夫人である藤原宮子《みやこ》（聖武天皇の生母）の家政機関（中宮職《しき》）の次官にあたります。

宮子は長いあいだ精神を病み、息子の聖武天皇にも会うことができませんでした。しかし真備と一緒に帰国した僧の玄昉が、最新の治療をほどこしたので症状が劇的に改善し、はじめて息子と面会できるようになったのです。聖武天皇は大いに感激し、対面の日、宮子を治した玄昉に紬《つむぎ》1000疋《ひき》、綿1000屯を与えています。同時に真備を従五位上に叙しているので、おそらく宮子の治療と母子の対面は、真備の計らいだったと思われます。だとすれば、大した策士ですね。以後、吉備真備と玄昉は、橘諸兄政権のブレーンとして活躍します。

天平12年（740）、藤原広嗣が反乱を起こしましたが、彼の要求は真備と玄昉を政権から排除することでした。まだ宮子と聖武の対面から2年半しか経っていませんので、短期間で真備が政権の実力者になっていたことがわかります。

もちろん、おべっかだけでは栄達はできません。真備は最新の学識を備えていたうえ、弁舌も優れていました。大学助に任命されると、400人の官僚候補らに儒学や法学、算術や音韻《おんいん》、書道などを、己が唐から持ち帰った最新の典籍を用いて熱心に講義し、人びとを魅了したといいます。

自分がもっている深い知識をわかりやすくアウトプットし、興味を引くように話す力、いまでいえばプレゼンテーション能力に優れていたのでしょう。現代でも、一流の学者で専門知識をわかりやすく話せる人はほとんどいません。昔も同じです。そういった意味では、真備は貴重な才能の持ち主だったのです。

ただ、あえていわせてもらえば、「話す力」と同じくらい「聞く力」も大切だということです。

たとえば薩長同盟を仲介し、大政奉還を実現させた幕末の坂本龍馬。なぜ一介の土佐の浪人が、歴史を動かすような大仕事ができたのでしょうか。その理由の一つは、龍馬がたいへん魅力的な人だったからだと思うのです。だからこそ西郷隆盛も桂小五郎も、龍馬の言うことを聞いたのです。

海援隊士の関義臣が、次のように龍馬の魅力を語っています。

「龍馬は小さいことにあくせくせず、まったく身なりも飾らない。人と接するときはとても温厚で、嫌みというものがまったくない。だから女性や子供もすぐ親しんでしまう。龍馬は相手の話を黙って聞き、さんざん他人にしゃべらせておいてから、自分の説をていねいに繰り返し説くのが常だった。けれどしゃべりだすと止まらず、ときどき冗談をまじえ、自分でゲラゲラと笑う、本当に天真爛漫な愛嬌家だった」

このように関は、龍馬のことを滑稽な冗談を言ってよく笑う、天真爛漫の「愛嬌家」だったと言っていますね。とにかく明るい人だったわけです。やはり、リーダーは明るくなくてはいけません。

明るさは人を惹《ひ》きつけるといいますが、もしリーダーが陰気でマイナス思考だったら、誰も一緒に大きな仕事をしようと思いませんよね。危機に陥っても、苦境を笑い飛ばせる龍馬だったからこそ、多くの人びとが彼にしたがったのでしょう。

ただ、私がいちばん納得したのは、関が「相手の話を黙って聞き、さんざん他人にしゃべらせて」と記しているところです。つまり、龍馬という人は、相手が満足するまでじっと話を聞いてあげる人だったということです。

じつはこれ、リーダーの資質としてもっとも重要な部分だと思うのです。

誰だって、みんな自分の話を聞いてもらいたいのです。悩みや苦労、笑い話に自慢話。それを真剣に、あるいは喜んで聞いてくれる人に対して、あなたはどんな印象を抱きますか？

私は、好意を抱きます。みなさんもそうだと思います。だから「聞く力」のある龍馬のもとに人は集まってきたのでしょう。

「話す力」に「聞く力」、この二つを身につけたらまさに最強ですね。

たとえズルをしても勝ちをもぎとる

少し話が逸れたついでに、ここで吉備真備の不思議な伝承をお話ししましょう。平安時代の『扶桑略記《ふそうりゃくき》』や『江談抄《ごうだんしょう》』、鎌倉時代の『吉備大臣入唐《にっとう》絵巻』には、入唐時代の彼のこんな伝説が記されているのです。

真備の才能をねたんだ唐の役人たちは、あるとき、翌日まで生きて戻った者がいないという恐ろしい楼閣に彼を閉じ込めてしまいます。そして夜、にわかに風雨が強まったかと思うと、なんと外から鬼が楼閣に入ってきたのです。

ただ、事前に察知した真備は、隠身の術を使って姿を消し、鬼に向かってその目的を尋ねました。すると鬼は、自分も昔、日本から遣唐使としてやってきたが、楼閣に押し込められて餓死したと告白。

そこで真備は「自分も日本人だ」と告げたところ、喜んだ鬼はいまの日本についてさまざまなことを真備から聞き出しました。これで心が晴れたのでしょう、今度は自分の知りうるかぎりの知識を教えはじめたのです。

いいですか。これ、大事な教訓ですよ。

「日本人」という鬼との共通点を見いだしたら、それを活用して相手に親近感を抱かせ、さらに相手が欲しがる情報を提供することで、自分もそれ以上の有用な情報を得ていることがわかりますね。

人の心を開くためにはまず、ささいな共通点を相手に伝えるとよいでしょう。それがきっかけになるはずです。

翌朝、唐の役人たちは真備が生きていることに仰天し、食事を置いてあわてて去りました。その夜、ふたたび真備のもとに先の鬼が現れ、

「役人がお前を妬《ねた》み、『文選《もんぜん》』という難しい書物を読ませ、お前に恥をかかせようとしている」

と教えてくれました。

そして、鬼は飛行自在の術を用いて『文選』の講義をしている場に真備を連れていってくれました。このため真備は、講義の内容や文章を暗唱し、高楼に戻って紙に『文選』の文章を書き散らしました。

翌朝、唐の役人が真備のもとを訪れ、散乱した紙を目にします。よく見ると、『文選』の文章です。役人は大いに驚き、

「お前の国では誰でもこの文を書けるのか」

と問いました。真備は、

「日本人はみんなこの書を所持し、大切な箇所は暗唱している」

と平然と答えたので、彼らは計画を取りやめたといいます。ときにはこうしたハッタリも必要だとわかりますね。

だが、しつこい役人たちは、今度は囲碁で真備を困らせてやろうと、名人を呼んできて真備と対戦させることにしました。日本にはまだ碁は伝わっておらず、真備はルールさえ知りません。しかし、またも例の鬼が徹夜で指南してくれ、どうにか碁が打てるようになりました。

翌日、対局が始まると、真備はいきなり白の石をとって碁を打ちはじめます。名人は、

「私は白石で打つことにしている。俺に黒石でやれとは失礼だ」

と抗議しましたが、真備は、

「どうせ勝つのは私だから、どちらでもかまわないではないか」

と言って相手を激怒させたといいます。冷静さを失わせて勝ちにもち込もうという作戦です。

でも、やはり名人にはかなわない。すると相手に気づかれぬよう、なんと真備は、

碁石をいくつか呑み込んでしまったのです。こうして八百長で真備は名人に勝利したのです。

これらの話は後世の作話だと思いますが、火のないところに煙は立ちません。きっと真備の性格を物語っているのだと考えます。

逸話からわかることは、『文選』にしても囲碁にしても、真備が事前に敵の作戦を知り、対策をよく練っているということです。とにかく情報を集め、**ライバルのねらいを知ってそれを徹底的に研究し、相手の出方を想定しておくこと、それが大事**なのです。そうすれば、何があってもあわてずに冷静に対処できるからです。

さらに真備は、相手を動揺させる戦略を多用していますね。『文選』の言葉を紙に書き散らしたり、白石でいきなり碁を打ちはじめたり、「どうせ私が勝つ」と囲碁の名人に豪語するなど、相手にハッタリや暴言を吐いています。こうして**敵に衝撃や動揺を与える心理戦を繰り広げ、相手のミスを誘う**わけです。

さらに、『文選』を日本人はみな暗唱しているとか、碁石を呑み込むなど、平然と嘘を吐き、ズルをしています。要は、**勝つために手段を選んでいない**のです。

たしかに、正々堂々と戦うことは美しいことです。でも、結局、敗者は評価されないのが世の常。なんとしても勝ちたい、出世したいというのであれば、真備のやり方は学ぶに足るのではないかと思います。もちろんオススメはしませんけど……。

いずれにせよ、数々の嫌がらせを受けた真備でしたが、それをことごとく切り抜けたことで、唐の役人たちも真備を見直し、玄宗《げんそう》皇帝も重用するようになったそうです。

要は、勝ったもん勝ちなのです。

夢を支えにしぶとく生きつづける

ただ、10数年後、今度は重用されすぎて困ったことになります。遣唐使が久しぶりに来航したので、真備が帰国の意志を示すと、唐の政府は優秀な真備を帰国させまいとしたのです。このとき真備は、機転を利かせてピンチを切り抜けます。

真備が古いサイコロを盤の上に置き、呪文を唱えて、サイコロの上から双六《すごろく》の筒をかぶせたところ、太陽や月が封じ込められ、数日間、暗闇になってしまったのです。

これが真備の仕業だと知った唐の役人たちは、ついに真備と取り引きをして、月と日を元に戻すかわりに帰国を許したと伝えられています。話に尾ひれがついているとは思いますが、もしかしたら天文学に秀でた真備が、日蝕や月蝕を予測したということがあったのかもしれません。

真備は天平13年（741）、皇太子である阿倍内親王の東宮《とうぐう》学士に任じられました。いわゆる教育係です。以後、真備は皇太子に『礼記《らいき》』や『漢書』を講じ、帝王としてのノウハウを教授しました。

聖武天皇の真備に対する信頼の厚さがわかりますね。さらに天平15年（743）には春宮《とうぐう》大夫を拝命、皇太子の家政機関全体を牛耳る立場になりました。

天平勝宝元年（749）、阿倍内親王が即位して孝謙天皇となると、これまでの功績が讃えられたのか、真備は従四位上に叙されました。あと一段階だけ位が上がると、公卿といっていわゆる現在の国務大臣レベル、為政者の仲間入りができるのです。

ところが、です。従四位になってわずか半年後、なんと彼は九州の筑前国へ国守として飛ばされてしまったのです。さらに今度は肥前守に転出させられ、翌年11月、遣唐副使に任命されてしまいます。

18年間の長きにわたって唐で学んでいたのに、また大陸へ行けというのはあまりにむごい仕打ちです。しかも、遣唐大使の藤原清河《きよかわ》は従四位下、つまり、副使の真備より位が低かったのです。なおかつ、真備はすでに50代後半、当時としてはもう老齢です。

この過酷な処遇は、藤原仲麻呂の策略だったといわれています。

じつは政界では、真備が補佐してきた橘諸兄が力を失いつつあり、かわって光明皇太后の支持を背景に、仲麻呂が急速に台頭してきていたのです。おそらく仲麻呂が孝謙天皇に寵愛されている真備を危険視し、放逐してしまおうと企んだのでしょう。

天平勝宝4年(752)冬、遣唐使一行は無事入唐して長安の都に入り、玄宗皇帝に謁見《えっけん》しました。役目を果たした真備は翌年無事に帰国。でも大任を果たした真備には、厳しい現実が待ち受けていました。

大役を務めてもまったく官位は上がらず、それどころか、帰国してすぐ九州の大宰大弐《だいに》(大宰府の次官)に任じられました。またも九州に飛ばされてしまったのです。しかも在職期間は9年の長きに及びました。なんともひどい人事です。やはりこれも仲麻呂の仕業でしょう。

つまり10数年間も、冷や飯を食わされたわけです。

平安時代の右大臣・菅原道真は、ライバルの藤原時平の讒言《ざんげん》により、醍醐天皇の命で大宰権帥《ごんのそち》に左遷されてしまいます。そしてそのショックのためか、道真はわずか2年後に死去します。

そんな道真と真備の違いは、真備はしぶとく生きつづけたことです。それができたのはあくまで想像ですが、**若いころ、「大臣になれる」という夢を買い、それが真備の希望になっていた**からではないかと思うのです。

このころから、日本と新羅《しらぎ》との関係が急速に悪化していきます。また、朝廷は安禄山の乱で唐が混乱状態に陥っているという情報を得ました。そこで藤原仲麻呂は、新羅への征伐を計画、一方で九州に東アジアの政治的混乱が波及してくることを想定し、大宰大弐である吉備真備にさまざまな対策をとらせました。

じつは真備は、海外の事情に精通しているだけではなく、兵法や築城術などの軍事知識を豊富にもっていたのです。真備は、詳細な新羅遠征計画を立て、甲冑など武器製造を開始、同時に最新の技術で新羅軍から九州を防衛するため怡土《いと》城を築城しました。

結局、遠征計画は中止されましたが、真備の偉さは、左遷された先でも、国家のために精一杯の努力を続けていることです。まさに彼は、渡辺和子さんの著書のタイトル『置かれた場所で咲きなさい』（幻冬舎）のように、「置かれた場所で咲こう」としたのです。

これも大切な教訓ですね。ふつうなら10数年間も冷や飯を食わされたら、やる気なんて失せてしまいます。でも真備は違いました。自分のことより日本の国のことを考えて、自己のもちうるかぎりの能力を発揮したのです。

とはいえ、天平宝字8年（764）に70歳を迎えた真備は、体調が思わしくなくなり、老齢を理由に朝廷に辞表を提出します。

ただ、天は彼を見捨てていませんでした。それが受理される前に造東大寺長官に任じられ、平城京に召還されることになったのです。さすがの仲麻呂も真備の境遇を憐れんだのかもしれません。

夢をかなえ伝説の人物に

都に戻った真備は、すぐには出仕せず、しばらく療養生活を送ったようです。この療養中に政変が勃発します。孝謙上皇が寵愛する道鏡に実権を奪われそうになった仲麻呂が、反乱を起こしたのです。このとき老齢の真備は、己の軍事知識を総動員して仲麻呂の乱の平定に動きます。

『続日本紀』には、

「吉備真備は、あらかじめ仲麻呂の行き先を予想し、軍を二手に分けて行く手をさえぎり、たちまち平定してしまった」

とあります。

この働きが評価されたようで、真備は従三位に上り、参議（太政官の議政官）中衛大将（武官の高官）に抜擢されました。下級役人出身の真備にとっては異例の栄達といえます。さらにその後、大納言に昇進しました。

この時期、真備は朝廷に申請して民の直訴制度を設けています。たいへんユニークなもので、中壬生門《なかみぶもん》に2本の柱を立て、そこで庶民の訴えを聞こうというのです。一本の柱の前では、役人たちの圧迫に対する直訴、もう一本の前では無実の罪を負わされている者の訴えを聞いたといいます。これによって国家役人の綱紀を正し、民を虐《しいた》げることのないようにしようとしたのです。

こんな制度をつくったのは、左遷されて都から遠く離れた九州にいるあいだ、民の苦しみをその目で見たからではないでしょうか。

天平神護2年（766）10月、真備はついに正二位を与えられ、右大臣となります。

すでに72歳になっていましたが、律令の改定などに力を注いだと伝えられます。ただ、称徳天皇（孝謙天皇）が没すると、法王として君臨していた道鏡が排除されるという政変が起こりました。

その後、藤原永手《ながて》や藤原百川といった藤原氏が力をもつようになります。吉備真備は、称徳天皇の後継者選定会議において、藤原氏が強引に皇太子を選定したことにあきれ、引退を申し出ています。

しかし、朝廷にとって貴重な存在だったのでしょう。即位した光仁天皇はこれを許さず、そのまま右大臣にとどめおかれました。

ようやく真備が隠居できたのは宝亀2年（771）、なんと77歳のときのことでした。それから4年後、真備は81歳の高齢で死去しました。

下級貴族から右大臣に栄達したのは、前代未聞のことでした。それよりも、二度も唐に渡り、失脚して長年冷遇されながら見事に復権を遂げたというのは、まさに超人的であり、讃えられる偉業といえるでしょう。

きっと当時の人びとの耳目を驚かせたはず。このため、前述したように吉備真備は、後世になるとしだいに伝説化していったのだと思います。囲碁のみならず、カタカナ、陰陽道、兵法などもすべて真備が創始者、伝来者となっていくのです。

いずれにせよ、若いころに「大臣になる」という夢を買ったことが、真備の栄達に大きな役割を果たしたことは間違いないでしょう。長らく冷遇された時期もありましたが、買った夢が彼の支えとなったのではないかと思います。そういった意味では、若いころに大志を抱くことの大切さがよくわかりますね。

成功するためには、
目標に対する膨大な熱量が必要

「話す力」と「聞く力」、この二つを
身につけたらまさに最強

ライバルのねらいを徹底的に研究し、
相手の出方を想定しておく

徳川《とくがわ》家康《いえやす》

1542-1616

幼少期の人質人生を通して「律儀」という鎧をまとい、度重なる家臣の裏切りや理不尽さにも耐えつづけ、ついに天下をとった武将

波乱に満ちた人生のスタート

「人の一生は重荷を負《おい》て遠き道をゆくが如し。いそぐべからず。不自由を常とおもへば不足なし。こころに望みおこらば困窮したる時を思ひ出《いだ》すべし。堪忍は無事長久の基《もとい》、いかりは敵とおもへ。勝事ばかり知《しり》てまくる事をしらざれば害その身にい

たる。おのれを責《せめ》て人をせむるな。及ばざるは過ぎたるよりまされり」

『東照宮御遺訓』と呼ばれる文章です。とてもすばらしい言葉なので、原意を損なわないよう現代語に訳してみましょう。

「人間の一生は、まるで重い荷物を背負い、遠くをめざして道を歩いていくようなもの。急いではいけないよ。不自由が当たり前だと考えていれば、まだ足りないという気持ちは生まれないはず。心に欲望がわいてきたら、困ったときのことを思い出そう。我慢すれば、平穏無事がずっと続くのです。怒りは敵と思いなさい。勝つことばかり考えて、負けることを知らなければ、いつか自分自身に災厄がふりかかってくるよ。いつも自分の言動を反省し、人を責めるのはやめよう。やりすぎるのはよくないよ。足りないくらいのほうがよいのです」

これは、はるか昔から徳川家康の遺言だと伝えられてきました。でも近年は、第二代水戸藩主・徳川光圀《みつくに》（水戸黄門）の言葉だとか、『養生訓』を書いた学者・貝原益軒が見つけて改訂した文章だという説も出てきており、本当に家康の言った遺訓かどうか怪しくなっているのです。

とはいえ、人質から我慢と忍耐を積み重ね、ついには天下をとった人物にふさわしい言葉だと思います。

ここでは、そんな徳川家康から忍耐を学んでいただければと思います。

いつ自分の首が飛ぶかわからない

天文11年（1542）12月、家康は三河国岡崎に松平広忠の嫡男として生まれました。はじめは竹千代、元服して元信、のちに元康と称し、やがて家康を名乗るようになります。なんだか出世魚のようですね。

家康の実父である広忠は、10歳で父の清康（一代で三河国を統一したが、勘違いした家臣に殺害された）を失ったことから、大叔父の松平信定に領地を横領され、一時流浪を余儀なくされ、隣国駿河の大大名・今川義元の力を借りなくては領国を維持できない状態になっていました。

そんな広忠の子・家康の不幸は、数え年3歳のときから始まります。母親のお大《だい》と生き別れになったのです。お大の実家である刈谷城主の水野信元（お大の兄）が今川氏を裏切って、敵対する尾張の織田信秀に味方したので、広忠はしかたなく今川義元に遠慮してお大と離縁します。このため、お大は家康を残して実家へ帰りました。

その後も織田信秀の力は強くなるばかりで、叔父の松平信孝らも広忠を裏切る始末。そこで広忠は、今川義元に援軍を請い、その見返りとして、息子の家康を人質に差し出すことにしたのです。まだ家康は6歳の幼児でした。

こうして天文16年（1547）8月、家康は人質として三河から駿河の駿府へ向かいますが、その途中、渥美半島の田原付近で戸田康光に拉致されてしまいます。康光はもともと家康の義理の外祖父にあたる人でしたが、ひそかに織田方と通じており、康光は家康と引き換えに永楽銭1000貫文を手にしたといいます。つまり、家康は親戚のおじさんに拐《かどわ》かされ、売られてしまったわけですね。

こうして家康を手にした織田信秀は、松平広忠に対し、

「お前の子は俺の手の内にある。おとなしく織田にしたがえ」

と言ってきました。

しかし広忠は、

「子の愛に溺れて、不義の振る舞いをするつもりはない。愚息の生死はあなたしだい」

と誘いを断固拒絶したといいます。

傍から見れば潔い立派な武将ですが、家康にしてみれば実父に見捨てられたわけ

で、なんとも哀れです。

ただ、「何かのときにこいつは使える」と思ったのでしょう、信秀は家康を殺さないでおきました。それから2年後のこと、安祥城《あんじょうじょう》の織田信広（信秀の子）が今川軍に敗れて捕虜となります。このとき今川義元は、家康と信広の人質交換を提案、信秀がそれに応じたことで、今度は今川氏の人質となったのです。

けれど、このときすでに家康の実父・広忠はこの世の人ではありませんでした。家臣に殺されたとも、病死ともいわれますが、まだ24歳の若さで亡くなっていました。

このため松平（のちの徳川）家臣団は、今川の家来のように成り下がり、領国三河も、「当主の家康が成人するまでは今川家で管理する」という名目のもと、実質的に今川領に組み込まれてしまいます。このように家康の人生は、めちゃくちゃ不幸な状況からスタートしたわけです。

人質とは、他者に生殺与奪権《せいさつよだつのけん》を握られた存在です。いつ自分の首が飛ぶかわからない緊迫状態のなかで、家康は6歳から19歳までの青少年時代を送ることになりました。家康は、**義理堅く実直だったので、人びとから「律儀者」といわれました**が、おそらくそれは、義元に疑われないようにひたすら今川氏に尽くすことで身の安全をはかろうとする、少年・家康が知恵をしぼって編み出した悲しい生きる術《すべ》だったのではないかと思うのです。

そしてこの「律義」という擬態は、カメの甲羅のように分厚い装甲となり、生涯、家康という男の身体を覆ったのではないでしょうか。

天文24年（1555）3月、14歳になった家康は元服します。これ以後、家康は松平次郎三郎元信と名乗ります。「元」の字は、今川義元の一字を拝領したものです。弘治3年（1557）には、今川の重臣・関口親永《ちかなが》の娘と結婚しています。

翌年、17歳の家康は寺部城《てらべじょう》攻撃で初陣を果たしました。寺部城下に火をはなち、戻る途中、食らいついてきた織田軍を追い払う活躍を見せたといいます。

それからは今川の属将として各地で戦う家康でしたが、その生活に突如、ピリオドが打たれます。そう、永禄3年（1560）に義元が桶狭間合戦で織田信長に討たれてしまったのです。大将の討ち死で今川軍は瓦解、松平（徳川）氏の根拠地である岡崎城を守っていた今川兵も逃げ散ってしまいます。

これを知った家康は、

「捨て城ならもらっておこう」

と無断で岡崎城に入り、以後、駿河国駿府《するがのくにすんぷ》へは戻りませんでした。

その後、義元の跡を継いだ氏真《うじざね》に、

「父の敵討ちのため出兵すべきです」

と勧めますが、氏真が動かなかったことで愛想をつかします。

そして今川と絶って大名として独立しようと決意し、永禄4年（1561）、なんとそれまで敵対していた織田信長と同盟を結んだのです。

以後、家康は三河国内の平定を進めていきます。

家康の制止を無視するろくでもない家臣

ところが永禄6年（1563）、領内で一向一揆が勃発。多くの譜代の家臣たちが一揆方に加わり、なんと、主君の家康に敵対しはじめたのです。一向宗寺院の権利を侵したことが一揆のきっかけになったようですが、家臣のなかには一向宗の信者が多く、主家より信仰を選ぶ者が少なくありませんでした。

かくして家中を二分する争乱になり、一揆の平定まで半年の歳月が費やされました。この戦いで家康は、鎧に銃弾を2発撃ち込まれるという危機的状況に追い込まれています。

よく、三河武士団（徳川家臣団）は、人質になった家康を陰で支え、その後も忠節を尽くした武士の鑑だといわれますが、それは嘘です。徳川の譜代衆には、ろくでもない連中がゴロゴロいたのです。

そもそも三河の地は、家康の祖父・清康が数年間だけ統一支配をおこなったにすぎず、三河武士は家康には心服していません。ようやく家康が三河を統一したのは一向一揆平定後のことでした。

三河を平定して独立大名となった家康は、永禄11年（1568）末、甲斐の武田信玄と示し合わせ、弱体化した今川氏真の領地・遠江国へ侵攻。遠江を制圧した家康は、元亀元年（1570）、本拠地を岡崎城から遠江国浜松城へ移しました。

しかしやがて、武田信玄が織田信長と対立するようになると、徳川と武田の関係も一気に悪化します。

元亀3年（1572）5月、将軍・足利義昭は武田信玄に「信長を倒せ」という御《ご》内書《ないしょ》を送り、浅井氏や朝倉氏などの諸大名も盛んに信玄の上洛を促すようになりました。そこで、10カ国に及ぶ版図をもつ信玄は、いよいよ京都へ上って信長に痛撃を与えることを決意します。

こうして同年10月3日、信玄は2万の軍勢で甲府を発しました。なお、先発隊として秋山信友率いる5000を信長の領地・美濃へ侵攻させ、信長の叔母が守る岩村城を落として美濃方面からの信長軍の侵入を防ぎ、さらに山県昌景《やまがたまさかげ》率いる5000を東三河へ派遣、家康の兵力分断をはかりました。

信玄率いる武田の本隊は伊奈から南下し、途中の犬居で軍を二手に分け、別動隊を只来《ただらい》へ向かわせ、信玄自身は天方《あまがた》、一宮、飯田と徳川方の城を次々と落としていったのです。

さらに10月半ばから武田軍は、家康の重要な支城である二俣城を包囲。やがてこれに別働隊の山県隊も加わります。二俣城は、家康の本拠地である浜松城からわずか20キロメートルしか離れていません。

このとき家康は、浜松城から出て二俣城を見下ろす場所に陣を敷きました。

「もし自分が出陣しなければ、支配下に入って日の浅い遠江国の武将たちに見限られてしまう」

という判断からだと思われます。

とはいえ多勢に無勢です。武田の大軍の前に、家康は遠巻きに敵の二俣城攻めを見守るしかなく、結局、二俣城は落城してしまいました。すると、松井和泉守、飯尾弥四郎、神尾宗太夫《そうだゆう》、奥山左近将監、幡鎌《はたかま》右近丞《うこんのじょう》、天野菅左衛門《すがざえもん》といった遠江の武将たちは続々と武田方に寝返ってしまいます。

12月21日、いよいよ信玄は家康のいる浜松城に向けて動きはじめました。そして翌日には、浜松城北方12キロメートルの三方原《みかたがはら》まで南下してきます。このとき家康は、籠城を主張する重臣たちの反対を押し切って、またも城から飛び出したのです。

『三河物語』(大久保彦左衛門著)によれば、重臣たちは家康に、

「敵の人数は3万近くに見えます。こちらはわずか8000人ですよ」

と述べ、必死に出陣を止めようとしますが、家康は聞き入れませんでした。

「自分の家の裏口から大勢で入り込んで通過しようとする狼藉者《ろうぜきもの》に対し、多勢だからといってとがめないことがあるだろうか。とにかく、合戦をしないわけにはいかない。それに、戦いは人数の過多によるのではない。天道しだいなんだ」

そう言い張り、城から出て信長の援軍3000とともに敵の襲来を待ったのです。その兵力は合わせて1万1000人、武田軍の2万7000人の半数にも満たないものでした。

ところが、どうしたことでしょう。浜松城に迫っていた武田軍は、急に進路を変えたかと思うと、西方へ進みはじめたのです。武田軍の方向転換を知った家康は、距離をとりつつ、敵を追尾していきました。

しかし三方原台地がとぎれ、地形が下降する直前、武田軍が突然、行動を停止し、陣形をすばやく変化させて戦闘態勢を整えたのです。

家康は、敵が坂を下りはじめたところで、状況によっては背後から一撃を加えようと考えていたので、その手前で敵と対峙するとは思ってもみませんでした。また、追撃態勢に入っていた徳川方の武将たちは、相手に襲いかかりたいという心理をもってしまいます。

出所）小和田哲男『戦国の合戦』（学研新書）を参考に作成

これは信玄の巧妙な罠でした。さらに信玄は、徳川方に対し、石礫《いしつぶて》を投げつけさせるという挑発行為に出たのです。

すると、馬鹿にされたと思っ

たのか、とうとう徳川の武将たちは家康の制止を聞かずに、武田軍へ攻めかかってしまったのです。まさに信玄の思うつぼでした。

戦いは当初、勢いに乗った徳川軍が優勢でしたが、やがて数の差で戦況は逆転。徳川の潰走《かいそう》が始まります。戦死者は武田軍が400名、徳川軍が1000名といわれ、家康の惨敗でした。

ただ、逃げる徳川軍に対し、武田軍はすさまじい追撃に出たものの、浜松城は包囲せず、しばらく三方原北端の刑部《おさかべ》にとどまったあと、やがて三河の野田城をめざして去っていきました。

それにしても、なぜ家康は勝ち目のないのを承知で、名将といわれた信玄に戦いを挑んだのでしょうか。それは、そうしなければ、徳川家自体が消滅した可能性があるからです。

三方原合戦での敗北が確実になると、徳川四天王と呼ばれた榊原康政ほか、多くの譜代家臣は浜松城へは戻らず、そのまま他所へ遁走してしまいました。

また、何を思ったのか、家康より先に浜松へ逃げ帰った小倉忠蔵は、

「殿が討ち死したぞ!」

と城中に触れまわり、味方を絶望のどん底に陥れています。

こうした連中の前で、戦わずして尻尾を巻いて城中で震えていたら、家康は間違いなく譜代にも見限られたでしょう。つまり、家康には信玄と戦うしか術はなかったのです。

これは大事な教訓ですね。**人は負けを承知で戦わなくてはいけないときがある**のです。たしかに敗北はメンタル的につらいですが、あえて逃げずに強敵に挑んだ勇気を他人は評価してくれるはずです。

また、実際に**敗れたことでどこをどう改善すればよいかのヒントももらえる**でしょう。逆に、もし逃げてしまったら、周りの人びとはあなたを侮るようになりますよ。

とはいえ、家康もバカではないので、大軍を相手に正面衝突する気はなかったと思います。とりあえず、家臣たちに自分の覚悟を見せればよいと考えていたはずです。なのに激突してしまったのは、家康の制止を無視して敵に突入しただめな譜代衆のせいでした。

家康の運のよさは、大敗を喫しながら、信玄がまもなく病没したことで虎口を免れ、かつ、信長がこの合戦を織田家に対する忠節と考え、信頼を厚くしたことです。

妻と子を殺されても耐えるしかない

ただ、それからも家康は長く、家臣らの理不尽な行為に耐えねばなりませんでした。とくに天正7年（1579）に嫡子の信康を自殺させ、正室の築山殿《つきやまどの》を殺害した事件は、やはり家臣の言動が大きくかかわっていました。

家康の嫡男・信康は信長の娘・徳姫と結婚していましたが、夫婦仲はよく2人の女児に恵まれました。ただ、なかなか男児が生まれません。

すると信康の母・築山殿が、絶世の美女を信康の側室に勧めたのです。すると信康は彼女を溺愛《できあい》するようになり、徳姫とのあいだも疎遠になったといいます。2次史料なのでちょっと信憑性に欠ける逸話ですが、信康・徳姫夫妻の仲、さらには築山殿と徳姫の仲が悪かったのはどうやら間違いないようです。

でも、この確執が、徳川家に大変な事態をもたらすことになりました。腹を立てた徳姫が、築山殿と信康の悪業12カ条を手紙で実父の信長に伝えます。父に愚痴ったわけですが、そこに驚きの内容が記されていました。

「信康が信長と敵対する甲斐の武田勝頼と内通している」

とあったのです。

同盟している徳川が敵の武田と通じているというのは、驚きの情報です。信長は半信半疑ながらも、すぐに徳川の重臣・酒井忠次を召し、徳姫の書簡を示して事実を問いただしました。

すると、これまた驚くべきことに、忠次はそれをいっさい否定しなかったのです。こうなっては、さすがの信長も見過ごすわけにはいかず、家康に信康の切腹を要求したといいます。

きっと家康は仰天したことでしょう。けれど、しかたなく息子を捕らえ、すぐに二俣城に幽閉しました。ただ、酒井忠次が否定しなかったからには、事実はどうあれ、もう信康には死んでもらうしかありません。逆らって信長と戦うには、あまりにも軍事力の差がありすぎました。

一方、信康が幽閉されたことを知った築山殿は、息子を救いたい一心で、弁明のために岡崎から浜松へ向かいます。ところが途中で護衛の野中重政、岡本時仲《ときなか》、石川義房らによって刺殺され、斬首となりました。

野中たちから妻の最期を聞かされた家康は、

「女のことではないか。もっと違うやり方があったろうに」

と眉をひそめたといいます。

そんなことから後世の諸書には、家康は築山殿をひそかに逃がすか、あるいは尼にしてしまうことを期待していたのだと書かれていますが、おそらくそれはないでしょう。

家康が非難したのは、殺害の方法だったと思います。女性の首をとるというのは、あまりないことだからです。暗殺は、家康の命令だったはずです。それからまもなくして、信康のほうも二俣城において切腹して果てました。まだ21歳でした。

ちなみに酒井忠次が信康母子の内通を否定しなかったのは、平素自分を軽んじていた信康に対する復讐だったといわれています。もしそれが事実なら、家康は歯ぎしりするほどの無念さだったと思いますが、その後いっさい不満を漏らさず、忠次への処遇も変化していません。

それを態度に出そうものなら、忠次は織田方に走り、織田・徳川同盟は決裂、大勢力の信長に三河は蹂躙《じゅうりん》されたからです。つまりは、耐えるしかなかったのです。

もう一つ、お話ししましょう。

天正13年（1585）11月13日、この日、家康にとって衝撃的なことが起こります。家臣の石川伯耆守《ほうきのかみ》数正が出奔《しゅっぽん》し、羽柴秀吉のもとに走ったという知らせが領内を駆けめぐったのです。石川氏は有力な譜代家臣で、とくに数正は岡崎城代で西三河の旗頭を務めていました。つまり、徳川正規軍の片翼を担う軍最高司令官といえるのです。

しかも数正は、織田・徳川同盟の仲介役を務めたり、今川氏の人質になっていた信康を取り戻したり、長篠の戦いで織田軍の支援をとりつけたりした、いわば徳川一の功臣でもありました。そんな大黒柱のような重臣が、主君を見捨てて秀吉のところへ走ってしまったのです。

翌日、数正が管理していた岡崎城へ家康をはじめ、主たる徳川重臣が駆けつけました。しかし、すでに数正は妻子や家来を連れて逃げたあとで、城はもぬけの殻でした。

重臣の出奔は、まさに青天の霹靂《へきれき》だったので、家康の動揺は激しく、信州小諸で最前線を守っていた重臣・大久保忠世にまで、「即刻帰参するように」と催促しています。忠世はしかたなく、末弟の彦左衛門を留守役にして岡崎へ馳せ参じようとしますが、頑固者の彦左衛門は兄の命令に服さず、

「石川数正が逆心して秀吉がいる大坂へ上ろうとするなら、岡崎は大乱になるでしょう。どうせ主君に命を捧げるなら、すぐ近くで死にたい」

と同行を願い出たといいます。

この逸話からも、数正がいかに家内で絶大な勢力を保持していたかがわかりますね。ただ、幸い彦左衛門が心配した大乱にはいたりませんでした。というのは、事前に裏切りが発覚したからでしょう。

松平近正《ちかまさ》という譜代の家臣がいます。彼は数正から裏切りの勧誘をうけたのですが、それを拒絶し、その事実を主家に告げたのです。事が露見したので数正はそのまま逃亡しましたが、もし時間的な余裕があったら、家臣団への離間工作は進展し、彦左衛門の危惧するような「大乱」が現実のものとなったかもしれません。

実際、数正の与力大名だった小笠原貞慶《さだよし》や譜代の水野忠重は、数正と示し合わせて秀吉のもとに向かっています。

この前年、家康は小牧・長久手で秀吉と戦っています。形式的な和議を結んだとはいえ、家康は秀吉に反目して上洛要請に応じず、冷戦状態が続いていたのです。そんなときに、数正が秀吉のもとへ去ってしまったわけです。

「数正は徳川の軍法や軍事機密を熟知している。いま豊臣軍が来襲したら勝ち目はない」

そう憂えた家康は、同盟している小田原の北条氏直に事実を知らせて協力を求め、臨戦態勢を敷くとともに、武田信玄の旧臣を召し出し、軍法を武田流に一新しています。

それにしても、なぜ数正ほどの重臣が秀吉に寝返ってしまったのでしょうか。その理由はよくわかっていません。ただ、秀吉に接する機会がもっとも多かった徳川家臣が数正であったのは確かです。

賤ヶ岳合戦の勝利を祝う家康の代理として訪ねたり、小牧・長久手合戦後の講和交渉を担当したのも数正でした。だから、秀吉に籠絡された可能性が高い気がします。

激さず焦らずひたすら耐える

秀吉はよく「人たらし」といわれますが、竹中半兵衛に始まって多くの逸材を他家からヘッドハンティングしています。急激に勢力が膨張するなかで、子飼いの武将だけではとても家臣の数が足りなかったためでしょう。

柳川城主の立花宗茂《むねしげ》は大友宗麟《そうりん》の家臣でしたが、九州平定後に秀吉が独立させて直臣《じきしん》（独立大名）に取り立てました。五奉行で財政を担当した長束《なつか》正家も、もとは丹《に》羽長秀《わながひで》の軽輩です。小寺政職《まさもと》の重臣だった黒田官兵衛、丹羽長秀の将・村上義明も秀吉に臣属しています。また、直臣とはいえないながらも、毛利一族の小早川隆景や安国寺恵瓊《あんこくじえけい》、さらに島津義久の一門だった伊集院忠棟《ただむね》らも秀吉にべったりです。

戦国時代は下克上の世。無能な君主であれば容赦なく見限ったし、よい奉公先へ移ることは非難される行為ではありませんでした。武将たるものはみな己を最大に評価し、活かしきってくれる主君の登場を待ち望んでいた、その機微をよく理解していたからこそ、秀吉は手元に多くの逸材を集めることができたのでしょう。

ただ、秀吉は天下統一後も諸大名の重臣たちに「うちに来ないか」とスカウトしているのがちょっと不思議です。有名なところでは、徳川家の本多忠勝や大久保忠世、伊達政宗の重臣・片倉小十郎、上杉景勝の参謀・直江兼続《かねつぐ》、島津義久の猛将・新納《にいろ》元忠、細川藤孝の一門格・松井康之らがそうです。

彼らはみな申し出を固辞しますが、天下人に声をかけられたということは自分が逸材と認められたわけで、当然、秀吉に好感を抱くはず。

つまり、大名家の支柱である人物たちを籠絡し、

「敵中に味方をつくり政権を維持する」

というねらいがあった気がします。

たとえば秀吉は、家康を関東に移したさい、

「大久保忠世は勇将だから4万5000石を与えて小田原城を守らせよ」

とか、上杉景勝を会津120万石に加増したおり、

「お前の重臣である直江兼続に米沢30万石の地を与えろ」

など、人事に干渉してまでも彼らを優遇しているのです。

そこまで自分を買ってくれた人間に、感謝しないはずがありません。実際、兼続は秀吉亡きあと、豊臣家を守るため家康と敵対するよう上杉家を誘導しています。

さて、少し話が逸れましたが、いずれにしても秀吉に親しく接していた石川数正は、家康に対し、大坂へ上って秀吉に臣従するよう繰り返し説いたと『改正三河後風土記』は記しています。

でも、家康はこれを拒みつづけます。その間に秀吉は、毛利氏、上杉氏、佐竹氏らを麾下《きか》に加え、四国を平定して関白に就任、家康などの歯が立たぬ大勢力に成長してしまいました。

また、上洛を何度も進言したことで、数正は仲間たちから「豊臣に通じているのではないか」と、疑いの目で見られるようになったようです。そのうわさを耳にしたのか、秀吉はわざと公共の場で数正の器をほめあげ、10万石を出しても惜しくな

い武将だと、声高に言い放ったといいます。

こうした状況下で片身が狭くなった数正は、ついに家康を見限る決意をしたのだと考えられます。

「家康に掃き捨てられし古箒《ふるぼうき》（伯耆）都（大坂）へ来ては塵《ちり》ほどもなし」

これは当時の狂歌だといいます。勇んで豊臣家へと走ったものの、数正は秀吉に冷たくあしらわれ、それを嘲笑した内容です。けれど、事実は正反対でした。

天正14年（1586）正月、秀吉は数正に和泉国（河内説あり）で大封を与え、天下統一後の天正18年（1590）、信濃国松本10万石を与えています。これは、数正の同僚で東三河の旗頭・酒井忠次の倍額にあたります。

文禄元年（1592）12月に数正は天寿をまっとうしました。葬儀は、京都七条河原で盛大に執行されています。数正が秀吉に冷遇されたとする伝承は、徳川の世になってからつくられた話でしょう。

いずれにせよ、家康は、このように徳川一の重臣にまで裏切られているのです。さらにそれは、最晩年まで続きました。

大坂夏の陣のとき、真田信繁《のぶしげ》（幸村）の隊が死物狂いになって、家康の本陣目がけて突撃をかけてきました。この捨て身の攻撃により家康の旗本は逃げ散り、ついに家康は孤立状態に陥ってしまいます。仰天した家康は、絶望のあまり自殺しようとしたといいます。

結局、三度目の攻撃で力尽きた信繁は、駆けつけた徳川方の兵によって討たれました。

もちろん有能な家来はいましたが、これが三河家臣団の実態なのです。

しかし家康は、家臣の非礼や裏切りを隠忍し、めったなことで処罰することはありませんでした。また、同盟者の信長に馬車馬のようにこき使われましたが、嫌な顔ひとつせず諸国を駆けずりまわっています。人質時代の所産だと思いますが、強靱な耐性です。

以上、見てきたとおり、家康が天下をとれたのは、**どんな局面においても激さず焦らずじっと耐え、時勢がほほ笑むまでひたすらに待つ**ことによって、みずから招いたものであったことが理解できると思います。

耐えながら待つ、それが大成の秘訣。いわれてみればたわいのないことですが、それでいて実行できる者は皆無でしょう。だからこそ、家康という人間は偉大なのです。

人は負けを承知で
戦わなくてはいけないときがある

敵中に味方をつくれ

どんな局面でも激さず焦らずじっと耐え、
時勢がほほ笑むまでひたすらに待つ

第5章

死をもいとわぬ覚悟をもつ

Chapter5
Introduction

私たちがもっとも恐れることとは、自分の死ではないでしょうか。その場面を想像しただけでもゾッとしますね。他人を犠牲にしても、生き延びようとするのが人間の本能だからです。

逆に言えば、死ぬことを恐れなくなった人間はある意味、最強といえるでしょう。ほかの人がいちばん怖がるものに恐怖を感じないから、どんな危険な場所にも平然と飛び込み、やりたいように行動できてしまう。これって、スゴいことだと思いませんか。

ただ、よく考えてみてください。どうせ人間は、いずれ死ぬ運命なのです。長く生きてもたかだか100年。ならば、これが実現できたら死んでもいいという「死にがい」を見つけ、それに向かって突き進む人生もよいでしょう。

きっと、そんなあなたの覚悟を見た人びとは、応援してくれるでしょうし、妨害しようとする人も、驚いて道をあけるはず。

この章では、死を覚悟して大事をなした大石内蔵助と大久保利通の生きざまを紹介しますね。

大石内蔵助

1659-1703

おおいし　くらのすけ

御家再興をめざすがかなわず、主君の無念をはらすべく討ち入りを決行し、部下に「死にがい」を与えた史上最強のリーダー

「昼行燈」と呼ばれた男の真の姿

いまでも年末になると、必ずテレビドラマやお芝居などで取り上げられるのが「仮名手本忠臣蔵」ですね。そんな物語の中心人物がここで取り上げる大石内蔵助です。

えっ、忠臣蔵ってどんな話？

という方が、なかにはいるかもしれません。忠臣蔵は、史実の赤穂《あこう》事件をモデルにした江戸時代の物語（人形浄瑠璃の脚本）ですが、事件の概要を説明しつつ、私が史上最強だと思うリーダー・大石内蔵助について熱く語っていきましょう。

江戸幕府の将軍は毎年、年賀の挨拶のため朝廷へ使いを派遣しますが、その返礼として天皇も江戸へ使節（勅使）を遣わします。元禄14年（1701）3月14日は、江戸に来た勅使に将軍綱吉が奉答の儀をおこなう予定になっていました。

勅使の接待役（勅使饗応役）は赤穂藩主・浅野内匠頭長矩《たくみのかみながのり》35歳。浅野を指導するのが高家《こうけ》（儀式、典例をつかさどる家柄）の吉良上野介義央《こうづけのすけよしなか》61歳。ところが儀式が始まる直前、江戸城の松の廊下で突然、浅野が小刀で吉良に襲いかかったのです。

「この間の遺恨《いこん》、覚えたるか！」

と叫んでいたというので、きっと浅野は吉良に強い恨みがあったのでしょう。

ただ、浅野は近くにいた武士に抱きとめられ、吉良は額と背中に傷を負ったものの、幸い、命には別状ありませんでした。

大事な儀式を台無しにしたということで、幕府は浅野に即日切腹を命じ、赤穂藩を改易（とりつぶし）としました。一方の吉良は、いっさい抵抗しなかったのでまったくお咎めはなく、幕府からねぎらいの言葉までもらいました。

主君の刃傷《にんじょう》沙汰と御家とりつぶしの報が国元の赤穂に届くと、当然、家臣たちは大混乱になりました。出張先で社長が傷害事件を起こし、突然、会社が倒産したようなものですからね。

このとき国元を取り仕切っていたのが、筆頭家老（国家老）の大石内蔵助良雄《よしお》です。大石氏は、代々浅野家に仕える重臣の家柄で、内蔵助も19歳で家老となってから当主の内匠頭を支えてきました。ただ、ふだんはパッとしない男で、家中《かちゅう》からは「昼行燈《あんどん》」と陰口をたたかれていたそうです。真昼に行燈が灯っていても目立たない。そういう意味です。

ところが、です。赤穂藩の断絶が決まったその瞬間から、そんな内蔵助はいままでの鈍さが嘘のように、鮮やかに時局を収拾しはじめたのです。まさに赤穂が闇に包まれたとき、行燈が見事な輝きを放ちだしたのです。

きっと周りの人は驚いたと思いますが、こうしたことは歴史上、めずらしくありません。よく、「その時代に脚光をあびた人物」という言い方をしますが、私は「時代がその人間に脚光をあびせた」のではないかと思っています。

たとえば平和時と乱世では、活躍する人間は大きく異なります。斎藤道三や松永久秀が歴史上の人物たりえたのは、やはり戦国という時代に生まれたからでしょう。

もし彼らが平和な時代に生きていれば、名をなさなかったでしょうし、場合によっては犯罪者になっていたかもしれません。

そういった意味では、**人は生まれる時代を選べませんから、「運」も成功に大きく左右する**ということになりますね。平時、無能呼ばわりされていた内蔵助は、赤穂藩断絶という異常時に光を放つ逸材だったわけです。

もし浅野が刃傷沙汰をおこさなければ、きっと凡庸《ぼんよう》な一家老として生をまっとうしていたはずです。内蔵助もそのほうが幸せだったでしょうが、否応なく藩のリーダーとして混乱を収拾せざるをえなくなりました。

内蔵助が最初にやったのは、藩札（藩が発行していた紙幣）の引き替えでした。改易のさい、藩札は紙切れになることが多いのですが、領内の混乱や暴動を防ぐため、内蔵助は元値の6割で換金に応じたのです。これに領民は感激、藩が消滅する日まで城下は平静を保ちつづけました。巧みな人心収攬《しゅうらん》術です。

なお、赤穂城内では、藩の一大事に、家臣たちが集まってたびたび会議が催され、幕府の裁定にしたがうか否かが審議されますが、議論百出してまとまりません。

「城の引き渡しを拒否して籠城しよう！」

そう叫ぶ者もおりました。けれど城代の大野九郎兵衛は、

「大学様（長矩の弟）による御家再興の可能性もあるので、幕府の心証を悪くしてはならない」

と積極的開城論を主張しました。

ところがこのとき、内蔵助は、

「開城してのち、家臣全員が大手門に端座して腹を掻き切って御家再興を嘆願しようではないか」

と、すさまじい言葉を吐いたのです。

吉良の健在を知り、激高していた藩士がほとんどだったので、大勢は瞬時に内蔵助の意見に傾き、「あなたに命を預ける」と内蔵助に神文《しんもん》（誓約書）を提出する者が60名以上におよびました。

リーダーがもっとも過激というのもめずらしいですが、内蔵助が激論を吐いたのには、じつはねらいがありました。家臣たちに死を覚悟させ、これを利用して幕府に御家再興を求めようとしたのです。

3月29日、内蔵助は家来に自筆の嘆願書を持たせ、江戸へ急行させました。書は、赤穂城を受け取りにくる大目付の荒木十左衛門と榊原采女《うねめ》に宛てたものでした。

「主君の不調法で城地を没収されるとの御沙汰、謹んでお受けいたします。しかし、われわれは吉良様が亡くなられたものとばかり思っていましたが、ご健在であり、何のお咎めもないとのこと。これには家臣たちが納得せず、城明け渡しには同意しません。年寄がなだめておりますが、無骨者の多い家中ゆえ、いかなる事態が起きるか予測できません。なにとぞ、納得できる公平な裁定をお願いできればと存じます」

そう記されていました。これは嘆願書などではありませんね。明らかに脅迫文です。相手は幕府の首脳部、内蔵助は大した勝負師です。いいですか、みなさん。人は「ここぞ」というときには、一世一代の大勝負に出ることも必要なのです。

でも、内蔵助のもくろみはあっけなく崩れ去りました。使いが江戸へ着いたとき、すでに大目付は赤穂へ出立したあとだったからです。しかも困った内蔵助の使者は、赤穂藩の江戸家老に書を見せて、事後策を相談してしまったのです。

家老や浅野家の親戚筋の大名たちは、嘆願書を見て仰天します。

「とんでもない、暴発するなよ」という諫書《かんしよ》が、浅野大学や戸田采女正《うねめのしよう》（長矩の従兄）から赤穂に届き、内蔵助の策略は無に帰しました。

大胆な作戦でしたが、こうした場合も想定して、使者に事後策を授けなかった内蔵助の落ち度ですね。

それからの内蔵助は、計画にすっぱり見切りをつけ、開城のための準備に専念します。これも、大事な教訓ですね。少しでも可能性があるなら粘りつづけるべきですが、この策は完全に失敗に帰したのです。そんなときは**過去を引きずってはいけません。後悔するのは時間のムダ**です。

開城にあたって内蔵助は、家臣たちへ藩財の分配をおこないました。分配金については、高禄の者に薄く、薄禄の者に厚くし、みずからは一銭も受けとらず、その高潔ぶりは諸人を感動させました。

4月18日、先の荒木と榊原の両目付が内蔵助らの案内で赤穂城へ入り、検分をおこなったところ、城内は見事に清掃が行き届き、諸道具も整理され、目録もすべて作成されていたので、彼らは「無類の儀である」と感じ入りました。

断絶という絶望的状況にあって、藩士たちに命じて整然と残務整理を完了させた内蔵助の手腕は、立派というほかはありません。**まさに「飛ぶ鳥跡を濁さず」を体現した**のです。

この折、内蔵助は両使に対し、三度までも御家再興の件を幕閣へ伝えてくれるよう、慇懃《いんぎん》に頭を下げました。はじめは聞こえぬふりをしていた二人ですが、ついに役分を超えて言上を約束しました。おそらく、立派な幕引きを見せた内蔵助に感激したからだと思います。

急進派の暴発を憂慮

こうして赤穂城は開城され、藩は消滅しますが、内蔵助はその後、京都山科《やましな》に家屋敷を手に入れ、家族とともにここに移り住み、猛烈な御家再興運動を展開しはじめます。閉門処分になった浅野長矩の弟・大学の罪を解き、彼に浅野家を継がせるべく、あらゆるツテをたどり、惜し気もなく金品を費やして幕閣へ働きかけたのです。

でも、なかなか色よい返事がもらえません。そんななか内蔵助は、伏見の撞木町《しゅもく》を中心に島原、祇園、遠くは奈良や大坂まで出かけて遊郭で遊蕩にふけります。忠臣蔵の芝居などでは、仇討ちなどするつもりはないことを吉良側のスパイに見せつけるため、わざと放蕩《ほうとう》するふりをしていたことになっています。

けれど、おそらくそれは、ストレス発散のためでしょう。人間は、どこかで精神のバランスをとる必要があるのです。根を詰めすぎると壊れてしまいますから。

ちなみに悩みの種は、御家再興運動の行き詰まりだけではありませんでした。跳ねっ返りの部下たちの暴発が気懸かりだったのです。江戸にいる藩士の堀部安兵衛は、吉良が処罰されないことに憤慨し、盛んに江戸詰めの藩士たちに「吉良を討とう」と説いてまわり、4月初旬には、同志の奥田孫太夫《まごだゆう》と高田郡兵衛を連れて国元赤穂へ下り、内蔵助に強く仇討ちを迫りました。

内蔵助は、

「まず御家再興を第一に考えるべきで、それがならぬときにはじめて仇討ちについて議論すべきだ」

と説得しましたが、納得しませんでした。

その後も安兵衛らは江戸でひそかに仲間を集め、書簡でたびたび内蔵助に吉良邸へ討ち入るよう催促してきたのです。へたに彼らに暴発されては、御家再興の夢は水の泡。そこで内蔵助は、苦々しい思いを抱きながらも、手紙で安兵衛らをなだめつづけますが、8月になると安兵衛らはさらに活気づきます。

というのは、吉良上野介が転居したのです。赤穂の旧臣たちが吉良を襲撃するというわさが広がり、呉服橋内の吉良邸周辺に住む大名たちが、かかわりを恐れて転居を幕府に申し出るようになりました。

これに恐縮した吉良は、みずから屋敷の移転を公儀に依願したのです。そこで幕府は、本所への屋敷替えを許可しました。

本所といえば、当時は江戸府外とされており、江戸中心部よりずっと仇を討ちやすい環境になったのです。まさに安兵衛らにとっては願ってもないチャンスでした。

暴発を憂慮した内蔵助は、原惣右衛門、潮田又之丞《うしおだまたのじょう》、中村勘助らを江戸へ送り、安兵衛ら急進派の説得を試みます。

ところが、です。なんと原たちのほうが安兵衛らに説得され、討ち入りに同意してしまうのです。そこで今度は進藤源四郎と大高源五を遣わしますが、彼らまでもが安兵衛に同調してしまったのです。堀部安兵衛という人は、よほど魅力のある男だったのでしょう。

いずれにせよ、勢いづいた安兵衛ら急進派は、

「自分たちは来年3月、亡君の一周忌までに、あなたが何と言おうと、吉良を討つことに決めた」

という強硬な手紙を内蔵助へ送りつけてきました。さあ、困ったことになりました。

ここにおいて内蔵助は、みずから江戸に下って、急進派の動きを封じようと決意します。それでこそリーダー。逃げ腰はいけません。ただ、奥野将監、河村伝兵衛、

岡本次郎左衛門、中村清右衛門ら仇討ち慎重派を同道しています。それだけ安兵衛を難敵だと考えていたことがわかります。

11月に内蔵助は安兵衛らと会合しますが、急進派は、

「3月に仇討ちを決行せよ」

と主張して聞きません。当初、内蔵助は、

「期限は切れない。大学様の御安否しだいである」

と言葉を濁しますが、最終的には3月に討ち入ることに同意します。

そう、たとえ御家再興がなったとしても、吉良を討つと約束したのです。まさかの豹変です。もちろん、幕府の裁定に逆らって仇討ちをすれば、処刑は免れません。すなわち内蔵助は、御家再興と引き換えに、みずから命を差し出す覚悟を決めたわけです。

内蔵助が討ち入りを明言し、そのうえ期限まで切ったことで、江戸急進派は安堵し、完全に内蔵助に取り込まれるかたちになりました。「君子豹変す」といいますが、状況に応じて態度や行動を臨機応変に変えるのも、リーダーとしては必要な資質だと思います。変化していかねば組織は硬直化し、やがては自滅を招くからです。

ところで内蔵助は、なぜ態度を一変させたのでしょうか。やはりそれは、御家再興のための、苦肉の時間延ばしだったと思います。もし内蔵助が討ち入りを拒否すれば、安兵衛らはすぐにでも勝手に行動を起こしたでしょう。逆に承諾すれば、少なくとも翌年3月までは動きません。

その間に御家再興問題が決着するかもしれません。そして内蔵助は、その可能性に賭けたのです。目的を遂げるために平然と命を投げ出すというのは、スゴいこと。内蔵助は本当に大したリーダーです。

いずれにせよ、最終的な日取りは、翌年、上方で会合を開いたうえ決定するとしました。そして翌元禄15年（1702）2月15日、山科の大石邸で会議が開かれます。

しかし会議が開かれるまでの数カ月のあいだに、情勢は激変しました。

高田郡兵衛をはじめ、急進派から脱落者が続出したのです。多くが経済的な事情からだったと思いますが、時間の経過が人の気持ちを変えていったともいえるかもしれません。

信念をもちつづけるというのはなかなか大変なことなのです。

これを知った内蔵助は会議の主導権を握り、討ち入りの日を元禄16年（1703）3月14日、すなわちあと1年延引することに決めたのです。

またも豹変したわけです。討ち入り中止ではなく、なぜ1年延長なのか。それは、3年経てば閉門処分が解かれるのが一般的で、自由の身になった浅野大学に赤穂藩再興の許可が出るかどうかがわかるからです。

内蔵助が江戸急進派の動きを押さえ、御家再興運動だけに挺身してきたのは、自分のためではなく、すべては路頭に迷った旧赤穂藩士のためでした。藩士の多くは主を失って貧困にあえぎ、餓死する者さえありました。

内蔵助は、極力そういう貧しい者たちへ金銭的援助を惜しみませんでした。しかしそれにも限度があり、いずれ金は尽きます。もし御家が再興できれば、藩士たちの暮らしはどうにか立つはずです。

「知行が半減してもいい。たとえ1万石でもよい。それでも軽輩たちは救われる。武士の忠義を果たすため、討ち入りするもいいだろう。だが、藩士の多くには家庭がある。妻子がいる。これからもずっと、生きて彼らを養っていかねばならないのだ。短絡的に死ねる人間など、家中の少数派にすぎない。そういう者の暴発のために、御家再興が霧散することはあってはならない」

これが、内蔵助の胸の内だったと思います。

見事な円満退社への手引き

しかしそんな内蔵助に対し、幕府の裁定はあまりに無情でした。元禄15年7月18日、閉門を解かれた大学は、浪人として本家の芸州浅野家の国元広島に送られることになりました。そう、内蔵助が夢見た御家再興の道は絶たれたのです。

となれば、残された道はただ一つ。吉良の首を取り、不公平な幕府の制定を天下にアピールして已《や》むことです。ただ、御家再興の見込みが消えたとたん、それまで内蔵助にしたがっていた百数十名の赤穂旧臣たちは大きな動揺を見せ、音信を絶つ者も現れました。

討ち入りに積極的だった人たちも例外ではありません。内蔵助の親戚で藩の重鎮・小山源五衛門や進藤源四郎なども含まれていました。繰り返しになりますが、信念をもちつづけるのは大変なことなのです。しょせん人は揺れやすく、不安定な存在なのです。

もう少し、離脱者について説明しますね。その大半は、高禄で藩に仕えていた人たちでした。彼らはたとえ藩が再興されずとも余禄で生活してゆくことができたのです。そこに迷いが生まれ、ついには命が惜しくなったのかもしれません。

逆に言えば、少禄の男たちは討ち入るしか術がなかったともいえます。どうせ死ぬなら、餓死より討ち死したほうがましだと思ったのかもしれません。また、貧困に苦しみながら不忠者として晩節を汚《けが》したくないという気持ちもあったことでしょう。

しかし吉良を討つという内蔵助の覚悟は、不動でした。そんな内蔵助にとって、必要だったのは、討ち入りに確実に参加する男たちの選別です。まだ内蔵助の周辺には、１００名近い旧臣がしたがっていました。みな、内蔵助が討ち入りをすることは承知しています。

なかには、討ち入りには参加したくないけれど、しがらみから去ることのできない善良な人物もいたはずです。決断しきれぬ優柔不断な人、拒絶できない小心者。そういった生に執着のある人間は、必ずや足手まといになります。

仲間は多ければよいというわけではないのです。大切なのは結束の固さ、少数精鋭のほうが「事はなり易し」なのです。それを理解していた内蔵助は、「すべてを大石殿におまかせする」という、かつて同志から集めた血判状を、貝賀《かいが》弥左衛門、大高源五、横川勘平に命じて返還させていきます。

いまでいえば、全員にいっせいに解雇通知を出したようなものでしょうか。

ちなみに返還のさいには、

「大石殿は、臆病風に吹かれて吉良邸討ち入りを断念されました」

と告げさせることを忘れませんでした。

もちろん、「大石はそんな男じゃない」ということは、大半の同志たちはわかっています。しかし、あえてこう告げることで、義理やしがらみで命を捨てねばならないという悲劇を避けることができます。

なお、このとき脱落した旧臣が多数いたにもかかわらず、誰ひとりとして吉良邸討ち入りの計画を事前に幕府に密告するものはいませんでした。もしそこまで見通して、こうした離間策をとったのだとしたら、まさに内蔵助は天才的な策士です。

いまでいえば、見事な円満退社への手引きだといえるでしょう。

リーダーたるものは、去る者にも最大限に気を配らなければならないのです。恨みを残して職場を去った者は、のちに会社運営上で大きな障害となってくる場合もあることを、しっかり肝に銘じておくべきです。現代ならさしずめ、「会社評判サイト」でボロクソに書かれることでしょう。

さて、結果的に、神文の返却を断固拒否した者は、たったの50数人だけでした。

でも、繰り返しになりますが、これでよいのです。一致団結した少数精鋭だからこそ、大きな力が発揮できるのです。内蔵助は、残った人びとには吉良邸への討ち入り計画をくわしく打ち明け、その参加を求めたのです。

このとき内蔵助は妻子をすでに実家に帰らせていましたが、妻・りくとは正式に10月初旬に離婚します。江戸出立の直前でした。討ち入り後、妻子が連座しないための処置です。ただし、長男・主税《ちから》だけは、本人が強く希望したので、仇討ちに参加させています。

そして10月7日、内蔵助は京都を出立し、26日に川崎の平間村に腰をすえ、ここから同志全員に以下の10カ条の訓令を発しました。現代語訳します。

一、本拠地を平間村に置き、今後この地より命令をくだす。

一、討ち入りのときの服装は、黒小袖、股引き、脚絆《きゃはん》、わらじ。合印《あいじるし》や合言葉は後で決める。

一、武器は各自の自由。得意な物を使用せよ。必要な武器があれば申し出よ。

一、油断なく、いつでも討ち入れるよう準備しておけ。家族への連絡を禁ずる。

一、決して抜け駆けしてはならない。

一、吉良の在否がつかめぬうちは討ち入りはできぬので、金銭の節約を心がけよ。
一、敵に悟られぬよう、十分言動に気をつけろ。
一、討ち入りのさいは、男女の別なく一人も討ち漏らすな。
一、必死の覚悟さえあれば、多勢の敵にも必ず勝利できる。
一、近いうちに、ふたたび誓約書を出し合って、団結を深めよう。

という内容でした。

そして11月5日、内蔵助はいよいよ江戸市中へ潜入します。すでに仲間たちは名を変え、身分を偽り、吉良邸周辺に移住していました。あとは、討ち入りの決行を待つだけでした。

とはいえ、確実に吉良が自宅にいる日がなかなかわかりません。吉良邸内部の様子も判然としません。このため浪士たちは焦りはじめます。なぜなら金欠で、日々の生活にも事欠くありさまになっていたからです。

しかし、ようやく吉良の在宅日がわかり、12月2日の会議で討ち入りの日時が決定しました。ところがなんとその後、気持ちが萎えて遁走した浪士が数名出たのです。もう討ち入りは目前、という最終段階にもかかわらずです。

そんな逃亡者が、小山田庄左衛門、瀬尾孫左衛門、矢野伊助、毛利小平太らです。

１００石取りの小山田庄左衛門は、深川会議の帰り、同志の片岡源五衛門の留守宅に入り込み、小袖と3両を盗み出して逐電しました。一説によるとアルコール依存で、酒を手に入れる金欲しさからの犯行だったといいます。

１年9カ月の時間は、庄左衛門の心身をかくのごとくむしばんでいたのです。ちなみに討ち入り後、息子が義挙に加わらず逃げたことを知った庄左衛門の老父は、切腹して果てたそうです。悲劇ですね。

庄左衛門の逃亡がきっかけとなり、離脱が相次ぎました。急に命が惜しくなったのでしょう。

12月4日には、小納戸役《こなんどやく》１５０石の田中貞四郎が消え、6日には瀬尾孫左衛門と矢野伊助が失踪、11日には毛利小平太が行方をくらましました。田中貞四郎は、浅野長矩の遺骸を泉岳寺に葬り、墓前で髻《もとどり》を落として復讐を誓った男でしたし、毛利小平太にいたっては、たったひとりで吉良邸に潜入し、なかの様子を探ってきた勇者でした。

そんな浪士たちが、土壇場で離脱したのです。おそらくあと10日、討ち入り日が遅れていたなら、さらに脱落者が続出して浪士集団は瓦解し、ひょっとしたら吉良邸襲撃は未発に終わったかもしれないのです。それほど精神的にギリギリのところで、赤穂浪士たちは踏みとどまっていたのです。内蔵助も彼らを結束させつづけることに相当苦労したはずです。

「火事だ！　門を開けよ！」

しかしそれもここまで。いよいよ討ち入り当日の12月14日を迎えます。この日の夕方から浪士たちは堀部安兵衛宅、杉野十平次《じゅうへいじ》宅、前原伊助宅の3カ所に集まって夜を待ちます。

そして日付の変わった深夜（午前4時）、全員が堀部安兵衛宅に集結して完全武装し、隊列を組んで吉良邸へ向かったのです。距離は1キロメートルちょっと。ひどく寒い夜で、道は昨日降った雪で凍っていました。月のある晩で、まるで昼間のように、月光が浪士の行く手を明るく照らし出しています。

ただ、浪士たちは映画やドラマのような、はでなユニフォーム姿はしていません。人に見られても怪しまれないよう火事装束に見えるような黒小袖を身につけることに取り決めていました。

各自が用意したものでお揃いではありません。多くが鎖帷子《くさりかたびら》を着込み、手甲《てっこう》、脚絆《きゃはん》姿。袖口には白布を縫いつけ、片方に姓名を記しました。討ち死したさい、身元が判別ができるようにです。武器は、それぞれが得意とするものを手にしていたといいます。

吉良邸の前で、すばやく浪士たちは表門組と裏門組の二手に分かれました。表門の大将は大石内蔵助、総勢は24名。裏門の大将は大石主税16歳。若いですね。

ただ、少年とはいえ家柄もよく知謀に優れ、若手の浪士たちのまとめ役になっており、身長も当時としては大柄で170センチメートルを超えていたといいます。

それに参謀として吉田忠左衛門がつきました。総勢は23名です。

さあ、いよいよ、討ち入り決行です。

「火事だ！　門を開けよ！」

と、表門で叫ぶ浪士たちの声で、吉良邸襲撃は始まりました。

ただ、門番は煙や炎など上がっていないので、怪しんで門を開けませんでした。

そこで内蔵助は、事前に用意した竹梯子《たけばしご》を塀に立てかけさせ、浪士たちを塀上から侵入させました。2階ほどの高さから浪士たちは続々と屋敷内へ飛び降りていきました。

裏門組も「火事だ」と叫んだものの、門は開かない。そこでなんと掛矢《かけや》（巨大な木《き》槌《づち》）で激しく門をたたいて戸を破壊し、いっせいに屋敷へなだれ込んだのです。

こうして、吉良邸での死闘が開始されました。さすがに刃傷沙汰から2年近くが経過していたので、まさかいまになって主君の仇討ちに来るとは、吉良側は夢にも思っておらず、多くの家臣があわてふためき逃げまどい、あるいは部屋にこもって震えていました。

結果、わずか1時間で浪士たちは吉良邸を制圧します。ただ、なかなか吉良の姿を見いだすことができず、「屋敷から逃げ出してしまったのか」と絶望の声を上げる浪士もいました。

しばらくして台所の炭置き部屋（場所については異説あり）の奥で、人の気配があり、間《はざま》十次郎《じゅうじろう》が槍で突いたら確かな手ごたえがありました。引きずり出してみると白小袖の老人でした。吉良であれば、額と背中に主君・長矩がつけた傷跡があるはず。

内蔵助はただちに検分させました。結果、額の傷はよくわかりませんでしたが、背中にはまさしく長矩が切りつけたと思われる古傷が残っていました。周囲にどよめきが広がりました。内蔵助は間十次郎に首を打ち落とさせました。このとき吉良はすでに息絶えていたとも、瀕死の重傷だったともいわれています。

いずれにせよ、内蔵助ら赤穂浪士の面々は本懐を遂げたのです。

その後、彼らは、10キロメートルほど離れた主君・内匠頭が眠る泉岳寺に吉良の首を持参し、墓前に供えました。

「死にがい」を与えたリーダー

将軍・綱吉は、赤穂浪士の討ち入りを知ったとき、

「あっぱれな者どもだ」

と感嘆の声を漏らしたといいます。

浪士の処分について、幕府の実力者・柳沢吉保《よしやす》や老中らは、夜盗と同様、打ち首にする方針を立てていました。ところが、幕府の最高司法機関たる評定所が、

「彼らは忠義の士であるから罰すべきではない。むしろ、士道不覚悟の吉良義周《よしちか》（上野介の養子）を処刑し、御家を断絶とするのが適当。また、加勢せず静観した上杉家（上野介の子が藩主）も処分すべきだ」

との上書を老中へ提出、大いに紛糾しました。もちろん、世論や学者の多くも浪

士にはたいへん同情的でした。

しかし最終的に、

「赤穂浪士は義士だが、法に照らせば罪人。もし法を破って免罪すれば、政道は立ちゆかない。ゆえに武士として名誉ある切腹を命じるべきである」

と述べた柳沢の意見が採用され、切腹の沙汰が下され、2月3日に浪士たちがお預けになっている4大名家のもとに上使が赴き、翌4日、執行されました。

もちろん、死ははじめから覚悟していたこと。ゆえに浪士は誰ひとり取り乱さず、見事に生と別れを告げていきました。いちばん人数の多かった細川家でも、17名の切腹に2時間しかかかりませんでした。

大石内蔵助は切腹の間際、検使の荒木十左衛門から何事かを耳打ちされたそうです。その瞬間、落涙《らくるい》したといいます。それは、随喜《ずいき》の涙であったと思われます。おそらく、吉良家の断絶を知らされたのでしょう。同じ日、吉良家は御家とりつぶしとなっていますから。内蔵助は享年45でした。

あらためて考えてみれば、**内蔵助ほど強いリーダーシップを発揮した人物は、日本史には見あたりません**。吉良邸への討ち入り、その成功後に赤穂浪士たちを待っているものは、報酬ではなく、「死」なのです。死ぬということ、それほど人を恐怖のどん底に突き落とし、おののかせるものはありません。

そんな絶望の境地へ、50名近くの人間を飛び込ませた大石内蔵助は、まさに偉大な指導者だったといってよいでしょう。

赤穂浪士たちの遺体は、4大名家から泉岳寺に運ばれてきました。そして主君・浅野内匠頭が眠る隣に葬られています。いまも浪士たちの墓石が林立しています。

峻立する墓石群を前に、私は内蔵助は浪士たちに、「死にがいを与えたのではないか」と思いいたりました。生きがいは、よく耳にする言葉です。夢、希望、そういったものをもたなければ、人生は楽しくありませんね。でも、「死にがい」は、生きがいとは似ていて非なるものです。

必ずしもベクトルは上を向いていません。個人にとってもっとも大切なもの、それは己の生命。その何ものにもかえがたい命を、滅却してもかまわないと思えるもの、それこそが「死にがい」なのだと思うのです。自己を犠牲にして手にする満足感、それは人間が味わえる最上の快感でしょう。

内蔵助は、そんな「死にがい」を浪士たちに提供したのです。その意味では、目の前に眠る人びとは幸福な人間ではないかと思えてきました。

さて、元禄太平の世に突如として発生した仇討ち騒動。衝撃的で感動的だったので、この事件はすぐに芝居化されました。もちろん幕府は上演を禁じます。しかしその後もたびたび劇化され、半世紀後、時代を南北朝時代、大石内蔵助を大星由良助《おおぼしゆらのすけ》と変え『仮名手本忠臣蔵』が成立するのです。

そう、事件の記憶は、時とともに摩滅しなかったんです。それどころか、赤穂浪士の討ち入りは、時代を超えて語り継がれていきます。「忠臣蔵」の人気は、数百年ものあいだ、衰えたことがありません。

明治維新、太平洋戦争後、歴史に対する価値観が一変したときにも、日本人の支持を失わなかったのです。それは、「忠臣蔵」のなかに人間を感動させるありとあらゆる要素が詰まっているからでしょう。

いじめ、悲劇、無念、望み、裏切り、友情、絶望、団結、執念、復讐、戦闘、恋愛。これらはみな、時空を超えて人間の心を揺り動かすテーゼです。

こうした要素が巧妙に配置され、見事な芸術品として完成しているのが、「忠臣蔵」という物語であり、そんな忠臣たちを率いて討ち入りを成し遂げたリーダーが大石内蔵助なのです。

仲間は多ければよいというわけではない。
少数精鋭のほうが事はなりやすい

過去を引きずらない。
後悔するのは時間のムダ

「ここぞ」というときには、
一世一代の大勝負に出ることも必要

大久保利通

1830-1878

おおくぼ　としみち

「西郷隆盛を殺した男」という汚名を着つつ、覚悟をもって新政府の礎《いしずえ》を築くが、近代化への道半ばで暗殺によって命を落とす

笑わず、話さず、話させず

大久保利通は、ご存じのとおり、「維新三傑」の一人ですね。なのに「いちばん好きな歴史上の人物は、大久保利通です」という人に、これまで私は出会ったことがありません。

好かれない決定的な理由は、西郷隆盛という英雄を死に追いやった人物だからだと思います。

西郷とはずっと苦楽を共にしてきた親友だったのに、征韓論をめぐって意見が対立すると、容赦なく西郷を政府から追い払い、さらに、策を弄して西郷を挙兵させて滅ぶように仕組んだ陰湿な人物、そう考えられているからでしょう。

対照的に西郷は誠実で度量が広く、情に厚い部下思いの人でした。ですから彼に会うとみな、その人柄を愛したといわれています。西郷のためなら死んでもかまわない、そう思わせる不思議な魅力があったのです。

そんな日本史の英雄を殺したわけですから、利通が人びとから好かれないのは当然ですよね。しかし、です。多くの人びとが思い浮かべる悪役・大久保利通像は、はっきり言いましょう、大間違いもはなはだしいのです。

「大久保サンが、かくの如き誤解を受けて居られることは、実に遺憾である。歴史は事実を語り、大久保サンの心事が明白になる時が来るであろう」（『甲東逸話』冨山房）

これは何度も総理大臣を経験した大政治家・伊藤博文が語った言葉です。私もまったく同感です。

かつて内村鑑三は著書『代表的日本人』のなかで、

「維新は西郷なくして可能であったか如何かを、疑ふものである」

と断言しましたが、私は西郷がいなくても明治維新は実現したと考えています。でも大久保利通がいなければ、維新のみならず、その後の日本の近代化はおぼつかなかったと確信しています。

それほどこの人は、スゴい政治家なのです。ここでは、そんな偉大な大久保利通からいろいろと学んでいただければと思います。

利通は冷血というイメージが定着してしまっていますが、まず、そこから誤解を解いていきましょう。

聞く者を圧倒する論法と気魄

利通はとても情に厚い人で、なんと、家族思いのマイホームパパだったのです。家のなかでは笑いが絶えず、子供の教育にも熱心でした。これが、利通の本当の姿なのです。

とはいえ、それは家庭に限ります。仕事では別人に変貌しました。ほとんど笑顔を見せず、しゃべらなかったのです。というより、度を超した寡黙でした。しかも他人の多弁も嫌いました。

こんな話があります。東郷平八郎（のちの日露戦争でバルチック艦隊を撃破した連合艦隊司令長官）は、利通と同じ下加治屋町で育った17歳年下の青年です。あるとき、平八郎は政府の実力者である利通のもとに来て、

「将来、鉄道技師になりたいので、イギリスに留学させてください」

と頼んできたのです。

すると利通はなんと言ったと思います？

「お前は、おしゃべりだからダメだ」

とはねつけたのです。

この逸話から利通が他人の多弁も軽蔑していたことがわかりますね。このように自他の寡黙を好んだ利通でしたが、意外にも幕末には論客として名を馳せているのです。

朝廷の公家や大名たちに持論を入説し、彼らを説き伏せ、巧みな政治工作によって政局を動かすことも少なくありませんでした。

おそらく利通は能弁というより、整然とした論法と気魄によって聞く者を圧倒したのではないでしょうか。なぜならその気魄や威厳は、尋常なものではなかっ

たからです。

「玄関が開いて内務省内に利通の靴音が響くと、まるで魔力のように職員は雑談を止め、水を打ったように静まり返った」（白柳秀湖『大久保利通』潮文閣）

という言い伝えが残っています。

また、利通の内務省時代の部下だった千坂高雅《ちさかたかまさ》も、こんなふうに言っています。

「内務省に入ると、その静寂さによって利通がいるかどうかがわかる」

これって、スゴいことですよね。

薩摩出身の鮫島武之助は、同じく薩摩出身の森有礼《ありのり》の公使赴任の別宴のさい、

「大久保公が来て上座に就くと、いままで騒がしかった会場は、急に静寂となり、その光景はまったく一変して、荘厳な集会に変わった」

と語っています。

ここまで人びとから畏怖《いふ》される政治家もめずらしいです。だからといって利通が、暴君のようにふるまって部下に怒鳴ったり、恫喝したりするわけでもありません。

昨今、パワハラ上司が問題となっていますが、利通は決して部下を頭ごなしにしかりつける人ではありませんでした。

大阪府堺市の浜寺公園は、江戸時代は高師の浜といって、白砂に松林が広がる風

光明媚《めいび》な景勝地でした。ところが明治初期、県令（いまの県知事）の税所篤《あつし》が士族授産（職を失った士族救済のためにとられた一連の政策）のために2500本以上あった松のうち1800本近くを伐採してしまったのです。たまたま利通は、税所とこの浜を歩く機会があり、その光景に心を痛め、なんとかこの美しい風景を後世に残したいと思いました。

もちろん政府最大の実力者ですから、ひと言、税所に保護を命じればすむ話です。でも、そうしなかったのです。その場で懐紙を取り出して文字を認め、ひそかに税所に手渡したのです。そこには、

「音にきく高師の浜のはま松も　世のあた波はのかれさりけり」

という歌が記されていました。

「美しいと有名な高師の浜であっても、世の中の激変の波によって、消滅は免れないのだな」という意味です。

これを受け取った税所は、ただちに、

「世の激変のなかで、涙をふるって斧で切り倒すしかなかったのです」

という意味の返歌をしました。

そして利通の意図をくんで松林の伐採を中止し、一帯は公園として保護すること

を決断。さらに植樹して元の美しい浜辺を再生したといいます。

つまり、利通の気持ちを「忖度」したわけです。どこかの国の官僚とは正反対の忖度といえますね。

このように利通は冷血どころか、他人にたいへん気を使う人でした。

たとえば大隈重信（のちの首相）は、利通の前で、

「大警視の川路《かわじ》利良は嫌なやつです」

と言ったことがあります。

すると利通は、その理由を聞いたあと、

「それは何かの間違いであろう」

と笑い、後日、大隈を自宅に誘いました。そのさい、

「川路も呼んである」

と告げたのです。

これを聞いた大隈は、招待を即座に断ろうとしましたが、利通はどうしても来いといって譲りません。

そこで渋々、大久保邸へ出向いて川路と会って話してみると、案外よい男であることがわかり、以後、心許し合う間柄になったというのです。

こんな話もあります。

西郷隆盛が反乱を起こしたとき、弟の従道《じゅうどう》は兄のせいで政府で肩身が狭くなり、とうとういたたまれなくなって、出仕せずに自宅に引きこもるようになってしまいます。それを心配した利通は、毎日のように従道のもとを訪れては励ましたといいます。

さらに、従道の心情をおもんぱかり、しばらく海外へ外交官として赴任しないかと勧めてやったのです。従道の妻・清子はそんな利通のことを、

「親でもおよばないほどお世話になりました。夫の従道は何でも相談していたようです。実の兄弟でもあんな親切はしてくれないと思います」

といった感謝の念を述べています。

それなのに冷血漢といわれるのは、利通にとって心外だったでしょう。同僚だった大隈重信も、利通の性格について、

「従容として騒がず、迫らず、さりとて得意の時にも喜怒色に表はさず、余程《よほど》沈着の態度を保つてゐた」（『大隈伯社会観』立石駒吉編、文成社）

と回想しています。

死を決して政治にあたった覚悟の人

ただ、これって傍から見れば、落ちついたおとなしい人物に見えるはずですね。にもかかわらず、利通の存在が人びとに絶大な威圧感を与えたのは、なぜか？

おそらくそれは、**己がつくり上げた新政府のためには死をもいとわないという覚悟が、その体からオーラとなって放たれ、空恐ろしさを感じさせていた**のだと思うのです。

覚悟の有無は、言葉に出さなくても他人に伝わるものなのです。

韓国を武力討伐するかどうか（征韓）をめぐって、盟友の西郷と抜き差しならない対立関係になったことはよく知られていますね。このときなんと利通は、家族に宛てて遺書を書いているのです。西郷のシンパに殺される覚悟で西郷と対峙したわけです。

また、周知のように利通は明治11年（1878）に紀尾井坂《きおいざか》で暗殺されますが、その直前に相手から斬奸状《ざんかんじょう》が手元に届いています。なのに利通はそれを一笑に付し、警備を増やそうとしませんでした。なぜなら、すでに死を決して政治にあたっているので、殺されてもかまわないと思ったからでしょう。

このように、利通は覚悟の政治家だったのです。

こうした政治家がいまの日本にいないのが、残念でなりません。いずれにしても、死ぬつもりでとはいいませんが、仕事に対する覚悟をもつことが大事なのではないでしょうか。

ちなみに大久保利通が嫌われる理由の一つに、彼がずっと権力の側に居つづけたことをあげる人がいます。たしかに敬愛していた藩主の島津斉彬《なりあきら》が急死したあと、盟友の西郷とは正反対に、斉彬の政敵であった島津久光（斉彬の異母弟）に取り入り、彼のもとで藩の重役に栄達していきました。

ところが西郷が力をもつようになると、今度は友と結んで藩内で影響力を保ち、さらに維新前後からは岩倉具視と組んで新政府に重きをなしていきます。そしてついに明治6年（1873）、盟友の西郷を追い落として、みずからが政府の実権を握ったのです。

「権力にありつくためには手段を選ばない」

そんな節操のない態度が、不人気に拍車をかけているのは間違いないでしょう。

ただ、利通のために弁解するなら、若いとき利通は父親に連座して職を奪われ、年ものあいだ、逼塞した経験があります。権力側から転落することがいかに惨めであり、無力な存在に落ちるかを身をもって知ったのです。だからこそ、多少妥協しても権力の側に居座りつづけ、政治力を行使する道を利通は選んだのです。

それがよくわかる逸話を、福地源一郎（旧幕臣で政治家・作家）が伝えています。福地は、利通とともに岩倉使節団に参加しましたが、あるとき用事があって利通のところへ出向いたとき、福地は次のように言いました。

「あなたが私のことを嫌いなのはよく知っています。それは、私が事にあたって即座に自分の意見を述べるからですね。あなたはそれを危険視しているのでしょう。あなたに気に入られるためには、まずお伺いをたて、その下問を待ってから自分の意見を述べるようにすればいい。これを何度か繰り返していれば、必ずあなたは私を信用してくれるでしょう」

すると利通は微笑し、

「そのとおりだ。君はその秘訣を知りながら、なぜそうしないのだ」

と尋ねたといいます。そこで福地は、

「この資質は、私の天与のものなのです。天与の才をごまかし愚を装うのは、潔しとしません」

と言い放ったのです。これを聞いた利通は、にわかにまじめな顔つきとなり、

「それこそ君が才能におぼれ、愚に落ちている理由だ。下級官僚から栄達するには、上司の信頼を得ることが第一である。条理や正義に背くのならまだしも、大志を抱いているのなら、たったいま、才能を誇り、智におごるのをやめなさい。努めて深慮熟考の習慣をつけなさい。そうでなければ、国家を動かす器となることができず、大きな才能をもちながら、むなしい人生を送ることになるだろう」

そう懇々《こんこん》と諭してくれたといいます。

いいですか、みなさん。自分が権力者でないのなら、権力のある側にいなくてはならないのです。与党でなければ、政治権力を行使できないのと同じです。組織のなかでのし上がっていくつもりなら、常に力のある者、将来性のある者を嗅《か》ぎ分ける嗅覚をもつ必要があるのです。

私は一匹狼的な生き方をしてきたので、そんな処世術はまっぴらごめんですが、もし組織に居つづけて出世するつもりなら、与党になるべきだと思います。私が大久保利通という政治家を立派だと思うのは、明治政府の最大派閥である薩摩出身であるにもかかわらず、同郷人をえこひいきしなかったことです。

勝海舟は、次のように利通を評しています。

「繰り返し繰り返し情実の相撲取りをなすやうではまことに天下国家のために相済まぬことだよ。かういふ情実の間を踏み切つて、ものゝ見事にやりのけるのは、さうさナアー大久保だらうや、大久保のほかにはあるまいよ」（『氷川清話』江藤淳・松浦玲編、講談社学術文庫）

また、明治・大正期に活躍した評論家で歴史家の白柳秀湖《しらやなぎしゅうこ》も、

「大久保は広く人材を天下に募り、適材を適所に置いて働かせようといふ考へを持つて居た。だから、薩摩人にひどく憎まれて居た。薩摩人ならば馬鹿でも、グズでも、乱暴ものでも何でも使ふといふのではない。その態度が、特に頑固な中世式封建思想で固つて居る一般薩摩人には全く理解できなかつた」（『親分子分 政党編』千倉書房）

と述べています。

利通が情実人事、つまり薩摩出身者を特別扱いせず、同郷者から恨みすら買っていたことがわかりますね。

利通は、よい人材を見つけ、それを大きく育成した人でもあります。つねに「人はいないか」というのが利通の口癖になっていて、実際、彼が長官をしていた大蔵

省や内務省には、しがらみを超えた英才たちが集まり、利通の薫陶を受け、国家を背負って立つ政治家や官僚、実業家へと成長していったのです。

それを端的に示す事実を、政府が樹立されたばかりの明治元年（1868）に、利通が岩倉具視に送った書簡に見ることができます。書中で利通は、将来、「列藩を御統御」するため、「公卿若年《じやくねん》之御方三、四名」を精選してイギリスへ留学させるべきだと説いています。

その任は、

「如何様《いかよう》賢明たりといへども、諸侯（大名）にて其任は決而《けつして》出来《でき》不申《もうさず》」

からであり、

「取も直さず人材を御拵《そろ》へ候儀、焼眉《しようび》之急」

なので、

「早々に前条洋行之挙、御運被為在度《あらせられたく》候」

と、その実現を急がせています。

そして利通みずから、4名の公家をその候補に上げました。

そのなかの一人が、西園寺公望《さいおんじきんもち》でした。のちに立憲政友会の総裁として二度も政権を担い、最後の元老として政党政治を維持した大政治家ですね。この一事をもっても、利通の慧眼《けいがん》を立証することができると思うのです。

ちなみに利通に推挙された翌年、西園寺はフランスへ旅立ちますが、それにあたって利通自身から次のような薫陶を受けたと回想しています。

「王政復古が成就したといっても、まだ前途多難である。君の時代になったら藩閥に関する面倒な問題が起こってくるだろう。それをいまからよく考えておいてくれ。もし君が将来政治家になったら、藩閥の調和をはかり、政治がスムーズにいくよう努力してほしい」

このように利通は、新政府が樹立されて間もない時期、すでに藩閥の対立による政府内の混乱を予測し、しがらみのない公家たちの仲介で政権の安定をはかろうと考えていたのです。

いいですか、こんなスゴい政治家が、150年前の日本にはいたのですよ。

ともあれ、利通はこのように、藩閥ではなく能力によって人を抜擢していったのです。

難局にみずから臨んで解決をはかる

左から木戸孝允、山口尚芳、岩倉具視、伊藤博文、大久保利通

「有能ならば栄達できる。才能があれば力を発揮させてもらえる」

それを実感できたからこそ、長州の伊藤博文や井上馨をはじめ、多くの逸材が利通のもとに殺到し、明治政府の礎が築かれていったのです。まさに大久保利通は現代にも求められる理想のリーダーだといえるでしょう。

世の中には口ばかりの政治家が多いですが、大久保利通の偉大さは、大事な場面においてみずから動いたことです。王政復古の大号令も、廃藩置県も、征韓論争も、台湾出兵の後始末も、さらに佐賀の乱も、いずれも利通みずからが計画の中心となり、あるいは現地に出向いて解決にあたっています。

伊藤博文も利通について、

「難事が起れば、率先してみずから事に当たる人であった」（『伊藤公直話』小松緑編、千倉書房）

とほめ、台湾出兵後の清国との交渉が膠着《こうちゃく》したときのことを例にあげています。

このとき利通は伊藤に、

「もし君が私にかわって、内務省の仕事にあたり、治安を維持してくれるなら、私は身を挺して北京へ赴き、直接、清国の代表と話し合ってみたいと思う」

とその心中を打ち明け、伊藤がそれを了承すると、すぐに閣議の了解をとって北京へと向かいました。

このとき、利通は政権のトップですよ。いまでいえば、総理大臣が官房長官に国政をまかせ、みずから中国へ行ってトップ会談をおこなって外交問題の決着をはかるようなもの。まさに、いま求められる総理のリーダーシップだといえるでしょう。

伊藤はさらに言います。

「かういふ大事の時に当つて、公は、いつも危険を避けず、自ら奮つてその渦中に投ぜられた。これは実に、公が人と異つた特性を持つてをられたからである」（前掲

書）

このように、覚悟をもってみずから難局に臨んで解決をはかるのが、利通の特性でした。ただ、だからといって即決即断のタイプではありませんでした。

大隈重信は、利通を次のように言っています。

「たとえ学者の説だとしてもすぐに鵜呑《うの》みにしないで、再思し、三考という状態がしばらくは続く。けれどもその結果、善いと確信したらまっすぐに突き進んで余力を残さない人だった」

「利通の性格はとても頑固で剛情で、才略は乏しいように見えるけれど、その強固な執着心は驚くべきもので、たとえ反対の声が高く起こっても、決して怖れず、騒がず、怨まず、そして愚痴をこぼさなかった。要するに大久保利通は機敏な人ではないが、自恃の人であった。意志の人であり、感情で動く人間ではなかった」

このように利通は、熟考を重ねた結果、いったんやると決めたことに関しては、決してぶれることなく、どんなに反対されようとも、粘り強く目的を完遂しようとしたのです。しかも愚痴をこぼさないというのは、なかなかできることではありませんね。

これに対して西郷隆盛は、感情で動く人でした。情に流されやすいのです。これまで主張していたことが、他人の意見によってコロリと変わってしまうこともたびたびありました。長州征討や江戸総攻撃も、当初、西郷は強硬な意見を吐いていたのです。けれど勝海舟に諭されると、コロリと寝返って正反対の意見を主張するようになります。

また、明治初年に薩摩藩の改革に力を尽くしていたのに、山県有朋から廃藩を提案されると、すんなり了承してしまいました。藩の強化に励んでいた人間が、なぜ藩をつぶすことに強く抵抗しないのか、非常に不思議です。

しかも始末に悪いのは、西郷は維新の功労者として絶大な人望を誇り、たくさんの子分を抱えていたこと。このため西郷の意見いかんによって、新政府全体が大きく左右されるのです。

そんな西郷の移り気のために、いつも尻ぬぐいをしてきたのが大久保利通でした。人間としてではなく、どちらが政治家としてふさわしいかは言うまでもないでしょう。

ところで、近年の政治家や経営者は、馬鹿の一つ覚えのように改革、改革と叫びますが、利通の特徴は、早急な変革を嫌ったところです。岩倉使節団の副使として欧米へ行ったことで、利通は政治家として大変貌を遂げました。

「世界は弱肉強食で、餌食《えじき》にならぬためには富国強兵を実現するしかない。殖産興業によって国を富ませ、その財力で兵を強くする」

暗殺されるまでの5年間は、まさにそれに邁進した人生だったといえます。でも、こと政治手法については、あくまで漸新主義でした。

利通は、こんな話をしています。

「政治というのは、常に熱湯をなみなみ入れた器を持ち歩いているように思うことだ。器を持って進むには、しっかり足を地につけ、少しずつ前進しなくてはいけない。速く進んだら急に出てきた人を避けきれず、かえって器から熱湯がこぼれ、手がただれてしまう心配がある」

このように**物事は、熱湯を入れた器を持つようにゆっくりと着実に進めるべき**で、性急な改変を断行すれば、反動で政策は破綻《はたん》し、大やけどをするというのです。

「過ぎたるは及ばざるに如かず」

さらに利通は、「過ぎたるは及ばざるに如かず」をモットーとしていました。

「過ぎたるは猶及ばざるが如し」ではありませんよ。「如かず」です。

つまり「やりすぎは、やらないよりもっとずっとよくない」という意味ですね。やりすぎてしまうと、もうあと戻りはできず、取り返しがつかないからです。

さらに、視野を広くもち、偏らないように常に気をつけていました。

松方正義がフランスに出張するにあたり、

「はじめての海外なので、心得のひと言をいただきたい」

と利通にアドバイスをもらいにやってきました。このとき利通は、「大観細論」という言葉を贈っています。

そして、この言葉を次のように説明してやりました。

「海外に行ったら、とにかくさまざまなものを細かく視察することが重要だが、局部だけ見ていると真相を誤ることがある。一つの事柄は前から後ろから、表から裏からと、大局的に見て判断することが重要であるという意味だ」

とても含蓄のある言葉ですね。

さて、政権を握った利通ですが、彼は政府が主導して富国強兵を達成し、日本を欧米のような強大な国家とし、やがては諸強国と並べることを目標にしました。

明治11年（1878）5月14日、この日は朝から湿気を含んだ冷たい北風が吹いていたそうですが、利通は早朝から訪ねてきた福島県令・山吉盛典に熱弁をふるっていました。無口の彼にしてはめずらしく、帰ろうとした山吉を引き留めてまで、話を続けたといいます。

大久保利通は、こう語りました。

「維新からいままでの混乱期を第1期とすれば、これからの10年は第2期になる。この時期に国内の諸制度を整え、近代産業を育成していけば、次の第3期で、日本は必ずや欧米列強と肩を並べる国家になるはずだ。非力ながら、自分はこの第2期を担っていきたい」

その後、利通は、2頭立ての馬車に乗って赤坂仮御所（赤坂離宮）へと向かいましたが、馬車が紀尾井町の細道に入ると、待ち伏せていた刺客たちにめった切りにされ、命を失いました。犯人は、島田一郎ら石川県士族6名で、利通が西郷を殺し、自由民権運動を弾圧することを憎んでの犯行でした。

こうして暗殺というかたちによって図らずも退場を余儀なくされましたが、利通が育てた後進たちは猛烈に近代化を進め、わずか30年後に富国強兵を達成し、日本は世界の強国と呼ばれるまでになったのです。

いったんやると決めたことは、決してぶれることなく、粘り強く完遂する

一つの事柄は前から後ろから、表から裏から、大局的に見て判断する

覚悟をもってみずから難局に臨んで解決をはかる

第6章

進取の精神で道を拓く

Chapter6 Introduction

従来の習慣にとらわれず、どんどんと積極的に新しい物事に取り組んでいこうとする気構えを進取の気性といいますね。ただ、いままでの常識をくつがえすことになるので、大きな抵抗を受けることも少なくありません。

僧侶になって厳しい修行をしなければ、悟りは開けず、浄土にもいけない。そう信じられてきたのに、一般人がひたすら念仏を唱えたら、極楽に往生できると断言した法然や親鸞は旧仏教勢力に弾圧されました。

このように、新しいことを言ったりやったりすると、必ず反発する人びとがいます。だからといって、誰も新しいことにチャレンジしようとしなければ、文明の進歩はありませんよね。

これまで多くのチャレンジャーが抵抗勢力と戦いながら、新しい道を切り拓いていったからこそ、日本の社会は発展してきたのです。

この章では、進取の精神で道を拓き、それが受け入れられ、メジャーになった偉人として、市川團十郎と高橋是清に登場してもらいましょう。

市川團十郎《いちかわだんじゅうろう》

1660-1704

隈取《くまど》り、荒事《あらごと》、元禄見得《みえ》、宙《ちゅう》乗り……。
次々と歌舞伎に新風・新作を取り入れ、
不遇の時代も見事に乗り切った人気歌舞伎役者

初演で観客の度肝を抜き、いちやく人気役者に

いうまでもありませんが、芸人がその業界で人気を保ちつづけていくことは、まさしく至難の業《わざ》です。一世を風靡《ふうび》したアイドルも、歌手も、タレントも、漫才師も、10年後にはほとんど世の中から姿を消してしまっています。芸能の世界で生き残れ

るのは、本当にわずかひと握りの人たちなのです。

それでも多くの若者が芸能界にあこがれをもつのは、人びとから喝采や注目を浴びる職種だからでしょう。でも、上がった人気は必ず下がるもの。それは、芸能の世界だけの話ではありません。みなさんが活躍する業界で用済みにされたり、消滅したりしてしまわないためには、自分の努力や工夫で己の価値を引き上げなければなりません。

そこでこの章では、歌舞伎役者としてブレイクした初代・市川團十郎が落ち目になったとき、いかにして役者としての危機を乗り切って返り咲いたかということにスポットをあてていきたいと思います。

初代・市川團十郎が芝居小屋（江戸の中村座）の舞台にはじめて上がったのは、四代将軍・家綱の治世である延宝元年（1673）9月のことだったといわれています。このとき團十郎はまだ14歳。数え年ですから、いまでいえば満13歳、ちょうど中学1、2年生くらいでしょうか。

團十郎は初演で、「四天王稚立《おさなだち》」という演目で坂田金時《きんとき》（金太郎）役を演じます。このとき芝居小屋に詰めかけていた観客たちは、この少年の歌舞伎の演技に度肝を抜かれてしまいます。

まずはその姿です。顔に紅と墨で異様な化粧をほどこして登場したのです。そして、ど派手な衣装を身にまとい、斧を片手に舞台上で跳ね、飛び、廻りといった激しいアクションを披露し、少年とは思えぬ雄弁なセリフを吐いたのです。このような演出や躍動的な動きは、それまでの歌舞伎にはいっさい見られない、きわめて斬新な手法でした。

そうしたこともあって、團十郎の革命的な新歌舞伎は、江戸の人びとに受け入れられ、やがて一気に人気役者へと上りつめていきました。

周知のように、團十郎が顔に入れた紅と墨の化粧、これは隈取りですね。いまでは歌舞伎の王道ですが、当時の芝居にはそんな化粧法はありませんでした。どうやら團十郎は、不動明王や鍾馗《しょうき》、龍神などの神仏像にヒントを得て発案したようです。能楽や中国の京劇の瞼譜《れんぷ》の影響だという人もいますが、それにしても、よくもまあ、こんなことを思いついたものです。

躍動的なアクションは、金平《きんぴら》浄瑠璃と呼ばれる、当時流行していた人形劇から取り入れたといわれています。金平というのは坂田金時の息子で、金平浄瑠璃というのは、主人公の金平が岩を砕いたり、人形の首を引っこ抜いたりして大暴れする内容でした。これを團十郎は、歌舞伎に導入したのです。

ただ、浄瑠璃はあくまで人形が黒子に操られているから、こんな人間離れした動きが可能なのです。それを自分自身が演じてしまおうと思いついたところに、團十郎のユニークさがあるといえるでしょう。

きっと体力に自信があったのでしょうけど、相当、危険な動きもありました。**アイデアマンであるとともに、冒険心旺盛な少年だった**ようです。

とくに團十郎の足拍子はすさまじかったといいます。芝居小屋の近所にある瀬戸物屋が揺れて陶器が割れるので迷惑したという話が残るくらいです。さすがにこの話はオーバーで、史実とは思えませんが……。

ちなみに團十郎流の激しい演技は、のちに荒事《あらごと》と呼ばれるようになりました。

幸せの絶頂期だったはずが……

さて、もう少し團十郎の手法を分析してみましょう。

隈取りは仏像や京劇、アクションは人形浄瑠璃というように、**違う業界や業種のものを取り入れている**ことがわかりますね。そういった意味では、広い視野をもっていたわけです。

私の話で恐縮ですが、当初、新卒採用で教員になったので教育界しか知りませんでした。しかし、執筆をするようになって出版界を知り、大学院に行って歴史学会を知り、テレビやラジオに出演することで芸能界を知り、そして近年は、全国各地で講演会をすることで経済界や政界を知ることができました。

私は現在、大学の教員、作家、講演会の講師、時代劇の時代考証、テレビの解説者などをしていますが、それぞれの仕事に異業種の知識を活かしています。教訓としていえることは、**自分の業界だけに安住せず、どんどんと知見を広げていくこと**です。それが思わぬところで仕事に活用できるからです。

さて、現代に好きな歌手やタレントのランキングがあるように、当時、歌舞伎役者にも毎年順位（番付）がつけられ、評判記なるものが多く発行されていました。貞享5年（1688）に出版された『野郎立役《やろうたちやく》二《に》町弓《ちょうゆみ》』も歌舞伎役者の評判記の一つです。それには團十郎について、次のように記されています。

「この市川と申すは、三千世界に並び無き、好色第一のぬれ男にて、御器量ならぶものなし（略）およそこの人ほど出世なさるる芸者またとあるまじ（略）お江戸において肩をならぶるものあらじ」

このように、江戸において肩を並べるものがいない、セクシーでイケメンの役者だとほめているのです。

このとき團十郎は29歳。跡継ぎになる息子・九蔵（二代目・團十郎）も生まれて、まさに幸福の絶頂期でした。ところが、です。そんな團十郎が、それから数年で、まったく座元から出演契約の依頼がこなくなってしまったのです。

座元というのは、いまでいうなら興行主、主催者のことです。人気に多少の陰りが見えたこともありましたが、一つは、態度のでかさが原因だったようです。座元や役者仲間にかなり冷淡で、ひんしゅくを買っていたようです。

私も芸能界に出入りしてから20年近くが経ちましたが、出始めのころは愛想のよかったタレントが、売れっ子になったとたん、クソデカい尊大な態度に豹変するのを間近でよく目にします。

みんながちやほやし、収入も一気にアップするので、自分がエラくなったと勘違いしてしまうのです。その間、わずか数カ月から1年ですよ。人って簡単に変わってしまうのです。けれど、人気に陰りが見えると、とたんに人は離れていきます。でも、相変わらず本人は勘違いしてエラそうにしているので、メディアに呼ばれなくなり、落ちぶれていくのです。

ただ、團十郎の場合、最大の理由は、契約料の高騰でした。彼は３００両で座元ずば抜けて高い出演契約料でした。現在の金額にして3000万円。当時の役者としては、ともあり、座元たちは、もっと安く使える女形《おんながた》や立役（成人した役者）たちと契約を結び、顔見世興行を華やかにしたほうが儲かると考えたのです。

じつはこれ、現在のテレビ業界でも、まったく同じ事態が起こっていますね。インターネットの発達や未曽有の経済不況で、スポンサー企業がテレビの広告料を減らしたので、番組制作費も削られ、出演料の高さから大物タレントが敬遠されるようになっています。

視聴率のとれる超大物は別でしょうけど、いわゆる大御所と呼ばれてきた人たちの出演が減りはじめ、安く使える文化人や若手、素人に毛が生えたような芸人の起用が増えました。ユーチューバーもどんどんテレビ業界に進出していますね。おそらくこの傾向は、これからますます加速化していくことでしょう。

とくに、スポンサーが購買力のある若者層を強く意識するようになったので、たとえ世帯視聴率が高くても、高齢者ばかりが見ているような番組は打ち切りになっています。非常にシビアですが、きっとこの状況に耐えかねて、大物芸能人はギャラを下げざるをえなくなってくるでしょう。

團十郎、見事復活の理由

では、市川團十郎は、この危機にどう対処したのでしょうか。彼はまず、「こうした事態は自分のこれまでの不徳の致すところだ」と深く反省し、次のような願文（神仏への誓約書）を書きました。

「私はこの苦境を脱するため、これからは三宝荒神《さんぼうこうじん》、上野両大師、不動明王、愛染《あいぜん》明王《みょうおう》など神仏への参拝や参詣を怠らず、父母が存命中は禁酒し、妻以外の女とは交わらず、男色を断つことを誓う」

芸人はよく「女遊びは芸の肥やし」といいますが、團十郎の生活が酒池肉林だったことがよくわかりますね。こうして生活改善を誓った團十郎は、初演から20年後の34歳のとき、己の運命を拓くために新天地を求めたのです。妻子や弟子を連れて本拠地の江戸を離れ、歌舞伎の本場といわれる京都へ向かいました。

これは、日本の芸能界の大物タレントが、アメリカへ渡って向こうのエンターテインメント業界に飛びこむようなものといえます。芸能界では渡辺謙など、成功した人はごく少数ですが、スポーツ界は大リーグで見事な活躍を見せた野茂英雄やイチロー、サッカーの中田英寿《ひでとし》や香川真司、テニスの錦織圭《にしこり》、バスケットボールの八村塁《はちむらるい》など、多くの選手が世界を舞台に活躍しています。

いずれにせよ、大御所になってから、まったくの新天地で自分の才能をさらに開かせようというのは、大きな決断だと思うのです。そんなプラスの思考で江戸を引き払った團十郎の勇気は、ぜひとも見習いたいものです。

元禄7年（1694）正月、京都の村山平右衛門が座元である村山座に、市川團十郎が出演することに決まりました。このとき芝居小屋には2000人が入り、さらに数百人が小屋の周りに集まって、「入場させろ」の大コールが起き、小屋の木戸が破壊される騒ぎにまで発展したそうです。

この状況におそれをなした平右衛門は、急遽《きゅうきょ》、團十郎のお目見えの挨拶をとりやめ、花笠踊りなどを派手にやって終演にしてしまいました。でも、おさまらないのは観客や周りの群集です。大騒ぎが続いて、暴動が起きそうな状況になりました。仰天した平右衛門は、もう一度、観客を小屋に入れ、團十郎とともに挨拶をして、この混乱をおさめることになったと伝えられています。

この興行で團十郎は、『源氏誉勢力《ほまれのせいりき》』の朝比奈義秀を演じました。團十郎見たさに観客が詰めかけ、舞台にまで客を入れたので、大立ち回りを演じる團十郎の刀が客にぶつかりそうになる場面もあったようです。

京童《きょうわらべ》の唄に、

「お江戸團十郎見さい　京の名物一つ升　ますます評判高柳　丸に釘貫《くぎぬき》白鳥毛　朝日に輝く目出度さは　ほんに結ぶの数へ唄」

とあり、大坂や堺のほうからも、見物客が集まってきたといわれます。

ただ、京都での滞在は半年程度にすぎませんでした。研究者のなかには、興行は失敗だったという人もいますが、江戸に戻ると團十郎は秋から興行をおこない、大入りとなりました。

ただ、それだけが團十郎復活の理由ではありません。自己中心的に強引な性格だった團十郎は、**外から江戸歌舞伎を見たことで、冷静に現状を見ることができるようになった**ようです。

それは、初代・中村七三郎と立てつづけに共演したことでもわかります。七三郎は、團十郎と肩を並べる江戸の名優。ある意味、ライバルでした。ただ、和事《わごと》といって男女の柔らかな恋愛劇を得意とし、團十郎の演技とは対照的です。そこで團十郎は、プライドを捨ててあえて七三郎と共演し、その結果、大ヒットを連発したのです。

当時随一の女形の荻野沢之丞《さわのじょう》ともコンビを組んでヒット作を出しました。このように、ほかの俳優の力を借りつつ、巧みに集客する手法が成功を呼んだのです。いまでいえば、大物俳優の映画共演、人気歌手たちが一時的にコンビを組むといったやり方でしょうか。

なんとも意外ですが、團十郎は京都にいるとき椎本才麿《しいのもとさいまろ》の弟子となり、俳諧を始めました。才牛という名で詠んだ句も現存します。團十郎と俳諧というのは不思議な取り合わせですが、このころから彼は、自分で狂言（脚本）も書くようになっています。

三升屋兵庫《みますやひょうご》というペンネームを使って次々と新作を書き上げ、その作品を自分で演じていきました。のちに市川家の歌舞伎の十八番《おはこ》といわれる「不破《ふわ》」「暫《しばらく》」「勧進帳」なども初代・團十郎のオリジナル作品です。

さらに、作品のあらすじに挿絵を入れたものを「絵入狂言本」と呼びますが、團十郎はこれに役者の名場面を描いた大きな挿絵を入れて刊行したのです。いまでいえば映画のパンフレットです。

舞台装置にも工夫をこらすようになりました。元禄13年（1700）の森田座の公演では、はじめて「宙乗り」という観客をアッと言わせる手法を披露しました。これは、曾我五郎を演じた團十郎が、念を込めて息を放つと、そのなかから曾我五郎の分身が姿をあらわし、空中で自在に動くというものでした。その分身役を演じたのは、團十郎の9歳の息子・九蔵でした。彼がのちに二代目・團十郎となります。ともあれ、空中を舞うという驚くべき舞台装置を考えついた初代・團十郎は、まさに偉大なエンターテイナーであり、演出家でもあったといえましょう。

成田山新勝寺の知名度を上げた出開帳

ところで市川團十郎は屋号を「成田屋」といいますね。これは、成田山新勝寺からとっています。成田山といえば、初詣客が多いことで有名ですね。でもいちやく、成田山新勝寺の知名度を上げたのは、じつは市川團十郎なのです。成田山は平安時代中期に始まる古刹《こさつ》ですが、江戸時代には寂れてしまっていました。

元禄15年（1702）、成田山新勝寺は本堂を建てるのにかかった500両を返すため、深川の富岡八幡宮で出開帳《でがいちょう》をおこないました。はじめてのことです。このとき、團十郎が催しにあわせて森田座で「成田山分身不動《ぶんしんふどう》」という題目で、みずから成田の不動明王（胎蔵界不動）を演じたところ、空前の大ヒットとなり、観客が詰めかけて、毎日十貫文の銭が舞台に投げ入れられるほどになったそうです。息子の九蔵は金剛界不動を演じました。

これ以後、江戸の庶民もこぞって成田山にお参りするようになったのです。いまでも俳優がテレビや映画で歴史上の偉人を演じると、その人物に関係する史跡を訪れる人が増えます。しかし、成田山は完全に名所としていまに定着しているわけですから、驚くべき影響力ですね。まさに役者冥利に尽きるといえるでしょう。

ちなみに、團十郎が成田山新勝寺の出開帳を芝居で支援したのは、新勝寺に感謝していたからでした。團十郎はなかなか子供に恵まれませんでした。そこであると き新勝寺に祈ったところ、見事に男児（九蔵）を授かったのです。

いずれにせよ、出開帳が成功して以後、團十郎もたびたび成田山新勝寺に参詣し、鏡や幕を奉納したり、多額の賽銭を寄進したりしました。

大ヒットを連発したこともあって團十郎の契約料も500両、さらには700両となり、最終的に800両まで上がりました。これは上方歌舞伎のトップであった坂田藤十郎のそれを200両も上まわる高給だったそうです。

こうして名声をほしいままにした初代・市川團十郎でしたが、45歳の若さで世を去ってしまいます。自然死でも、病死でもありません。役者仲間に殺されたのです。

宝永元年（1704）2月、震災で焼失した江戸の市村座が再建され、新築された小屋のこけら落としとして、同月13日から歌舞伎が演じられました。このとき團十郎も出演しますが、事件は7日目に発生しました。團十郎は役者の生島半六《いくしまはんろく》に突然、刺し殺されたのです。二番目から三番目の中入り休みに、半六の息子・善次郎を團十郎がいじめたからだなどといわれますが、本当のところはよくわかっていません。いずれにせよ、あっけない幕切れでした。

このとき、九蔵（二代目・團十郎）はまだ17歳でした。しかし、すでに幼いころから父親に舞台に引き出され、第一線で子役として活躍していたため、間近で父親の演技も見ていました。

九蔵は、若さゆえにしばらく芝居の世界で冷遇されますが、精進と努力を重ね、最終的に父親を超える千両役者になりました。悲惨な最期を遂げたといいながらも、初代・市川團十郎は己の業と不屈の精神を息子に継承させることができたのです。

自分の跡継ぎをつくる。これは、どこの業界でもなかなかうまくいきません。そういった意味でも、市川團十郎は見事だったと思います。

己の運命を拓くために
まったくの新天地を求めよう

自分の業界だけに安住せず、
どんどんと知見を広げていこう

自分の置かれた立場を外から見れば、
冷静に現状を把握することができる

高橋是清

1854-1936

たかはし これきよ

職を転々とするもその失敗経験を生かし、蔵相として何度も日本経済の危機を救うが、二・二六事件で非業《ひごう》の死を遂げた政治家

人生を運命づけたラッキー・エピソード

高橋是清は、ダルマ宰相と呼ばれた戦前の総理大臣です。顔がダルマに似ているんです。でも、大蔵省（現・財務省）の経済官僚として活躍するまでの前人生は、まさにダルマのごとく七転び八起きでした。というより、ハチャメチャといってもよいかもしれません。

是清は、安政元年(1854)、江戸幕府の絵師であった川村庄右衛門の子として生まれました。母はわずか16歳の北原きん。きんは魚屋の娘でしたが、川村家に行儀見習いに来ていて、いつのまにか庄右衛門の手がついて、子供を妊娠してしまったのです。ひどい話です。

そして生まれたのが是清。つまり是清は、人びとから望まれて生まれたわけではなく、いわば厄介者だったのです。このため川村家では生まれて数日で是清を、仙台藩の足軽・高橋覚治是忠のもとへ里子に出してしまいます。

高橋家では一時的に養育を引き受けただけのようで、2歳のときに大きな菓子店の養子に出されることになりました。

ところが、是清は愛くるしい子だったので、覚治の母・喜代子がいたく是清を気に入り、養子縁組に反対し、そのまま高橋家の実子として育てることにしたのです。

後年、この話を聞いた是清は、

「人間の運命といふものは実に妙なものだ。もしこの場合、私が菓子店の養子となつてゐ《い》たら、或《あるい》は一生菓子屋で終つたかも知れぬ。少くとも今とは全然異つた立場にあつたに相違ない。人の一生は実に間髪の間に決まるものだ」(『高橋是清自伝』千倉

書房）

と回想しています。

このラッキー・エピソードは、養祖母の喜代子が是清に語ったものです。

彼女はまた是清にこんな話もしました。

3歳の是清が友だちと大勢で仙台藩中屋敷の神社で遊んでいたとき、急に藩主の奥方が参詣に来るというので人払いがされましたが、なぜか是清は一人だけ祠《ほこら》の陰に潜んでいました。

そして拝殿内でお参りしている奥方の美しい着物を見ると、のこのこと室内に入って奥方の着物を手にとり、

「おばさん、いいべべ（服）だ」

と言ったのです。

奥方が、「まあ、かわいい子」と頭をなでると、嬉しかったのか、是清は奥方の膝の上にはい上がったのです。

その夜、

「明日、是清をともなって上屋敷に来い」

と藩庁から連絡がありました。高橋家ではお咎めがあるのではないかとビクビク

しているると、わざわざ奥方が出てきてさまざまな品物を頂戴したのです。藩士仲間からは「高橋の子は幸福者よ」と羨ましがられたといいます。

このため是清が、

「自分は幸福者だといふ信念が、その時分から胸中ふかく印《いん》せられてをつた」（前掲書）

と回想しているように、「私は運がよいからなんとかなる」という確信が脳裏に刷り込まれたのです。

そしてそれが、彼の生涯を決定づけたといえるのです。なぜなら、驚くべき楽天性によって是清は道を切り拓くからです。

そういった意味では、私は養祖母・喜代子がエラかったのだと思います。もしみなさんにお子さんやお孫さんがいるなら、「自分は運のよい人間なのだ。大丈夫だ」という気持ちをもたせてあげてほしいと思います。

自分は特別なんだという根拠のない自信を子供時代に抱いた人間は、最強になります。どんなピンチでも自分だけはなんとか切り抜けられるという確信をもっているので、冷静な判断ができ、その先に待っているのは成功だと信じて、困苦をものともしなくなるのです。

少年時代から職を転々としつづける

是清はとても聡明な子に育ち、藩の留守居役の大童信大夫《おおわらしんだゆう》の目にとまりました。時は幕末の激動期、大童は福沢諭吉などとも付き合いのある先進的な藩士でした。そこで彼は、藩の少年たちを横浜に派遣して英語を習得させることにしたのです。

まだ12歳の是清も大童に選ばれ、ヘボン博士の夫人などから英語を学ぶようになりました。やがて、横浜の外国人経営の銀行にボーイとして住み込むようになりますが、まだ13歳だったにもかかわらず、酒と博打の味を覚えて素行も悪くなります。

ただ、洋行したいという夢をもつようになり、運良く14歳のときに渡米するチャンスをつかみます。ヴァン・リードという外国人の世話で、アメリカのサンフランシスコのヴァン家に滞在させてもらうことになったのです。藩の許可を得た是清は、慶応3年（1867）夏に藩命というかたちでサンフランシスコへ向かいました。

アメリカではヴァン・リードの両親の世話をする代わりに、学校に通わせてくれるという契約になっていました。ところが、その約束は反故《ほご》にされ、毎日家事や雑用にこき使われ、勉強する時間もなく、食事も残飯のような粗末なものしか与えられなかったのです。

さすがの是清も我慢できず、その約束違反をなじり、なんといっさい、家事をしなくなったのです。ストライキをやったわけですね。すると、ヴァン家の人びとは、

「ならば、もっと金持ちのところに良い待遇で下宿させてやる」

と言い、オークランドのブラウン家を見せてくれました。とてもやさしそうな夫妻だったので、是清も喜んで承諾したところ、書面にサインさせられました。

ところが、です。その書面は、なんと奴隷になるという身売り承諾書でした。是清はだまされて売られてしまったのです。それを知らないまま、ブラウン家に住み込んだ是清は、あるとき、その家で働く中国人と仲たがいし、ほとほと嫌気がさして主人のブラウンに、

「暇をください。あんな奴と一緒にいるのはいやです」

と申し入れました。すると、

「何を言っている。お前は私と3年の奴隷契約をしたではないか」

と言われ、はじめて自分の立場を知ったのです。

その後、どうにかヴァン・リード家から奴隷契約書を取りもどし、晴れて自由の身になった是清は、明治元年（1868）12月に帰国しました。

すでに幕府はつぶれ、明治政府が誕生しており、仙台藩は幕府方についたので賊軍扱いになっていたのです。このため、是清は帰国後もしばらく身を隠していました。やがて運よく是清は、薩摩藩の森有礼（のちの文部大臣）の書生となり、そのツテで16歳で東京開成学校の英語教師にしてもらえたのです。東京開成学校は、のちに東京大学になります。

将来はもう安泰だと思いますよね。ところが明治3年（1870）、魔が差したのです。福井藩出身の仲間が帰国を命ぜられ、そのとき借金の返済も含めて250両が必要になり、人のよい是清は縁戚などを頼って金を集めてあげました。ところが、急に帰国しなくてよいことになり、是清の手元に大金が残ったのです。

このころ是清は、はじめて高級な料理屋に連れていってもらい、芸者に接する機会がありました。これに感激した青年の手元に大金があったらどうなるか、もうわかりますね。彼は料理屋に出入りするようになり、芸者遊びのおもしろさに目覚めてしまったのです。そしてあるとき、仲間と芸者を連れて浅草の芝居を見に行き、桟敷《さじき》の上で芸者の長襦袢《ながじゅばん》を着てベロベロになっている姿を、同僚に目撃されてしまったのです。

是清はこれを恥じ、自分は人に教える資格がないと学校を辞職し、なじみの芸者

の家に転がり込んだものの、金がなくなると女が急に冷たくなり、ついに、

「ただで食べさしてあげる訳にもいかないから、食料だけでも入れてもらいたい」

（『高橋是清自伝』）

とピシャリと言われ、恩人のフルベッキからもらった聖書以外はすべて売り払ってしまったのです。その後、女と別れたものの、放蕩をやめることができず、最後は芸者の三味線運びに転落したのです。

ただ、是清は運がいい。あるとき、自分自身に愛想がつきて、世話になっている友人の家の前で天をあおいで考え込んでいると、たまたま知人の小花万司《おはなばんじ》に声をかけられ、唐津藩で英語教師を募集している話を聞き、彼のツテで100円という当時としては高給で雇用してもらえることになったのです。

こうして九州唐津へ行った是清ですが、1日3升も酒を飲む習慣がうまれ、とうとう喀血、それでも酒はやめなかったといいます。

明治4年（1871）に廃藩置県で唐津藩が消滅し、しばらく継続していた英語学校も翌年廃止されてしまいました。東京に戻った是清は、大蔵省の前島密《ひそか》が英語ができる人間を求めていることを知って面会し、大蔵省の役人になったのです。

だが、パワハラ上司に腹を立てて出勤拒否をしたり、通訳の採用の件で前島密と

大喧嘩したりして、すぐに辞表をたたきつけてやめてしまいます。その後、新聞の翻訳、家庭教師をへて森有礼の世話で文部省（現・文部科学省）の役人となり、省から大阪英語学校の校長に派遣されることになりました。

そこで赴任の挨拶に知人を訪ねたところ酒宴となり、酔った勢いで議論に負けたら大阪行きはやめにするという妙な話になり、結局、敗れた是清は文部省を退職します。そして、東京英語学校の教師になったのです。なんともまあ、いいかげんな生き方ですね。

しかも、この学校の校長が吉原に通っている事実がわかると、仲間を先導して校長を辞職させ、自分も辞職し、ふたたび無職になります。もうむちゃくちゃです。

その後は、友人から有望だと聞いた乳牛事業に手を出したり、翻訳業を再開したり、共立学校をつくったりしたあと、ふたたび文部省に入り、そこから農商務省の役人に転じました。明治18年（1885）から特許制度取調のために欧米に派遣され、帰国後は法律の制定や特許局の設置にかかわりました。急に官僚として優秀な手腕を発揮しはじめたわけです。

そのまま仕事を続けていればよいのに、明治22年（1889）、ひと儲けしようとあっさり役人をやめ、全財産をはたいてペルーの銀山を買ったのです。そして、みずからペルーにまで行くのですが、鉱山はほとんど廃坑同然で、まんまとだまされて家屋敷や財産をすべてとられ、一文無しになってしまいました。まさに救いようのない人です。

以上、少年時代から職を転々とした是清ですが、巷説《こうせつ》によれば豊臣秀吉も同様だったといわれています。ただ、その経験が織田家で活かされ、栄達のきっかけをつくっています。

是清もたしかに何事も長続きしませんでしたが、さまざまな経験が彼の視野を広げたと思うのです。

もう一つ、不条理なことをされたとき、平然と雇い人や上司に抵抗する闘争心をもっていたことです。これがないと、人は一廉《ひとかど》の人物になることができません。負け犬根性が身についてしまった人は、人の上に立てないのです。

もちろん、闘争心の強さのために、解雇の憂き目にもあっていますが、「嫌なことは嫌」「やりたくなければやらない」という生き方だったので、ストレスはなかったろうと思います。だから80歳を超えても現役バリバリで仕事ができたのでしょう。

私は、「たとえ困難でも、続けていけば道は拓ける」という考えを支持するタイプですが、成功への道はたった一つではないのです。是清のような生き方も、ある意味、別の方法といえるでしょう。要は、あなたに合った歴史の教訓を選べばよいのです。

自分の真価を発揮できる場所を知る

さて、一文無しになった是清ですが、その才を惜しんだ日銀総裁・川田小一郎が、明治25年（1892）に日銀へ引き入れてくれました。

日銀本店の建築の事務担当となった是清は、工事をきちんと進めない大倉組との契約を解除し、期日前にノルマを仕上げた現場の職人たちに奨金を出すなどの手法によって、巧みに建物を完成させせました。その手腕はたちまち評判となり、翌年には日銀の支配役に抜擢《ばってき》され、下関に新設された西部支所店長となります。

明治28年（1895）には、横浜正金銀行本店へ出向します。支配人としてさまざまな改革に取り組むとともに、三菱やスタンダード石油などの大手の顧客を獲得し、「正金の高橋か高橋の正金か」と謳《うた》われるまでになり、ついに明治32年（1899）2月、日銀副総裁に登用されたのです。ようやく40代の中年になって、自分の真価が経済分野で発揮できることを知ったのです。

そんな是清が日本を救うのは日露戦争のときです。日清戦争後、ロシアの干渉によって日本は清国から勝ち取った遼東半島の返還を余儀なくされました。ところがその半島をロシアが租借してしまい、さらに朝鮮半島にも勢力を広げはじめたのです。このため政府や国民は、臥薪嘗胆《がしんしょうたん》を合い言葉にロシアとの戦いに備えます。でも軍艦を動かすにも、弾丸をつくるのにも、兵を養うにも、すべてにおいて金が必要です。ましてやロシア帝国は、世界一の陸軍大国。そんな国を相手に小国日本が戦うのですから、膨大な戦費が入り用になってきます。

とても増税や国内における国債だけではまかなうことができないと考えた政府は、明治36年（1903）12月、同盟国イギリスに支援を求めました。ところが、翌年正月にもたらされた回答は、期待していたのとは裏腹に、財政難を理由とする拒絶でした。

日本銀行には、このとき1億1700万円程度しか正貨の蓄えがありませんでした。でも、世間では主戦論が叫ばれ、軍部だけでなく政府高官も対ロシア戦に傾いており、いまさら資金難のために開戦をとりやめることはできません。最後の頼みの綱は、アメリカ人やイギリス人に外債を買ってもらうことでした。

「現地へ赴いて、なんとしても大勢から外債の応募をとりつけてくるように」

そう厳命を受けたのが、日本銀行副総裁の高橋是清だったのです。もし是清がそれに成功しなければ、たとえ開戦しても、日本は数カ月しか戦争を継続することはできず、敗北は必至です。そういった意味では、**日露戦争の勝敗は是清の肩にかかっていた**といっても過言ではないのです。

明治37年（1904）2月、日露戦争が始まるとすぐに、是清は外債を売るために渡米しました。アメリカ人たちは、黄色人種の小国がロシアという白人の老大国に勝てるはずもないと考え、是清を相手にしてくれません。

そこで是清は、イギリスのロンドンに向かい、ロスチャイルド家などをはじめ、イギリスの金融に力をもつ一族に接触してなんとか外債を引き受けてもらうよう、必死の努力をしました。ただ、かなりの好条件にもかかわらず、外債は予定の半分（500万ポンド）しかさばくことができませんでした。

落胆する是清のために、知人のヒルが晩餐会に招待してくれました。ちょうど隣の席に座ったのが、ヨーロッパ旅行をしていたアメリカ人のヤコブ・シフだったのです。是清はこのシフにこれまでの自分の苦労を話して聞かせます。

するとなんと、翌日にシフが外債の残り500万ポンドを全部自分が引き受け、アメリカで発行してくれると申し出てくれたのです。

シフは、ニューヨークのクーン・ロック商会の代表で、ユダヤ系の大富豪でした。ロシアはユダヤ人をひどく迫害しており、シフはそれをやめてもらうため、たびたびロシアに融資しましたが、まったく言うことを聞いてくれない。そこでロシア帝国が滅亡することを望み、日本に期待をかけていたのです。

そんな彼が偶然、隣に座ったわけです。繰り返していいますが、**是清という人はまことに強運の持ち主だった**といえるでしょう。

まもなく日本軍が連戦連勝したこともあり、その後の二度にわたる外債の募集は極めて順調にいきました。是清は、シフに感謝し、日本政府に働きかけて勲二等瑞宝章を授与したのです。さらに戦後の明治39年（1906）にシフが来日したとき、明治天皇が宴席を開き、勲二等旭日章が贈られました。

なお、明治40年（1907）、是清はふたたび外債募集のため海外へ飛びます。このとき明治天皇はみずから是清と会い、

「今度は戦時中より難しいと思うが、よろしく頼む」

と声をかけました。最終的に外債募集は合計6回となり、1万3000ポンドに達しました。

結局、日露戦争の戦費は17億円を超え、このうち公債は13億5000万円近く。つまり、ほとんど借金で戦ったのです。しかも公債のうち、3分の2近い8億2000万円が外債、これは高橋是清が奔走して外国人たちに買わせたものでした。

このため是清は国民からヒーロー視され、政府もその労に報いるため、明治38年（1905）に貴族院の勅選議員に登用、明治40年には男爵を授けました。

明治44年（1911）には日銀総裁に就任、それから2年後、山本権兵衛《ごんのひょうえ》内閣の大蔵大臣に抜擢され、原敬《はらたかし》内閣においても蔵相となり、第1次世界大戦の戦後不況のなか、積極財政を展開しました。そして原が暗殺されると、是清は政友会総裁となり、内閣を組織したのです。奴隷から総理大臣というのは、前代未聞の出世ですね。

ただ、財政のプロであっても政界の操縦はうまくなかったようです。おもしろいのは、人の顔や名前を覚えるのが苦手だったということです。毎日のように会っている主計局長の名前さえ覚えなかったそうです。

また、前任者の原敬のように巧みな政治工作などもからきしだめだったし、部下の面倒見もよくなかった。そんな人が老獪《ろうかい》な政治家が集まる政友会をうまくまとめて政府を動かすことができるはずもなく、ついに是清は嫌気がさしてあっけなく内閣を投げ出してしまったのです。

その後、清浦奎吾《けいご》を首相とする超然（非立憲）内閣が誕生すると、是清は加藤高明《たかあき》率いる憲政会と犬養毅《いぬかいつよし》率いる革新倶楽部と連携して倒閣運動を進めますが、これに反対した党内の人びとが政友会から離党して政友本党を創設。このとき半分以上の代議士が脱党してしまうという、政友会始まって以来の大分裂という失態を演じたのです。

清浦内閣を倒した3党は、加藤高明を首相とする護憲3派内閣をつくり、是清も農商務大臣として入閣しますが、健康上の理由で大臣を辞任、やがて政友会総裁も田中義一に譲って政界を引退してしまいました。

これもいい教訓ですね。人には得手不得手があるのです。是清は政治家に向かなかったのです。やはり、私たちは得意分野で勝負するべきなのです。

本田技研の創業者・本田宗一郎も同じことを言っています。

宗一郎はバイクや車の技術だけに専念した人物です。とにかく研究熱心で、いつもエンジンの新技術やバイクのデザインばかりを考えていました。寝室に入ってからも同様で、あるとき外のラーメン屋台のチャルメラの音が気になって集中できないので、妻にラーメン全部を買い取らせたという話があるくらいです。

このように、技術開発を苦労と思わぬ宗一郎でも、営業や経理は苦手でした。でも、不得手なことは、いっさい人にまかせてしまうというのが、宗一郎の流儀でした。だから会社の経営は、全幅の信頼を寄せる副社長の藤澤武夫に一任し、自分は開発の仕事に邁進したのです。

宗一郎は部下に常々、

「会社のためばかりに働くな。自分のために働くことが絶対条件だ」

と話しています。

自分のために一生懸命に働いていれば、それがやがて会社のプラスとなり、会社全体をよくするのだという信念をもっていたのです。

「自分の好きなものに打ち込めるようになったら、こんな楽しい人生はないんじゃないかな。そうなるには、一人ひとりが、自分の得手不得手を包み隠さず、ハッキリ表明する。石は石でいいんですよ、ダイヤはダイヤでいいんです」

それを適所適材に配置するのが上司の仕事で、

「そうなりゃ、石もダイヤもみんなほんとうの宝になるよ。企業という船にさ、宝である人間を乗せてさ、舵を取るもの、櫓を漕ぐもの、順風満帆、大海原を、和気あいあいと、一つ目的に向かう、こんな愉快な航海はないと思うよ」（本田宗一郎『得

手に帆あげて』三笠書房）

そんな言葉を宗一郎は、生前に残しています。みなさんもぜひ、自分の得意分野に打ち込み、その才能を伸ばし、成功をつかんでください。

金融恐慌をおさめた鮮やかな手腕

さて、政界を引退した是清です。彼の人生は、ここで終わらなかったのです。昭和2年（1927）、金融恐慌が起こります。これは、大正9年（1920）の戦後恐慌と大正12年（1924）の関東大震災で、不良手形（震災手形）が膨れ上がっていたのが原因でした。

若槻《わかつき》礼次郎内閣は、その処理を促進する法律案をつくり、それを議会で審議しました。このとき多くの銀行が経営難であることが発覚したうえ、片岡直温《なおはる》大蔵大臣がうっかり、

「東京渡辺銀行がとうとう破綻した」

と発言したことで、国民が預金を引き出そうと各銀行に殺到、次々と中小銀行が休業を余儀なくされました。

このとりつけ騒ぎから、金融恐慌に発展したのです。

これで若槻内閣は総辞職し、代わって立憲政友会総裁の田中義一が内閣を組織。田中は金融の混乱を沈静化できる人物は高橋是清においてほかにいないと判断、引退した是清に懇願し、ふたたび大蔵大臣になってもらったのです。

是清の対応は、見事なものでした。6億円の大金を日銀から各銀行へ非常貸し出しする旨を決定。同時に、天皇に緊急勅令で21日間の支払猶予令（預金者が銀行から金を引き出すことをストップさせる命令）を発してもらい、その間に紙幣を大量に印刷させ、どんどん諸銀行へ送り込んで、銀行窓口へ積ませていったのです。人心を安定させようとしたわけです。

この迅速な対応により、金融恐慌は嘘のように沈静化しました。さらに是清は、国会においてすばやく金融機関の救済法を成立させる鮮やかな手腕を見せたのです。こうして事態の好転を見届けると、なんと在職わずか47日で、是清はおしげもなく大臣の地位を去っています。国家はこの働きを讃え、菊花大綬章を与えました。

出処進退の美しさ、これはなかなかできることではありません。一度、権力や地位を手に入れたなら、手放したくないのが人間の性。でも、あえてスパッと手放すことで生き残るという方法があるのです。

たとえば江戸時代、将軍のもとで権力を握った田沼意次も水野忠邦も、失脚すると減封や転封の憂き目にあい、惨めな晩年を送っています。

対照的だったのが、綱吉の寵臣・柳沢吉保です。綱吉には嫡子がおらず、なんとか男児をつくろうと努力してきました。でも実子に恵まれず、しかたなく後継者選定をおこないます。このとき吉保は強く甲府城主・徳川家宣《いえのぶ》を推し、次期将軍に決定させたのです。このため次の家宣政権は吉保を粗末にできなかったのです。

さらに綱吉が死ぬと、吉保は何の未練もなくすべての役職を辞し、家督を息子の吉里《よしさと》に譲り、頭を丸め隠居したのです。この英断により、柳沢家には何のお咎めもなく、吉保は5年後、57歳の生涯を閉じました。ぜひみなさんも、身を引くタイミングを誤らぬように気をつけましょう。

さて金融恐慌をたちまちにおさめた是清ですが、これが最後の御奉公だと思ったことでしょう。

蔵相として日本経済を復活させる

ところが昭和6年（1931）、またも大蔵大臣を懇願されたのです。前年、浜口雄《お》幸《さち》内閣が井上準之助蔵相の主導で金輸出解禁を断行。井上蔵相は是清とは正反対に、緊縮財政こそが正しい道だと信じ、浜口内閣のもとで各省庁の経費を節減し、国債の発行を抑え、国家予算を緊縮しました。

当時、日本経済は慢性的な不況に陥っており、これを打開するには日本経済に大きな痛みを与え、ショック療法によって治療することが必要だと考えたのです。大戦景気で勃興した不良企業をつぶしたり、大企業に吸収させたりするなどして、産業界の再編成をうながし、国際競争力をつけさせ、輸出を伸ばそうとしたのです。

昭和5年（1930）の金解禁もそうした政策の一環でした。井上のねらいは、円を切り上げたまま金解禁を断行し、為替相場を上昇させることで、不良企業を淘汰して国際競争力をつけようともくろんだのです。

ところが、です。前年からアメリカを震源とした恐慌が世界中に広がりつつあり、購買意欲の落ちた欧米の人びとが日本製品を買うはずもなく、逆に値段の下がった良質の欧米製品が国内にドッと流れ込んできました。

結果、国産品は内外で売れなくなり、すさまじい勢いで企業が倒産していったのです。これを昭和恐慌と呼びますが、町には失業者があふれ、農村では農産物が下落したうえ、失業者が戻ってきたため困窮を極め、欠食児童や娘の身売りが続発しました。こうした状況を救うため、犬養首相は是清に蔵相を懇請。是清はその頼みを引き受けて蔵相になるや、ただちに金輸出を再禁止し、金と円の兌換《だかん》を停止、管理通貨制度を採用しました。

これによって一気に円の価値が下がります。円安になったことで、輸出は急速に伸長。すでに不良企業は昭和恐慌で倒れており、残ったのは優良企業だったため、日本経済は好転、昭和8年（1933）には、世界恐慌以前の生産規模を回復し、重化学工業も発展していきました。またも是清は日本経済を復活させたのです。

犬養は、五・一五事件で海軍の青年将校に暗殺されましたが、次の斎藤実《まこと》内閣、岡田啓介内閣でも是清は蔵相を務めました。

でも軍国主義が台頭し、国家予算における軍事費が異常に膨張していきます。是清は悪性のインフレを防ぐため、公債を減らすとともに、軍部と対立してまでも軍事費を抑えようとしました。健全財政を貫こうとしたのです。が、こうしたやり方が軍部の恨みを買い、昭和11年（1936）の二・二六事件のとき、青年将校たちが私邸に乱入し、殺害されてしまいました。83歳でした。

幸運なダルマ宰相でしたが、最後は幸運の女神はほほえまなかったようです。でも、彼の日本経済における業績は、まさに偉大なものだといってよいでしょう。

人には得手不得手がある。
自分の得意分野で勝負しよう

権力も地位もあえてスパッと手放す、
出処進退の美しさが道を拓く

「私は運がよいからなんとかなる」という
根拠のない自信が成功を呼ぶ

第7章

情を絶ち、非情に徹する

Chapter7
Introduction

この章では、ちょっと酷な教訓について語ります。

何かを得るためには、何かを手放さなくてはならないという話です。

残念ながら、この言葉は真実です。あくまで一般論ですが、お金を得ようとすれば、時間を犠牲にする必要があります。人間、すべて丸ごと手に入れるのは不可能なのです。

実際、成功した歴史人物の多くは、それに見合うだけのものを手放したり、犠牲にしたりしています。

とくに大事なものを手放すのは、誰もが断腸の思いです。うしろ髪を引かれますね。しかし、あえて情を絶って、捨て去らなくては成功は手にできないのです。たとえば徳川家康も、織田信長の意向で自分の妻子の命を奪い、御家を存続させています。でも、この非情な決断をしたからこそ、のちに天下を統一して武家政権を打ち立てることができたわけです。

この章では、伊達政宗、土方歳三、細川藤孝・忠興父子らの実例を紹介しつつ、「情を絶ち、非情に徹する」生き方を学んでいただこうと思います。

伊達政宗

だて まさむね

1567-1636

ずば抜けた戦いぶりで若くして家督を継ぎ、仙台藩初代藩主として東北の繁栄を築いた「独眼竜」の異名をもつ戦国武将

人を殺すことをなんとも思わぬ

「独眼竜」とうたわれた伊達政宗は、抜群の知名度をもつ人気の戦国武将です。この章では、彼のダークで機転の利く生きざまに学んでいただこうと思います。

伊達政宗は、伊達輝宗の長男として出羽国の米沢城で生まれました。政宗といえ

ば、仙台の青葉城というイメージがあるので、意外に思う人が多いでしょう。

伊達氏は、鎌倉時代からの名族です。代々、伊達郡・信夫《しのぶ》郡・置賜《おきたま》郡を根拠地にして、戦国時代には宇多《うだ》・伊具《いぐ》・亘理《わたり》・名取・柴田・刈田郡へも勢力を拡大していきました。

政宗は、幼いときに片方の目を失明しましたが、父の輝宗は息子のなかに大器を見いだし、わずか11歳で元服（成人式）させると、13歳のときに愛姫《めごひめ》（田村清顕《きよあき》の娘）と結婚させせました。当時は数え年ですから、小学校6年生くらいですね。

15歳のとき、政宗は父の期待どおり、見事な初陣を果たします。以後、ずば抜けた戦いぶりを見せたので、輝宗は政宗が18歳のときに伊達家の家督を譲ったのです。

こうして当主になった政宗は、次々と近隣の領地を平らげていきますが、大内定《さだ》綱《つな》への措置は、周囲の武将たちを恐怖に陥れました。

定綱は陸奥国《むつのくに》安達郡を領する小浜《おばま》城主で、伊達氏のライバル・蘆名《あしな》氏にしたがっていました。しかし、急速に力を伸ばしてきた政宗の威勢を見た定綱は、米沢城を訪れ、

「ぜひ奉公したい」

と臣従を申し入れてきたのです。戦国の世を生き抜くためには、寝返りは常套手

段でした。

大いに喜んだ政宗が、

「お前のために城下に屋敷を与えよう」

と伝えると、定綱は、

「それではすぐに、妻子を連れてまいります」

と述べ、いったん城へ戻りました。

ところが、です。いつまでたっても定綱はやってきません。じつは蘆名氏が大内氏に圧力をかけたため、定綱は政宗との約束を破り、ふたたび蘆名氏に下っていたのです。

「許せん!」と激怒した政宗は、大内氏の討伐を固く決意。定綱の家臣を次々に下して大内領へと侵攻。大内氏の重臣・菊池顕綱《あきつな》がこもる小手森城《おでもりじょう》に猛攻をかけて落としました。

このとき政宗は、城兵だけでなく、女や子供、さらには犬までも皆殺しにしたのです。犬ですよ、犬。殺戮された者は800人に上ったと伝えられます。いくら裏切りに腹を立てたからといって、これは例のない残虐さです。

じつは東北の武将たちは、昔から婚姻を繰り返し、幾重にも縁戚関係で結ばれていました。なので敵対したからといって、相手を皆殺しにするような武将はいなかったのです。

それを18歳の少年である政宗が平然とやってのけたわけですから、「とんでもないヤツが現れた」と怖れおののくとともに、伊達氏と敵対する武将たちは、激しく政宗のことを憎むようになりました。

善し悪しは別として、この戦いによって伊達政宗という武将は、いちやく注目株になったわけです。ともあれ、**抜きん出るためには人と同じことをしていてはダメ**なのです。

定綱はその後、命からがら小浜城から蘆名氏のもとへ逃れたので、政宗は大内領を手に入れ、さらに定綱に味方した畠山義継《よしつぐ》の二本松城を攻めようとします。

しかし、この動きを事前に察知した義継は、政宗の父・輝宗が隠居している宮森城を訪ね、伊達氏への降伏を願い出ました。うかつに政宗のところに出ていけば、首をはねられるかもしれないと怖れたのでしょう。実力者を介して謝罪するというのは、よい方法です。

義継は、降伏するにあたって、

「領地を半分差し出すので、あとの支配はどうぞ認めてください」

と輝宗に願いました。

ところが父から降伏条件を伝え聞いた政宗は、即座に拒否します。結局、義継に許された支配地は、わずかに5カ村！　これでは家臣たちを食わせていけません。屈辱を受けた義継は、伊達氏との対決を決意します。やけくそになったのでしょう。政宗の条件を受け入れると嘘をつき、御礼と称して、輝宗の宮森城へ向かいました。

輝宗は大いに義継を歓待し、彼が辞去するさい、わざわざ玄関まで見送りに出ました。でも、それが災いを招きます。このとき義継は豹変し、家臣たちに輝宗を拉致させ、そのまま二本松城方面へ遁走したのです。

仰天したのは、輝宗の家臣たちです。すぐに政宗に急報しました。驚いた政宗はそのまま出陣し、ようやく義継一行が二本松領に入る手前で追いつきました。

いままさに義継は、輝宗とともに領内へ入ろうとしています。このとき、政宗一行に気づいた輝宗は、息子に向かってこう言ったのです。

「俺と一緒に、こいつらを射殺せよ！」

この言葉を聞いた政宗は、

「いやいや、父さん。まさかそんなことはできませんよ」

とは言いませんでした。

なんと、部下たちに発砲を命じたのです。

その結果、輝宗は義継とともに射抜かれたとも、絶望した義継が輝宗を刺殺したともいわれますが、いずれにせよ、政宗の決断で輝宗は命を落としたのです。

政宗も苦汁の選択だったと思いますが、もし父を人質にとられたら、義継から譲歩を引き出されてしまうかもしれません。いま、父と義継を一緒に殺ってしまえば、その心配はなくなるうえ、畠山氏の勢力も減退します。

つまり、情を捨てて利を選択したのです。

なお、伊達家の家臣たちは、輝宗が非業の死を遂げた悔しさのあまり、息絶えている義継のもとに殺到し、その遺体をズタズタに切り刻んだといいます。すると政宗は、バラバラになった義継の体をまた集めさせ、藤づるで体を綴《つづ》り合わせ、見せしめに磔《はりつけ》にしたといいます。『奥羽永慶軍記』という江戸時代の軍記物に載っている逸話なので、真偽は定かではありませんが、ゾッとしますね。

こうした政宗の一連の行為は、

「あいつは、実の父を殺すのをためらわず、敵将の遺体に恥辱を与えるヤバい男だ」

という印象を東北の諸将に植えつけたことでしょう。まさにダークヒーローの誕生です。

人生最大のピンチを運で切り抜ける

1週間後、輝宗の弔い合戦が始まります。政宗は、激しく畠山氏の二本松城を攻め立てました。城には義継の嫡男で11歳の国王丸《くにおうまる》が、家臣とともにこもっていました。ただ、二本松城は堅牢《けんろう》で、ひどく雪が降りはじめたこともあり、政宗はいったん小浜城へ兵を引きあげました。この間、畠山氏の依頼を受け、会津の蘆名氏や常陸《ひたち》の佐竹義重が後詰（援護）にやってきます。

佐竹義重は「鬼」と畏怖された猛将で、常陸全域から東北地方の一部まで手に入れており、みずから7000の兵を引き連れ、黒川（合津）の蘆名軍1万と岩瀬郡須賀川《すかがわ》までやってきたのです。

すると、政宗を憎む岩城常隆《つねたか》、石川昭光、白河義親《よしちか》、相馬義胤《そうまよしたね》など、多くの東北の大名がこぞって参集、その兵力はなんと3万4000という驚くべき数に膨れ上がりました。あまりに冷酷で無慈悲なことをやりすぎた政宗は、しっぺ返しを喰らうときがきたのです。これは、現代でも同様ですね。

政宗は、兵８０００を率いて観音堂山に陣地をかまえ、二本松城や高倉城、本宮城などにも兵を入れ、迎撃態勢を整えました。

佐竹義重軍はまっすぐに観音堂山をめざして進み、青田ヶ原で両軍の先鋒が激突しました。圧倒的な兵力の差によって伊達軍は後退。もしこのまま瀬戸川にかかる人取橋《ひととりばし》を渡河されたら、政宗がいる観音堂山まで障害物はありません。

「橋を渡らせるな！」

政宗の家臣たちは、必死の抵抗を試みます。スズメバチの襲来にミツバチが集団で巣を守るように、殺されても、殺されても、敵に向かっていったのです。

なんと、引退した73歳の老臣・鬼庭左月斎良直《おににわさげつさいよしなお》まで戦いに駆けつけました。高齢のために甲冑を身につけることができず、黄色の帽子を身につけたといいますから、痛々しいかぎりです。左月斎は、橋の前ですさまじい戦いぶりを見せ、敵の窪田十郎と戦って見事な討ち死を遂げました。

義重は、伊達氏のほかの支城にも人数を割き、自身は2万の軍勢で観音堂山へ攻め込みました。このとき政宗は、みずからも刀を抜いて太刀打ちせねばならぬほどに追い込まれ、戦後、甲冑には数発の弾痕があき、矢が突き刺さっていたと伝えられます。

まさに絶体絶命でしたが、やがて日が暮れ、戦場に闇が垂れ込めたことで、佐竹・蘆名軍は戦闘行為を停止させました。とりあえずは命拾いしたわけです。ただ、この日だけで、伊達家では１００名におよぶ名だたる重臣や勇士が討ち死を遂げました。

その夜、政宗は奮闘した部下たちを本陣に招いて気前よく酒を振る舞い、大いに健闘をたたえ感状を与えました。でも、宴席は悲壮感に満ちていました。それはそうでしょう、明日、陽が昇れば、確実に大軍が自分たちを包囲し、抹殺しようとしてくるからです。しかも、力戦しても数の差は歴然、とても勝ち目はありません。

ところが翌朝、奇跡が起こったのです。なんと敵軍が撤退しはじめたのです。じつは、佐竹一族の小野崎義昌が家来と揉めて、刺殺されてしまったのです。義昌は義重の軍師であり、これにより佐竹軍に動揺が広がりました。

さらに追い打ちをかけるように、

「江戸重通《しげみち》と里見義頼《よしより》が、義重の留守をよいことに佐竹氏の国元・常陸へ侵攻しようとしている」

という情報が入ってきました。

そこで義重は急遽、退却する決断をしたのです。こうして、政宗は死を免れました。政宗の生涯において最大のピンチでした。もし義重が撤退しなかったら、東北の戦国史は変わっていたはず。そういった意味では、「運」というのも成功には必要なのですね。ただ、これぱかりは人智ではどうにもなりませんが……。

道を拓いた命がけのパフォーマンス

その後、政宗はすさまじい速さで領地を拡大していき、天正17年（1589）には黒川（会津）城の蘆名氏を摺上原《すりあげはら》の戦いで撃破。当主の蘆名義広は、実家の佐竹氏のもとへ遁走。蘆名氏の家臣団は、政宗に無血開城する旨を伝えました。こうして政宗は黒川城を手に入れ、以後、この城を本城としました。

こうして政宗は、黒川・大沼・河沼・耶麻《やま》の4郡と安積・下野国塩谷・越後国蒲《かん》原《ばら》郡の一部を新たに手に入れ、領地を倍増させました。その結果、ずっと敵対してきた白河義親、石川昭光、岩城常隆なども、伊達氏に服属を願い出てきました。

このため伊達氏の支配領域は、陸奥・出羽66郡のうち半分に達したのです。石高にすれば100万石は優に超えていたでしょう。このとき政宗はまだ24歳の青年。数え年なので、いまでいえば大学を出たての若者にすぎません。スゴい偉業であることがわかりますね。巷説では、政宗は天下統一をねらっていたといわれます。

でも、残念ながら、天才・政宗は生まれてくるのが遅すぎました。すでに上方には豊臣政権が誕生しており、東海地方以北は豊臣秀吉が完全に支配下に置いていました。天正18年（1590）には、秀吉は南関東を支配する北条氏の小田原城を大軍で包囲します。この折、秀吉は政宗にも服属を求め、小田原まで参陣するよう命じました。

どうする政宗？　もちろん、行くしかありませんよね。秀吉が関東を征服するのは時間の問題。もし命に背けば、次は自分が標的になりますし、戦ってとても勝てる相手ではありません。

なのに、政宗はなかなか出立しません。いや、しなかったのではなく、できなかったのです。自分が領地を離れたら、家中で謀反が起こる可能性が高くなっていたからです。

原因は、母親の義姫《よしひめ》でした。政宗は、子供のころに天然痘を患って片目を失明し、顔にもアバタが残り、それが原因で消極的な性格になってしまったそうです。そのため、義姫は政宗を遠ざけ、政宗の弟・小次郎を溺愛するようになったといいます。

また、政宗が輝宗を見殺しにしたことも、母子のあいだに亀裂を入れたのかもしれません。

さらに、義姫は伊達家に隣接する大名・最上義光《もがみよしあき》の妹でした。その義光は甥の政宗と長らく敵対関係にあり、激しく争ってきました。この時期は和議を結んでいたとはいえ、義光は政宗に不信感を抱いていたといいます。

だから政宗は、義光が義姫と結託し、政宗が小田原へ赴いた隙に、小次郎を伊達家の当主に擁立することを危惧したのです。

巷説では、このころ義姫が政宗に毒を盛り、解毒剤のおかげで政宗は一命をとりとめたともいわれています。これが事実かどうかはわかりませんが、伊達家はきわめて不安定な状況に陥っていたのです。

ここにおいて政宗は、重大な決断をします。突然、実弟の小次郎を斬り殺したのです。この事件は、いまも謎に包まれていて詳《つまび》らかではありません。ということは、政宗が人に知られず、ひそかに独断で処置したのだと思います。

「大事の義は人に談合せず、一心に究めたるが善し」

これは、『名将言行録』にある政宗の言葉です。人生の一大事は人に相談せず、自分で決めて実行しろ、という意味です。政宗の偉さは、大きな岐路となる決断を他人まかせにしなかったところです。父に鉄砲を向けるさいも、弟を殺すさいも、自己の責任でこれをすみやかに断行したのです。

こうして後顧の憂いを絶った政宗は、ようやく重い腰を上げ、関東へ向けて出立しました。ただ、最上義光の動向が気がかりだったのでしょうか、その道中は遠回りしながらノラリクラリしたものでした。結局、小田原に到着したときには大幅に遅参しており、場合によっては重い処分が待っていると考えた政宗は、一計を案じます。

なんと、髷を切り落とし、死に装束を身につけて秀吉のもとに参上したのです。けれど、それでも秀吉との謁見は許されず、政宗は牢に入れられてしまいます。

すると政宗は、

「この陣中に天下の茶匠である千利休がいらっしゃると聞きました。ぜひとも冥土《めいど》の土産に茶の湯を習いたい」

と懇願したのです。

この命がけのパフォーマンスと度量の大きさに、さすがの秀吉もほとほと感心し、とうとう政宗との対面を許したといわれています。ただし、遅参の罰として、蘆名氏から獲得したばかりの会津３郡は没収されてしまいました。

翌年、陸奥の大崎氏と葛西氏の旧領で大一揆が発生します。これを裏で扇動していたのは伊達政宗であるという疑惑がもちあがり、証拠として政宗の花押《かおう》付きの文書も出てきたのです。そこで弁明のために上洛した政宗は、このときも死に装束を身につけ、さらに行列の先頭に金箔を張った磔柱《はりつけばしら》を押し立てて出頭しました。決死のデモンストレーションです。

もちろん、このような趣向をこらしたやり方を秀吉が好むことを十分に計算したうえでの賭けだったといえるでしょう。結局、またもこの奇略が功を奏し、政宗は断罪を免れ、伊達氏は安泰を保つことになったのでした。

とにかく政宗という人は、機転が利くのです。

それについては、こんな話もあります。

秀吉は時折、飼っていた凶暴な猿を、大坂城内の通路につないでおきました。猿は人が通るたび、歯をむいて飛びかかろうとします。これに大名たちは大あわて。そんな姿をこっそりかげから見て、秀吉は楽しんでいたのです。ずいぶん趣味が悪いですね。

あるとき政宗にも、この仕掛けをしました。政宗が向こうからやってきます。秀吉は、政宗の驚く姿を楽しみにしていました。ところが猿は政宗を見たとたん、あわてて逃げてしまったのです。じつは秀吉の悪戯《いたずら》を事前に知った政宗が、その前にひそかにこの猿を手に入れ、折檻しておいたので、政宗を恐れるようになっていたのでした。

抱きつづけた天下取りの夢

秀吉亡きあとは、政宗は娘の五郎八姫《いろはひめ》を徳川家康の六男・忠輝《ただてる》に輿入れさせ、徳川家との関係を深めます。そして関ヶ原合戦後は仙台に拠点を移し、城下町の建設に力を注ぎ、一大名として落ち着きました。

しかし、じつは天下取りの夢を捨ててはいなかったとする説もあります。慶長18（1613）年4月、江戸幕府の重臣・大久保長安《ながやす》が死にました。すると幕府は、長安の屋敷を探索し、そこからスペイン国王などの書簡類を発見、さらにスペイン軍を用いて幕府を倒し、家康の子・松平忠輝を王にし、長安自身が関白になろうとする計画書を押収したといわれます。忠輝は政宗の娘婿であり、長安とも親しくしていたので、政宗もこの計画に関与しているといううわさが流れました。

実際、政宗はこの年、宣教師ルイス・ソテロの勧めで、牝鹿《おしか》郡月浦《つきのうら》で大型西洋帆船を建造し、家臣の支倉常長《はせくらつねなが》をスペインに派遣しています。目的は通商だといいま

すが、使節に同行したシピオーネ・アマチの『伊達政宗遣使録』には、

「常長はフィリップ三世に、奥州国をスペインの植民地として献上することを約束した」

と記されていますし、ソテロの書簡にも、

「政宗は次期の皇帝で、日本の最高実力者だ」

とあります。

そんなことから、後世の書物になりますが、レオン・パジェスの『日本切支丹宗門史』には、

「政宗が書翰《しょかん》でローマ教皇にスペイン王との同盟の仲介を求めた」

と記載されているのです。

こうして見ると、政宗が大久保長安やスペインと結んで倒幕を企んでいた可能性は否定できないのです。

さらに豊臣家を滅ぼした大坂の役でも、怪しい動きを見せています。冬の陣で政宗は1万8000の大軍を率いて大坂に着陣しますが、これといった戦いもなく、退屈しのぎに香を楽しんだり、家康に生鱈《なまたら》を献じてともに食したりと平穏な日々を送ります。

けれど夏の陣では、婿の忠輝にしたがって大和口の先鋒を務め、道明寺付近で後藤又兵衛隊と激戦を展開し、これを討ち取りました。ところが真田信繁（幸村）隊と出会うと、なぜか鉾《ほこ》をおさめ、少し離れたところに布陣して真田軍と対峙を始めるのです。

大和口の大将・水野勝成は伊達隊に進軍を促しますが、兵の疲れを理由に動こうとしません。このため、みすみす真田隊の大坂城への撤退を許してしまったのです。政宗のこの動きには理解しがたいものがあります。

さらに戦後、政宗の味方討ちが発覚したといいます。具体的なことについては諸説あるのですが、信繁を見逃した翌日、水野勝成隊に属した神保《じんぼ》長三郎《ちようさぶろう》の小隊に鉄砲を向け、これを壊滅させたというのです。

その理由を政宗は、

「神保隊が崩れて逃げてきたゆえ、味方の士気に影響せぬよう射殺した。われわれの前をふさぐものは、敵以外なにものでもない」

と、悪びれもせず答えたといいます。

『難波戦記』によれば、神保隊が敵兵を数多く討ち取るのを見た政宗が嫉妬したのだといいますが、いずれにせよ、なんとも不可解な動きです。また、婿の忠輝が戦闘に参加しようとするのを無理に押しとどめたという説もあります。

伊達家では戦後、信繁の息子や娘を保護しています。ひょっとしたら、豊臣方に通じており、その翌日、真田隊が突撃によって家康の本陣を襲うということを知っていた可能性もあります。

真偽のほどはわかりませんが、大坂の陣に関しては、『名将言行録』に次のような逸話が紹介されています。

大坂の夏の陣の直後、政宗が家康に向かって、

「このたびの戦、味方のなかに逆意の者がおらず、まことに結構なことでありました」

と言うと、家康は、

「敵が滅んでしまっては、逆意の者は知れぬものだ。まったくいなかったとは思えない」

と答えたといいます。

政宗に対する痛烈な皮肉なのかもしれません。すると、これを聞いた政宗は平然と、

「いかにもおっしゃるとおりです。私の家臣のなかにも、逆心を抱いた人間がいた

独眼竜で知られる仙台藩初代藩主・伊達政宗

提供）仙台観光国際協会

かもしれませんが、勝ち戦ゆえ、敵に口がないので、永遠にわかりますまい」

と返したといいます。激動の時代を生き抜いてきた豪者らしい、人を食った会話ですね。

元和2年（1616）、家康は死去します。この折、イギリスの平戸商館長リチャード・コックスが日記に、

「松平忠輝は、危篤の家康に対して反乱を企てるだろう。そのうしろには、政宗がいる」

と認めているのです。

また、細川忠興も、

「政宗に謀反のうわさがあるからい

ざというときの準備をしておけ」

と手紙で息子に命じています。

このように伊達政宗という人は、たびたび周囲から天下取りの野望を疑われているのです。**ダークで機転の利く性格が、他人には得体の知れない不気味さを感じさせた**のかもしれません。

でもこれでは、政宗もたまったものではありません。仙台藩を存続させるために、晩年は涙ぐましい努力を続けます。その結果、政宗は三代将軍・家光の信頼を勝ち得ることに成功します。

たとえば寛永9年（1632）のこと、大御所の徳川秀忠が没し、諸大名がその悔やみに将軍・家光のところに集まってきたとき、家光は、

「私の代わりに将軍職を望む者があらば申し出でよ」

と述べたのです。

その意図をはかりかねた諸大名が黙ってうつむいたとき、政宗はにわかに家光の前に進み出て、

「もし反乱を企む者があれば、私が兵を率い、成敗いたします」

そう言い切ったといいます。

家光はこの言葉に大いに感激したそうです。

死後の準備も怠りなし

翌年、政宗は70歳を迎えます。国元の桃生《ものう》郡で、政宗は1月半ばから2月まで狩猟を楽しみました。数万人の家臣や勢子《せこ》を動員した大規模なものでしたが、すでに政宗は食道噴門がんをわずらっていたようで、死期が近いことを覚悟し、

「ここに来るのは最後になるだろう。これからは若殿（嫡男・忠宗）が来るから、同じように奉公に励んでくれ」

と勢子らに別れを告げて泣いたといいます。

同年4月18日、政宗は母・義姫の菩提寺・保春院を詣でたあと、城下の山々をめぐって鳥の声を楽しみました。経ヶ峰《きようがみね》まで来たとき、政宗はしばらくそこにたたずんだあと、かたわらの奥山常良《つねよし》に、自分が死んだらこの地に埋めよ、と遺言したそうです。

政宗は、万海上人《まんかいしようにん》の生まれ変わりだとうわさされていました。万海は世に聞こえた聖人で、このあたりで修行を積み、死後は経ヶ峰に葬られたとされています。万

海が政宗と同じく隻眼《せきがん》だったことから、そうした風説が流れたのでしょう。政宗もそれを意識していたからこそ、この地を墓所に選定したのだと思われます。

それから2日後、政宗は国元・仙台をあとにして江戸に向かいます。途中、家康廟のある日光を参詣し、4月28日、江戸の桜田藩邸に着きます。すでにがんが進行し、やせ衰えていましたが、それをおして5月1日に家光に拝謁しています。老骨にむち打つ涙ぐましい忠勤ぶりです。その衰弱ぶりに驚いた家光は、すぐに医師を遣わしたといいます。

5月21日には家光みずからが桜田藩邸に見舞いに訪れています。それほど家光は政宗を案じていたのですね。このとき政宗は、無理をして正装し、家光に拝謁しました。すでにがんによる腹膜炎のため、腹回りは1・2メートル近くに肥大しており、食事はほとんどのどを通らなくなっていました。

5月23日、妻と娘に形見の品を渡し、

「嫡男・忠宗に、家光に忠勤するよう助言せよ」

と遺言しました。

この日の深夜、政宗は目を覚まし、宿直の家来に、

「今日の夜は、秋の夜長より長く感じる」

と言い、

「少年時代からたびたび死地を潜ってきたが、まさか自分が畳の上で死ねるとは思わなかった」

と告げたそうです。

感無量だったことでしょう。そして翌24日早朝、政宗は髪を整えさせ、用をたし、刀を差して部屋に戻ると、

「死後みだりにこの部屋に人を入れるな」

と命じ、西の方角を向き、合掌したまま息絶えました。時刻は、午前6時。

遺体は石棺に入れられ、遺言どおり、経ヶ峰に埋葬されることになりました。その場所に墓穴を掘ったところ、なんとそこから石室《いしむろ》が現れ、なかから僧侶の遺体が出てきたそうです。

このあたりに万海上人が葬られたという伝承があり、まさしくそれが万海上人であろうと、人びとはその不可思議な出来事に驚嘆したといいます。

まさに用意周到、整然とした見事な最期でした。

大きな岐路となる決断を他人まかせにしない

抜きん出るためには、人と同じことをしていてはダメ

「運」も成功には必要

土方歳三《ひじかた としぞう》

1835–1869

新選組きってのイケメンとして知られ、局長・近藤勇の右腕として組織をまとめあげ、箱館五稜郭で戦死した幕末の志士

寄せ集めの雑多な集団のまとめ役

新選組が存在したのは、わずか6年間にすぎません。長い日本史のなかでは、小さな点にも満たないものです。幕末という激動の時代にあって、突如、京洛（京都）に姿を現し、まばゆい閃光を放って闇の彼方へと消えていきました。

その盛衰があまりにも鮮烈なので、司馬遼太郎をはじめ多くの小説家によって物語として紡がれ、映画やドラマになって多くのファンを生み出したのでしょう。

幕末当時、都の人びとを驚嘆させたのは、新選組隊士たちの勇敢さでした。倍する敵を前にしても、みな怯《ひる》まずに白刃をくぐって突き進んだからです。

でも、これには秘密があったのです。もともと新選組は、農民や浪人、商人で構成された雑多な集団でした。そんな組織を、諸藩の正規軍を上まわる強靭な軍隊へ変貌させたのは、一人の農民でした。武州多摩に生まれたその男の名を、土方歳三義豊といいます。

少年時代から武士にあこがれていた歳三は、上洛してその夢を実現させ、さらに新選組を鉄壁の組織に育て上げたのです。では、そもそも新選組はどのようにして成立したのでしょうか。まずは、そのあたりから解説していきましょう。

文久2年（1862）末、十四代将軍・徳川家茂の上洛に先だって、将軍を警護するための浪士を募ることが決まりました。この情報を聞き込んだ永倉新八が、仲間で天然理心流《てんねんりしん》宗家《そうけ》（試衛館《しえいかん》道場）の近藤勇《いさみ》、師範代の沖田総司《そうし》、土方歳三などに伝え、一同はそろって応募することにしたのです。

こうして集まった約230名の集団は京都へ行きましたが、その後、事情があって江戸にとんぼ返りすることになりました。しかし、近藤ら試衛館グループは江戸行きを拒絶し、ほか10数名の人びとと京都に残留することにしたのです。残留浪士たちは、会津藩お預かりになることが正式に決定します。

会津藩主・松平容保《かたもり》は京都守護職を拝命して都にいました。京都守護職は、京都の治安維持にあたるのが務めでした。当時、京都では尊王攘夷を叫ぶ浪士たちが、開国派の人びとを襲ったり殺したりと、恐ろしいテロ行為をしていました。それに連中は、町の人びとにゆすりたかりをして治安を乱していたのです。

会津藩は、治安維持に四苦八苦していたので、「目には目を」ということで、江戸から来た浪士たちを用いることにしたのでしょう。こうして成立したのが壬生《みぶ》浪士組、のちの新選組でした。

すぐに隊士募集がおこなわれ、浪士集団が50名に膨れ上がると、隊の組織もかたまりました。隊長として局長が置かれ、その下に副長、さらに副長助勤と称する下士官を設置します。当初、局長は三人制をとり、芹沢鴨《せりざわかも》、近藤勇、新見錦《にいみにしき》が就任しました。

そのうち水戸郷士《ごうし》出身の芹沢が、筆頭局長とされました。副長は、局長を補佐して隊務を統括しますが、歳三は試衛館グループの山南《さんなん》敬助とともに、この副長に就任しています。

稀代のモテ男だからこそもちえた自信

歴史上の人物として土方歳三はたいへん人気がありますが、そのきっかけは、土方を主人公とした司馬遼太郎氏の『燃えよ剣』が昭和30年代後半に出版されたことです。

ただ、とくに女性ファンがたいへん多いのは、やはり歳三がイケメンだからでしょう。歳三の肖像写真を見ると、洋装に豊かな黒髪、切れ長の二重まぶたに鼻筋が高く通り、凛々しく一文字に口を結んでいます。もしこの写真がなければ、あるいは歳三が不細工で貧相な面相をしていたら、これほどの人気は出なかったでしょう。

「身丈《みのたけ》五尺五寸（約167センチメートル）、眉目清秀にしてすこぶる美男子たり」（『両雄士伝補遺』）

と、歳三をよく知る親戚の橋本政直も書き残しています。

ここではっきり言っておきますね。人は見かけなのです。でも、がっかりしないでくださいよ。顔が悪くても、身なりをよくすれば印象もよくなります。

「高い服を着ろ」といっているのではありません。安いスーツでも、きちんとアイロンをかけ、ワイシャツは清潔なもの、ネクタイは曲がっていないなど、身だしなみに気をつけるのです。髪型も整え、爪を切るなど清潔感も大事ですね。

ところで、**人間関係は、ほとんど第一印象、しかも最初の一瞬で決まってしまう**そうです。そして、その後は、なかなか第一印象を拭えないといいます。いずれにせよ、そういった意味では、イケメンの歳三はめちゃくちゃ得をしているわけです。

当時も、そんな色男を女性が放っておくわけがありません。多くの色里の女たちが、歳三に言い寄ってきました。本人もこれがうれしくて自慢したかったようです。芸妓からもらった山のような恋文を郷里に送りつけたと伝えられています。

文久3年（1863）11月に多摩の豪農・小島鹿之助へ宛てた手紙には、次のようなことが書かれています。

「さて、私事ですが、報国のためにがんばっているのですが、じつは多くの婦人が私のことを慕ってきて、手紙に書けないほどなのです。島原では花君太夫、天神の一之《いちの》、祇園《ぎおん》ではいわゆる芸妓《げいこ》三人、北野では君菊と小楽という舞妓、大坂新町では若鶴太夫のほか二、三人います。北の新地ではあまりに多すぎて書けないくらいです。まずはお知らせしておきますね」

このように、自分と恋仲になった島原や祇園、北野や大坂の芸妓や舞妓の名前をいちいち挙げ連ねているのです。そして最後のほうで、「報国の心を忘るる婦人かな（報国の心を忘れさせてしまう女かな）」と戯れ歌を詠み、「歳三は、いかがわしい読み違いをしてしまったよ」とふざけています。

けっこう土方歳三という人が、無邪気でお茶目な人だったことがわかりますね。ただ、やはり**「もてる」ということがどれほど自信を与えるものか**は、言い寄られた経験がある人なら容易に想像できるでしょう。

ましてやそれが、歳三のようなすごいモテモテぶりだったなら、自尊心を大いにくすぐられ、まるで自分を一代の英傑のように思い込んでしまっても、まったく不思議ではありませんね。

勤王の志士たちが、私情を捨てて天下国家のために命を捧げたのは、案外、色里での体験が拍車をかけたのかもしれないと私は考えています。

「あなた、がんばって」と馴染みの芸妓に励まされ、ついつい調子に乗ってしまったように思えるのです。実際、維新後、多くの元志士たちが芸妓と結婚しているのも、非常時に出会った男と女の絆《きずな》の深さを感じさせてくれます。

彼らを池田屋事件へと駆りたてたもの

その後、芹沢一派が乱暴を働き、壬生浪士組の評判が悪いことを憂いた会津藩が、試衛館グループに芹沢らの粛清を命じます。そこで近藤は、歳三や沖田総司に暗殺を指示し、夜中、芹沢らが屯所で愛人と寝ているところを襲撃して命を奪いました。

芹沢一派が駆逐されたことで、新選組の実権は完全に試衛館グループが握るようになり、職制も変化しました。局長は近藤勇一人となり、局長の相談役として総長というポストが新設され、山南敬助が就任。よって副長は、土方歳三によって独占されることになったのです。以後、新選組を実質的にまとめ上げたのは、この副長の歳三だったといわれています。

近藤は、隊内を統制するという実務面については疎かったようです。そういう細かい仕事はあまり好きではなく、幕府や諸藩の有為な士との交際を好み、大言壮語を吐いて豪傑ぶるのを好みました。

そういった意味では大将たる器であり、なかなか学もあったものですから、新選組の広報担当として貢献しました。ただ、隊内は荒くれ者が多いので、誰かが嫌われ役を引き受けて隊をまとめあげねばなりません。

この役を担えるのは、試衛館のメンバーでいえば、年齢と性格からいって、山南と歳三だけでした。山南も当初、隊の実権を握ろうと動いたようですが、やがて重い病にかかって床に伏せることが多くなったようで、自然、歳三が隊の中心となったといわれています。

さて、新選組には局中法度《きよくちゆうはつと》という隊則があります。知っている方も多いでしょう。芹沢鴨と近藤勇が相談して作成したという説と、近藤勇が単独でつくったという説がありますが、いずれにしても、武士に焦がれるほどあこがれていた歳三が、その立案に一枚噛《か》んでいたのは間違いないと思います。

歳三は、この局中法度を最大限に利用しました。

その条文は、以下の五条です。

一、士道ニ背キ間敷《まじき》事（武士道に背いたことをしてはならない）
一、局ヲ脱スルヲ許サズ（新選組を脱退することを許さない）
一、勝手ニ金策致《いた》ス可《べ》カラズ（無断で人から金を借りてはいけない）
一、勝手ニ訴訟取リ扱《あつか》フ可カラズ（勝手に訴訟を取り扱ってはいけない）

一、私ノ闘争ヲ許サズ（個人的な争いごとは許さない）
右条々相背《あいそむ》キ候者ハ切腹申付ベク候也（この五カ条に背いたら切腹を申しつける）

にわかに信じがたいほどの厳罰法ですね。しかも第一条は、非常に曖昧。でも、だからこそ、恐ろしいのです。だって、そうでしょ、士道に背いたかどうかは主観によるからです。

もちろん、有罪無罪を決定するのは、局長などの幹部たちです。つまり幹部たちが、平隊士の生殺与奪権を掌握していたのです。しかもこの法規の最高権限者は近藤勇ではありません。隊中のことはすべて歳三に一任していましたから、歳三が事実上、恣意的に隊士たちを断罪できるのです。

実際、士道不覚悟を理由に、多くの隊士が切腹を申しつけられています。一説には、粛清された隊士は40名近くにおよんだといいます。これは戊辰戦争前でいうなら、戦って死んだ数よりはるかに多いのです。

つまり歳三は、「死の恐怖」によって隊を鉄壁の武闘集団に仕立て上げようとしたのです。ずいぶんむごいと思うかもしれませんが、当時は幕末、幕末は非常時、乱世です。トップダウン方式ですばやく動ける組織でなければ、生き残っていくことは難しいのです。

では、そんなやり方が現代に活かせるのでしょうか。私は、教訓になると考えています。今の日本経済も、十分、緊急事態だと思うからです。新選組のような上意下達システム――これこそが、いま求められている臨戦的な企業組織だと考えますし、だからこそ、新選組のやり方に学んでほしいのです。

ところで、新選組の隊士たちは、こうした厳しさに耐えかねて、ひそかに脱走しようと試みる者があとを絶ちませんでした。けれど、その多くがまもなく捕まってしまうのです。また、不正を働いた隊士についても、すぐにそれが発覚してしまいました。

理由は簡単です。歳三が調役《しらべやく》と呼ぶ諜報部門を直属下におき、常に怪しい隊士の動向をつかんでいたからです。それに、隊士数名をグループでくくり、連帯責任を負わせたため、互いに監視し合っていたことも大きいといえるでしょう。

もしあなたが将来、管理者になったら、常に組織内に複数の情報提供者をもつべきですね。ちょっとダークな手法ですが、どれだけ内部にそうした協力者をもつかで、出世競争は決まるものなのです。

さらにいえば、歳三は、基本的に人間というものを信用していなかったようです。

「人は、放っておけば楽なほうへ走り、やがて堕落する。だから、組織の結束力を保つには、構成員の背中に刃を突きつけるような、すさまじい緊迫感を与えなければならないのだ」

それが信念だったように私には思えるのです。

こうした新選組のことを知ったうえで、有名な池田屋事件をあらためて見てみましょう。

「京都に火を放って大火を起こし、孝明天皇を御所から奪い去って長州へ逃げる」

8月18日の政変で朝廷から駆逐された志士たちは、そんな恐ろしい計画を実行に移そうと、ひそかに京都に戻ってきました。

捕縛した志士を拷問し、この情報を得た新選組は、二手に分かれて浪士が集まっていそうな場所を片っ端から探します。すると、近藤勇率いる10名のグループが、彼らが池田屋にいることを突きとめました。

相手方はおよそ30名。3倍です。ところが近藤らは応援を待たず、見張りを入口に置いて、わずか数人で突入したのです。沖田総司、永倉新八、藤堂平助など、幹部や猛者《もさ》がそろっていたといえども、あまりに無謀な行為です。なぜ、待たなかったのでしょう。

それは、臆したと思われ、「士道不覚悟」の烙印を押されてしまうからだと私は思っています。戦うしか術はなかったのです。つまり使命感から出たものではなく、奮戦しなければ切腹が待っているという恐怖感に発したものであると考えています。

近藤勇がいるから、そんなことはないだろうと思うかもしれませんが、たしかに切腹は免れるかもしれません。でも、幹部たちが情けない体たらくを見せたら、「恐怖」で結束している新選組は瓦解するしかありません。それがわかっているから、近藤は突入を決意したのでしょう。

かくして激しい戦いが始まり、新選組は抵抗する志士を容赦なく斬り殺し、多くを逮捕します。この行動が、にわかに新選組をクローズアップさせることになったのです。

ともあれ、局中法度は、現代でいえば、つねに解雇通知をちらつかせながら部下どうしの競争をあおって業績を伸ばす手法ともいえるでしょう。

ただ、オオカミ少年ではいけない。殺すぞ、殺すぞ、とたびたびいわれ、本当に殺されなければ、人は誰もその言葉を信じなくなるし、恐れもそのうち薄れてしまいます。そういう意味では、おどしには生け贄《にえ》がつきもの。

ともに幕府のために尽くした新選組の土方歳三（左）と局長の近藤勇
（右の写真は国立国会図書館蔵）

歳三のすごみは、大物を生け贄にしたことです。躊躇せず、新見や山南に腹を切らせたのです。新見は元局長、山南は総長で、いずれも土方より上位の人間です。それを、新見は日ごろの非行のかどで、山南は脱走の罪で、問答無用で切腹させています。

いまでいえば、会社の重役が次々とリストラされていくようなものです。そんな状況になったら、平社員はぼんやりしていられません。必死に働くはずです。繰り返しになりますが、**恐怖による悲壮な緊張感、このマネジメント法が新選組をして無敵の戦闘集団に仕立て上げた**のです。

ただ、こうしたやり方がうまくいっ

たのは、歳三みずからがリーダーになろうとしなかったからだといえます。表向きは局長の近藤勇をたて、裏で権力を握ったのです。もし表に出て堂々と恐怖政治を展開したら、きっと隊士の反発をまともに喰らって、新選組は内部崩壊した可能性が高いと思います。

あくまで人徳者・近藤の陰にひそんで組織を動かしたことが、成功の鍵だったような気がしています。ただ近藤であっても、永倉らが反発して、会津藩が調停に入ることがありましたから、歳三がリーダー然として強権をふりかざしていたらなおさらでしょう。

幕府がつぶれたことで、新選組も消滅していきます。けれど、私はもともと、新選組は長続きしなかったと確信しています。人を恐怖で支配できるのは、せいぜい数年だと思うからです。

真の長所はすばやい行動と柔軟性

さて、これまで土方歳三を恐怖の独裁者のような言い方をしてきましたが、もちろん、これ以外にも学ぶべきところはあります。

一つは、すばやい行動です。たとえば新選組に、多数の病人が出たことがあります。ちょうど屯所を訪れた幕府の医師・松本良順《りょうじゅん》に相談したところ、良順は、「隊士の日常生活が不衛生だからだ」と指摘しました。

すると歳三は、その日のうちに屯所にいくつも風呂を設置、隊士に清潔を奨励し、食事に肉食をとり入れたのです。よいと思った助言を迅速に実行に移す。頭ではわかりますが、なかなかできることではありません。

柔軟性も歳三の長所です。池田屋事件に見るように、新選組は剣客集団です。大砲や鉄砲を導入していたとはいえ、薩長に比較したら児戯に等しいものでした。それを歳三が実感したのは、鳥羽・伏見の戦いです。この戦いでは、御香宮《ごこうのみや》に陣取る薩摩軍への斬り込みを、歳三は精鋭20数名に命じました。

新選組が得意とする白兵戦です。隊士たちは御香宮の土塀を乗り越え、敵陣に突撃を敢行しようとしますが、塀を乗り越えたところで薩摩の小銃隊に翻弄《ほんろう》され、たちまち死傷者を増やし、撤退を余儀なくされたのです。このとき歳三は、もはや刀が通用する時代ではないと悟ったのです。

その後、軍艦で品川へ舞い戻った歳三は、戦いの様子を尋ねた佐倉藩士の依田学海《よだがっかい》に対し、

「これからは刀ではだめだ。銃砲の時代だ」

と明言しています。

そしてバッサリと髷を落としてザンギリ頭にし、和装からフランス式軍服に変えたのです。ここに、新選組を近代的歩兵銃隊に一新しようとする歳三の決意がわかりますし、新選組が100両で新式小銃5挺を購入している記録が残っています。**時代遅れだとわかった瞬間、これまでの栄光は捨てて、新しいものへ切り替える柔軟性**がみてとれます。

その後、土方歳三は、甲州、北関東、東北、さらに蝦夷地へと転戦していきますが、新選組を他人にゆだね、もっぱら彼自身は伝習隊を率いることが多くなります。この隊は、フランス士官の訓練をうけた幕府の洋式歩兵部隊です。そんな部隊を見事に指揮し、新政府軍をたびたび撃退しています。

新選組の洋式化への転換だけでなく、自分自身も洋式歩兵軍の指揮官に見事に転身しているのです。

残念ながら箱館戦争で歳三は戦死しますが、もし明治維新後も生き残り、新政府に入ることができたら、おそらく陸軍の名将として名を残したことでしょう。

時代遅れだとわかった瞬間、過去の栄光は捨てて、新しいものへ切り替える

人間関係は、ほとんど第一印象、しかも最初の一瞬で決まってしまう

よいと思った助言は、迅速に実行に移す

細川藤孝・忠興

1534-1610・1563-1645

ほそかわ ふじたか
ほそかわ ただおき

細川家の存続にすべてを賭けた文武両道のエリートの父と、情に流されず家庭より仕事を選んだ息子

細川家の命運を賭けた究極の選択

新型コロナウイルスのせいで、これからしばらくは世界も日本も、さまざまな意味で厳しい状況が続きそうですが、そうした世の中を渡って行くためには、時代の流れを的確にとらえることが、たいへん重要になってくると思うのです。

とくに新型コロナのパンデミックのように、予測不能な事態が突如発生したとき、どう柔軟に対応できるかが成功の鍵になります。

ここで紹介する細川藤孝・忠興父子は、ずば抜けた先見力をもっていた戦国武将なので、彼らから先を読む力を学んでいただければと思います。

天文3年（1534）、細川藤孝は三淵晴員《みつぶちはるかず》の次男として京都で生まれました。晴員は室町幕府の十二代将軍・足利義晴《よしはる》の側近で、三淵家の養子となっていました。ただ、一説に藤孝は将軍・義晴の御落胤《ごらくいん》だという説もあります。義晴が後奈良天皇の命で近衛尚通《このえひさみち》の娘を正室とすることになったとき、義晴は側室にしていた女性（公家・清原宣賢《のぶかた》の娘）を側近の三淵晴員に与えましたが、このときすでに彼女は妊娠していました。

将軍・義晴は、

「生まれてくる子が男なら、お前の跡継ぎにせよ」

と告げたといいます。

逸話の真偽のほどは定かではありませんが、その後、藤孝は6歳のとき晴員の兄・細川元常《もとつね》の養子となり、細川姓を名乗るようになりました。

やがて藤孝は、義晴の後を継いで十三代将軍となった足利義輝《よしてる》に仕えるようになります。すでに各地には戦国大名が跋扈《ばっこ》し、足利将軍家は衰退しきっていました。若き義輝は威勢を挽回しようとしますが、その政治力に危惧を抱いた三好氏や松永氏に京都で殺害されてしまいます。さらに、彼らは義輝の弟・覚慶《かくけい》（のちの将軍・義昭）も奈良の興福寺に監禁したのです。

そこで藤孝は一色藤長《いっしきふじなが》や異母兄の三淵藤英《ふじひで》らとはかって覚慶を救出。各地を転々としたのち、越前の戦国大名・朝倉義景《よしかげ》のもとに身を寄せ、明智光秀と協力して織田信長に接近します。結果、信長は永禄11年（1568）に義昭を奉じて上洛、義昭は十五代将軍となって室町幕府を再興したのです。

将軍になれた義昭は藤孝の助力に対して京都に領地を与え、室町幕府の奉行衆に任じます。一方で藤孝は、信長からも山城国勝竜寺城《しょうりゅうじじょう》一帯を与えられました。

ところが、です。信長の傀儡《かいらい》に我慢できなくなった義昭は、勝手に諸大名と誼《よしみ》を結び、政治権力を手に入れようと動きはじめたのです。これに信長が強く規制をかけると、両者の関係は急速に悪化。義昭は本願寺顕如《けんにょ》や武田信玄、朝倉義景などとはかって信長包囲網をつくりはじめました。

藤孝は、主君の義昭をたびたび諌めましたが、聞き入れられないばかりか、叱責をこうむってしまいます。しかたなくいったん謹慎し、ほとぼりがさめてからふたたび諫言しますが、義昭に激怒され、居城の勝竜寺城に幽居することになりました。すばらしい忠臣に思えますね。でも、そうではないのです。じつは義昭に諫言をしながら、その陰で義昭の動きを逐一、信長に報告していたのです。悪い言い方をすれば、裏切ってチクっていたのです。もう藤孝は、とうに義昭を見限る覚悟を決めていたのです。

そんな藤孝と正反対の態度をとったのが、異母兄の三淵藤英《ふじひで》でした。藤英はあくまで義昭に味方しつづけ、義昭が信長によって京都を追放されると、ようやく信長に降伏しました。

けれど所領を没収されて明智光秀のもとに預けられ、まもなく息子の三淵秋豪《あきひで》とともに切腹を命じられてしまいました。おそらく義昭から離れなければ、藤孝も兄と同じ運命をたどったことでしょう。

この話を聞くと、みなさんのなかには異論を唱えたくなる方もいるでしょう。義昭が信長に勝つ可能性なんてあるわけない、藤英が愚かなだけで、藤孝の行動に先見の明があったわけではないと……。

いえいえ、そんなことはありません。みなさんは、信長が勝ったという歴史を知ってしまっているから、そんな気持ちになるのです。信長は包囲網をつくられたとき、まさに危機的状況でした。

実際、浅井・朝倉の攻撃に苦しみ、朝廷に助けを求めて講和を仲介してもらったり、武田信玄の大軍が迫ってきたり（結局、信玄が病死して事なきを得る）と、とても当時の人から見たら、後年、あれほど信長が強大な勢力になるとは予測できなかったはず。

ですから藤孝にとっては、ある種、細川家の命運を賭けた究極の選択だったといえると思うのです。あれこれ考え、苦しみながら出した結論だったでしょう。結果、その選択は正解だったわけです。

盟友・光秀の誘いも断る見事な決断力

こうして信長の家来となった藤孝ですが、義昭が京都から追放された翌年、息子の忠興に明智光秀の娘・玉子（のちの細川ガラシャ）をめとる約束をします。細川家の記録である『細川家記』によれば、忠興と玉子の婚約は主君・信長の命であり、藤孝は再三固辞したとあります。

でも、私はこれは嘘だと考えています。

『細川家記』は後世の史料です。光秀がのちに謀反人となったので、事実をうまく改竄《かいざん》したのでしょう。なぜなら当時、明智光秀は織田家でいちばん勢いのある武将だったからです。

光秀は、美濃源氏の名族・土岐氏の出身で、のちに越前朝倉氏の重臣となったといわれてきましたが、近年はたんなる美濃の土豪にすぎず、室町将軍家の軽輩だったとか、藤孝の足軽だったともいわれるようになっています。

けれど、藤孝より早く信長専属の家臣となり、比叡山の焼き討ちなどで大活躍し、坂本の地を与えられ、城主となりました。こうした厚遇は、信長の家臣では光秀がはじめてです。

藤孝は、そんな日の出の勢いの光秀の与力となり、ともに戦うようになりました。先見の明がある藤孝のことですから、もしかしたら、かつて自分の家来であった光秀のもとで戦いたい、とみずから信長に申し出た可能性だってあります。

いずれにせよ藤孝は、

「光秀は優れた武将である。この人についていけば、自分も栄達できるだろう」

と考え、明智家と縁組みしたのだと思うのです。

こうして藤孝は、明智光秀という上司のもとで丹波攻略に尽力し、天正8年（1

580）に平定されると、その功績により、藤孝も丹後一国12万石を与えられたのです。まさに順風満帆な人生でした。
ところが天正10年（1582）6月2日、信長が本能寺で殺害されてしまいます。しかも襲ったのは明智光秀だったのです。

藤孝に事前の相談はありませんでした。ちょうど藤孝は、備中国《びっちゅうのくに》へ出陣するため丹後国宮津城を忠興とともに出立したとき、本能寺の変を知ったといいます。信長が死んだ翌日のことでした。

光秀は、細川藤孝・忠興父子は戦友であり親戚なので、自分に味方すると信じて疑わなかったようです。そこで光秀は、沼田光友を使者として藤孝のもとに派遣し、摂津一国の付与を条件に味方につくよう求めたのです。

盟友の光秀に味方するか否か、まさにここは思案のしどころといえます。

でも藤孝は迷うことなく光秀の誘いを拒絶し、細川家の家督と宮津城を息子の忠興に譲り渡し、頭を丸めて蟄居《ちっきょ》してしまったのです。見事すぎる決断です。

このとき織田家の重臣である柴田勝家、羽柴秀吉、滝川一益は遠方におり、大坂にいた丹羽長秀らの大軍は動揺を来《きた》して自壊してしまいました。つまり、畿内で圧倒的な大軍を抱えていたのは光秀なのです。しかも、ほかの畿内周辺の大名たちが光秀に味方したら、細川家はお終いです。

けれど、藤孝は、

「**大義名分のない主殺しは、天下をとっても長続きしない**」

と確信したのかもしれません。

家督を譲られた忠興も藤孝にしたがい、妻の玉子を味土野《みどの》という山中に幽閉して光秀の誘いを断りました。父子ともに見事な英断だといえます。

驚いた光秀は、6月9日に再度使いを遣わし、直筆の手紙で藤孝を味方に誘いました。そこには、摂津だけでなく、但馬《たじま》と若狭《わかさ》の両国も与えると約束し、さらに、

「自分がこのたび信長を倒したのは、婿の細川忠興を引き立てたいからである」

と述べ、

「近いうちに近国を平定したなら、自分は嫡男の光慶《みつよし》と婿の忠興に政権を譲るつもりだ」

と記されていたのです。

そこまで光秀に頼りにされていた藤孝でしたが、その決意はまったく動かず、むしろ中国地方にいる秀吉に使いを送ったのです。

ただ、さすがに藤孝も気が引けたのでしょう、秀吉が光秀を倒した山崎の戦いに

は参加しませんでした。いずれにしても、藤孝の動向がほかの大名に影響を与えたのは間違いありません。大和国の筒井順慶をはじめ、ほとんどの光秀の与力大名は与《くみ》しなかったからです。

さて、先述のとおり、息子の忠興も天下の譲与をちらつかせる義父の光秀には味方せず、玉子に向かって、

「お前の父親は主君・信長の敵なので、同室することはできない」

と宣告して彼女を味土野に幽閉しました。玉子は、

「腹黒い父親のために、忠興に捨てられ、こんなことになってしまいました」

と書いた恨みの手紙を、光秀に宛てて送ったといいます。

いずれにせよ忠興は、計画性のない反乱で天下を奪った光秀など、いずれは自滅するだろうと読み、スパッと縁を断ち切ったわけです。

ただし、玉子を本当に捨てたわけではありませんでした。その後も彼女を追放したり殺したりしておらず、味土野での生活を続けさせ、ほとぼりがさめた2年後、秀吉の許可を得て復縁しているからです。

玉子が光秀をなじるような手紙を書いたといいましたが、ひょっとしたらこれは謀反した光秀の罪で玉子が連座しないよう、忠興が守ろうとして書かせたのかもし

れません。

友情も義理も平然と断ち切る

いずれにせよ、藤孝は隠居し、細川家の当主は忠興になりました。忠興は秀吉に仕えて忠勤し、その信頼を得て天正13年（1585）には羽柴姓を与えられています。朝鮮へも出兵し、晋州城《しんしゅうじょう》を落とす功績を見せました。

このように、父親譲りの先見性をもつ忠興ですが、そんな彼にも未来を読み間違えてしまうことがありました。

忠興は、豊臣秀次とたいへん懇意にしていました。叔父の秀吉から関白職を譲られ後継者と目されていたので、必要以上に秀次へ接近したのです。ところが、秀次はなんと、謀反を企てたという嫌疑で、秀吉の怒りにふれて突然、失脚してしまうのです。俗説では、晩年、秀吉に実子（秀頼）が生まれたため、急に秀次が邪魔になったのだといわれます。

このときにあたって、忠興はどのような行動に出たのでしょうか。昵懇《じっこん》にしていた関白・秀次を救うため、太閤秀吉に対して秀次の弁明をしたのでしょうか。とんでもありません。まったく逆です。

忠興は、金をかき集めて、秀次に借りていた莫大な借金をただちに返済し、みずから秀吉の屋敷へ赴くや、

「私は秀次との関係をいっさい絶ちました」

と身の潔白を告げたのです。

みなさんのなかには、「忠興は、なんとえげつないやつだ」と笑う人もいるかもしれません。でも時は戦国時代。友情や義理など平然と断ち切ることができなければ、武将は生き残っていけないのです。

先を読み間違えたら、あるいは失敗だと気づいたら、ためらわずにすぐに軌道修正する行動力、そして、そうする勇気や冷徹さ。こうしたことは、私たちも忠興から見習うべきかもしれません。

だからといって忠興は、秀次の件で懲りたわけではありませんでした。決して権力者の秀吉一辺倒にはならず、今度は豊臣政権の最大大名・徳川家康にその将来性を見いだし、秀吉の生前から交際を深めていったのです。このへんの政治的嗅覚は、まったく大したものだといえます。

事実かどうかわかりませんが、こんな話があります。

秀吉の死からまもなく、忠興は親友の前田利長から、

「自分は石田三成らと共謀して、徳川家康を暗殺しようと計画している。ぜひとも友人のお前に手伝ってほしい」

と打ち明けられたといいます。

ふつうに考えれば、家康派の忠興のことです。親友の計画を、その場で極力諫めるはず。ところが忠興は、なんと家康暗殺に賛成するそぶりを見せたのです。そして、何食わぬ顔で暗殺計画を利長からくわしく聞き出し、利長が立ち去ると、その足で家康の屋敷へ駆け込み、計画のすべてを家康に打ち明けたというのです。

家康は、大いに忠興に感謝したといいますが、ここからが忠興のスゴいところです。翌日、今度は前田利長のもとへ行き、

「じつは昨日、家康に全部計画をしゃべってしまったぜ」

と告白したのです。

「まさか冗談だろう」

と焦る利長に対し、家康という人の将来性をこんこんと説き、自分の味方に引き込んでしまったといいます。

前田家は当時80万石を超える大大名です。これを徳川方につけた忠興の手腕に、

家康が感服したことはいうまでもありません。慶長4年（1599）、家康の推薦によって忠興は、豊臣政権から新たに豊後国杵築《ぶんごのくにきつき》（6万石）を加増されました。先見性があっただけでなく、知恵者であったこともわかりますね。

さらに忠興から学べるのは、**情に流されない強さ**です。家庭をとるか、仕事をとるかの二者択一を迫られたとき、現代人は家庭を選ぶでしょう。それがいまの常識です。

でも、1960年代までの日本では、モーレツ社員と呼ばれた人びとが会社に忠誠を尽くし、家庭を顧みずに働きづめに働いたものです。それから半世紀で、日本人の考え方は大きく変わりました。もちろん私も家庭を選択します。

なので、これから話す忠興の逸話は、教訓として決してオススメできるものではありません。ただ、何かを犠牲にしても成功を手にしたいという方も、ごく少数いるかもしれませんし、そうでない方も、あくまで参考のために一読していただければありがたいです。

「身を捨てて家を残す」という生き方

関ヶ原合戦の前、挙兵した石田三成ら西軍は大坂城に入り込み、家康方（東軍）として会津征伐に赴いている大名たちの妻子を人質にしてしまおうと考えました。そして手始めに、大坂城三の丸の細川屋敷にいた忠興の妻・ガラシャ（玉子）を捕まえようとしたのです。

このときガラシャは、西軍方の手に落ちる前に、みずから家臣に命じて自分を殺害させました。キリシタンなので、自害はできないからです。おそらく、仕事第一の夫・忠興の気持ちをよく察していたから、思い切った行動がとれたのでしょう。

この行為に動揺した西軍は、東軍武将の妻子を人質にするのを断念したといいます。そういった意味では、ガラシャは東軍に大きな貢献をしたことになります。

ただ、あまり知られていない事実があります。

忠興の嫡男である忠隆の正室（前田利家の娘）は、このとき命惜しさに屋敷から逃亡しているのです。すると忠興は、関ヶ原合戦後、忠隆を廃嫡してしまったのです。理由は単純です。天下人・家康の機嫌をそこねないためです。つまりは細川家安泰のためです。

さらに忠興は、スゴいことをします。細川家の後継ぎには次男の興秋《ただあき》ではなく、三男の忠利《ただとし》をすえることにしたのです。3人とも母親はガラシャです。また、興秋が暗愚だったからでもありません。その理由は、たった一つ。忠利が秀忠（のちの二代将軍）のお気に入りだったからです。

このように細川家の存続と繁栄のためには、平然と家族を駒に使う、そうした冷たさを忠興はもちあわせていたわけです。

ちなみに天下分け目の関ケ原合戦時、細川藤孝も東軍に大きな貢献をしています。本能寺の変後、家督を譲って隠居した藤孝ですが、以後は幽斎《ゆうさい》と号し、山城国西岡に領地を与えられ、秀吉にしたがって各地を転戦し、九州平定の功績により4万石の大名になっていたのです。

石田三成らが挙兵したとき、息子の忠興は家康にしたがって会津征伐に赴いており、藤孝は忠興の丹後国田辺城を守護していました。そんな田辺城に石田三成は1万5000の大軍を差し向けたのです。この城を奪っておかないと、西軍が伊勢・美濃一帯に出撃したあと、背後から襲撃される心配があったからです。

細川氏の精鋭はみな忠興とともに出払ってしまっており、田辺城には老兵と雑兵500人しかいませんでした。敵の数はその30倍です。ふつうに考えるなら、降伏しか選択はありえませんね。

ところが藤孝は、戦うという決断を下し、敵に向かって大筒を打ち込ませたのです。もう説明する必要もないと思いますが、「身を捨てて家を残す」、それが細川一族なのです。

こうして慶長5年（1600）7月22日から戦いが始まります。藤孝はよく防戦し、なんと1カ月以上、敵を寄せつけませんでした。しかしながら、多勢に無勢、落城がいよいよ確実な状況になってきました。

そのときです。藤孝は、自分が所有している歌集などの貴重な文化財を、目録をつけて天皇や知り合いの公家へ贈呈したのです。さらに八条宮智仁《としひと》親王に対しても、三条西実枝《さんじょうにしさねき》から授けられた『古今和歌集』の秘伝書を献上しました。

じつはこの藤孝、武将であるとともに、当代における随一の文化人だったのです。歌道に加え、『源氏物語』の奥義も九条稙通《たねみち》から伝授されており、有職故実《ゆうそくこじつ》や茶道、音曲、刀剣鑑定、料理などあらゆる文芸に秀でていました。

この才能が、藤孝の運命を大きく変えることになりました。後陽成《ごようぜい》天皇や八条宮智仁親王は、歌道の伝授が途絶えてしまうことや偉大な文化人をみすみす失うことに大いに心を痛め、なんと、8月27日に勅使を田辺城へ遣わし、藤孝に開城を勧めてきたのです。

しかし藤孝はすでに死を覚悟しており、勅使の勧めを断りました。天皇はそれでも藤孝の才能をあきらめきれず、今度は西軍の五奉行・前田玄以《げんい》に使いを送り、すぐさま田辺城の包囲を解いて和睦《わぼく》するよう命じたのです。

困った玄以は、次男の茂勝《しげかつ》を田辺城に派遣し、籠城している藤孝に対し、和睦を説きました。当初、藤孝はその申し出を断りました。ただ、自分が討ち死したあと、歌道の奥義が途絶えることを心配し、『古今和歌集』の秘伝書を八条宮へ贈呈することにしたのです。

そして、

「古《いにし》へも今も変はらぬ世の中に　心の種を残す言《こと》の葉《は》」

という自作の一首を添えました。

藤孝の歌道に対する思いと死の覚悟がよく伝わってきますね。

すると、ますます朝廷は藤孝を死なせまいとして、さらに説得の勅使を派遣したといいます。ここにおよび、ついに藤孝は開城に同意したのです。

妻子や家臣を犠牲にすることもいとわない

藤孝が城を開き、丹波の亀山城へ移るまで、敵は手を出しませんでした。9月13

日のことでした。

関ヶ原合戦は、それから2日後に勃発《ぼっぱつ》しています。もし田辺城がすぐに開城していれば、この城を攻めていた1万5000の西軍は関ヶ原合戦に参加していたはず。そうなれば、場合によっては逆転もありえたかもしれません。そういった意味では、藤孝の果たした役割は非常に大きかったといえるのです。

ただ、私はこれは藤孝の作戦だったのではないかと勘ぐっています。

当初、藤孝は命を捨てるつもりだったでしょうが、8月半ばに朝廷と連絡を取りはじめたとき、朝廷が積極的に講和に介入してくれそうな手応えをつかみました。同じころ、東軍の大軍がこちらに向かってきていること、さらに8月22日に岐阜城が陥落したことも情報として入ってきたと思います。しかも、敵方には藤孝の文芸の弟子が多くて戦意がそれほど高くありません。

そこで藤孝は東軍が戻ってくるまで、時間稼ぎをしたのだと思うのです。いずれにしても戦後、家康は藤孝と対面し、60日近くも籠城しつづけたことを大いにほめたたえたといいます。

では、忠興はどんな活躍を見せたのでしょうか。忠興率いる細川隊は石田三成隊と戦い、大活躍をしました。その結果、戦後の論功行賞《ろんこうこうしょう》で細川家は、豊前《ぶぜん》中津と豊後杵築をあわせて39万9000石の大大名になったのです。

藤孝は晩年、京都に住居を移し、悠々自適の生活を送り、慶長15年（1610）に77歳の生涯を閉じました。

それから4年後、細川家は大変な事態に見舞われます。細川家の跡取りになれなかった忠興の次男・興秋は、その後、細川家を出奔してしまいますが、なんと、大坂冬の陣のさい、豊臣家に味方して大坂城へ入ったのです。

この事態に忠興は驚愕しますが、すぐに江戸にいる息子・忠利に指示を発しました。忠利は、父の指図にしたがって駿府にいる家康のもとに馳せ参じ、

「自分を大坂城攻めの先駆けにしてほしい！」

と直訴したのです。

家康は「神妙のいたり」だと忠利をほめたたえました。この言葉によって、細川家は安泰を約束されたのです。とにかく動きが俊敏ですね。

翌年、大坂の陣が豊臣家の滅亡に終わり、徳川幕府に敵対した細川興秋も逮捕されました。このとき家康は、

「これまでの細川家の忠節に免じ、興秋の死一等を減じる」

そう忠興に伝えました。しかし忠興はこれを断乎、固辞し、わが子・興秋に無理

やり腹を切らせて決着をはかったのです。

忠興はまた、家臣に対しても峻烈でした。あるとき忠興は、

「細川家中の侍は、みな優秀な者ばかりだ」

とある大名に賞賛されました。

これに対して忠興は、

「家臣には二度まで懇切丁寧に教えるが、三度目もできなければ斬り殺してしまうからでしょう」

と平然と答えたといいます。

このように忠興は、御家を存続させるためなら、妻子や譜代の家臣を犠牲にすることをいといませんでした。そんな忠興を冷血漢だと思うかもしれません。が、そうしたやり方が、細川家をして幕末まで存続させ、さらに、細川護熙《もりひろ》という首相を輩出するまでになったのだと思うのです。

本流を誤らない先見力、情を絶つ勇気、それはリーダーに求められる重要な資質なのではないかと思うのです。

先を読み間違えたら、失敗に気づいたら、
ためらわずにすぐに軌道修正する

本流を誤らない先見力、情を絶つ勇気が、
リーダーに求められる資質である

大義名分のない行為による成功は、
結局は長続きしない

第8章 奇想天外な方法で成功する

Chapter8
Introduction

「iPhone」は、携帯電話という概念を突き崩した奇想天外な道具でした。電話やメール機能だけではなく、パソコン、音楽プレーヤー、ゲーム機など、あらゆるものをその一台に詰め込んだから大ヒットしたのです。これまで誰も思いつかない奇想天外なものでした。

ただ、奇想天外な発想など、誰にだってすぐに考えつきます。たとえば、生きた蛸《たこ》の足がついた動く目覚まし時計。たしかに奇抜です。奇抜すぎます。でも、いったい何の役に立つのでしょう。売れるはずがありませんね。

つまり、たんに常識を外れればよいというわけではなく、人びとに広く受け入れられてはじめて成功といえるのです。

この章では、奇抜な方法で大成功をおさめた江戸の商人・三井高利と地下鉄をつくった早川徳次をくわしく紹介します。その成功談は本文で語っていきますが、二人の奇抜とされるアイデアは、長年考え抜いた末に生み出されたものでした。

一般には奇想天外に見える発想は、じつは練りに練ったうえで生み出されたものだということを、ぜひ知っていただきたいと思います。

三井高利

1622-1694

みつい　たかとし

52歳にして長年の夢を実現すべく、「現銀(金)掛け値なし」をはじめ、お客視点のサービスを次々と展開し、三井財閥の礎を築いた豪商

母の商才を受け継いだ息子たち

この章では、三井高利という江戸時代の豪商から学んでいただこうと思います。

江戸時代は、スゴい商人が多く登場しますが、高利以後も三井家は連綿と続き、戦前には三井財閥に成長、戦後も三井グループとして巨大な企業集団を形成して経済

界で活躍しています。そんな日本を代表する商人である三井高利のアイデアと機転を紹介していきましょう。

天和8年（1622）、高利は伊勢松坂《まつさか》の商人・三井高俊《たかとし》と殊法《しゅほう》のあいだに末っ子（8人兄姉弟）として生まれました。三井氏の祖である越後守高安《たかやす》は、高利の祖父にあたり、戦国時代は近江国・佐々木氏の家臣として鯰江城《なまずえじょう》（現・滋賀県東近江市鯰江町）を支配していました。しかし織田信長に敗れて伊勢松坂まで逃れ、そこで武士を廃業し、質屋や酒、味噌店を始めたと伝えられています。

ただ、その子・高俊はあまり商才がなかったらしく、なおかつ、若死にしてしまいました。そんな三井家の店を切り盛りして発展させたのは、高俊の妻で高利の母・殊法だったのです。

彼女は、ほかの質屋より低利で金を貸し付けて顧客をどんどん増やし、酒店や味噌店のほうにお客さんがくると、愛想よく菓子や煙草を出してもてなしたので、商売は大いに繁盛したといいます。

ただ、非常な倹約家でした。落ちている古縄を拾って壁に塗り込んで使用したといわれています。殊法の影響でしょう、息子たちはみな商人になりたがりました。

そこで殊法は、長男の俊次《としつぐ》を幼いころから、親戚が経営する江戸の店で修行をさせることにしました。やがて俊次は本町四丁目に小間物屋（日用雑貨店）を開き、さらに呉服も手がけるまでになったのです。

呉服というのは、着物の生地（反物）、おもに高級な絹織物のこと。つまり武家や豊かな商家を相手にする、いまでいえば有名ブランド店のようなものでしょうか。しかも店は繁盛するようになり、支店を複数もつまでに成長していったのです。母に似て、すばらしい商才があったようです。多忙になった俊次は、弟の重俊《しげとし》（高利の三兄）を江戸に呼び寄せました。

でも、にわか成金になったことで、俊次はしだいに商売をおろそかにし、侠客とつるんで博打にのめり込むようになってしまいます。よくあるパターンですね。金の臭いがするところに、悪い虫は寄ってくるものです。重俊はそんな兄を強く諫めましたが、耳を貸そうとしません。

そこで重俊は、とうとう店を飛び出してしまったのです。しかも彼は、日本橋中橋に兄と同じ呉服店を出します。するとこの店はたちまち評判となり、俊次の客を奪うまでになりました。

自分を脅かす存在になった重俊の商才に舌をまいた俊次は、己の非を悔いて弟に謝罪し、兄弟は和解して共同で商売にあたるようになったといいます。以後、俊次はもっぱら京都で品物の仕入れにあたり、江戸店《だな》の経営は重俊がにないました。

52歳で夢を実現し、商売の常識をくつがえす

こうして兄弟の商売はますます大規模になり、末っ子の高利も14歳になると、兄たちの商売を手伝うために江戸へ上りました。寛永12年（1635）のことでした。

高利が18歳のとき、江戸の店を切り盛りしていた重俊が、健康の優れない母・殊法の介護のため、松坂へ戻ってしまいます。このため高利が、若年ながら江戸の店を切り盛りするようになりました。

高利は番頭に商売をまかせず、支払い期限までに金を払わない客に対しては、みずからその屋敷まで出かけていって、巧みに代金を回収したり、陸奥へ向かう行商人に呉服を卸して新たな顧客を開拓するなど優れた商売の才能を見せ、わずか数年で大金を貯め、江戸本町に土地を購入するまでになりました。

これに仰天した俊次は、ちょうど重俊が没したこともあり、

「今後はお前が母親の面倒を見ろ」

と厳命したのです。

高利には、将来は兄から独立して江戸に自分の店を開きたいという夢がありましたが、母も盛んに帰郷を促してきたため、しかたなく兄の言いつけにしたがって故郷へ戻ることにしました。

いまでは考えられないと思いますが、当時は儒教道徳が浸透しており、目上の者には逆らうことができなかったですし、**親孝行は人間としてなによりも大切なこと**とされていました。

高利もうしろ髪を引かれる思いだったと思いますが、自分を納得させて松坂へ戻りました。28歳で都落ちしたわけです。まもなく高利は、中川清右衛門の娘かねと結婚します。夫婦は円満そのもので、かね一人でなんと息子10人、娘5人を産んでいます。

故郷へ帰った高利は、はじめは母の商売を手伝っていましたが、江戸で貯めた金を元手に米の売買を手がけ、大名貸《がし》(商人が大名を相手におこなった金融)を中心とする金融業を始めます。

こうして20年近い月日が流れ、長男の高平《たかひら》が15歳になったとき、高利は息子を江戸へ送り、兄・俊次の店で修行させることにしました。同じく次男・高富《たかとみ》、三男・高治《たかはる》も、年ごろになると江戸へ出しました。さらに高利は、松坂で使用していた手代のうち、見所がある者を江戸で修行させています。いつか江戸で店をもつ、その夢をじつは捨てていなかったのです。

延宝元年（1673）、長兄の俊次が死去しました。これによって、高利の江戸進出を妨げる者はいなくなりました。このとき高利は、すでに52歳になっていました。人生50年の時代ですから、ふつうならば隠居していてもおかしくない年齢です。しかし高利は、若いころに果たせなかった夢を実現すべく、老母の許可を得て、ただちに江戸へ店を出したのです。

ただし、親孝行のためか、自分自身は松坂の地にとどまり、江戸の店には息子たちを派遣しています。とはいえ商売については、逐一、息子たちに指示を与え、実質的な経営者として君臨したのです。

高利は江戸本町一丁目に呉服店・越後屋を開きますが、店の間口はわずか九尺（2・7メートル）の借家でした。しかし越後屋は短期間にすさまじいばかりの成長を見せました。それは、高利がこれまでの商売の常識を根本的にくつがえしたからです。高校日本史の教科書にも出てきましたね。

「現銀（現金）掛け値なし」の商法

呉服店に出入りする客は、大名や豪商、旗本など、裕福な階層に限られていましです。

た。しかも当時は、見世物商いと屋敷売りが一般的でした。見世物商いというのは、お得意先の屋敷をまわって注文をとり、あとで商品を届ける販売方法です。屋敷売りとは、こちらから商品を持参して客の屋敷に出向き、そこで品物を売る、いわゆる訪問販売です。

ちなみに商品を引き渡すさい、すぐに代金は徴収しませんでした。年に一度か二度、まとめて料金を支払ってもらったのです。なぜなら商品である反物（絹織物）は一反数十万円もするような高額商品であるうえ、大名や大店《おおだな》になると大量に買ってくれます。つまり膨大な金額になるのです。

そうしたこともあり、呉服店ではあらかじめ商品の値段に、代金徴収時までの利子分を含んで販売していました。これを掛け値売りと呼びます。ところが、です。高利はそうした商慣習をいっさいやめてしまったのです。

自分の店先に商品をずらりと並べ、すべてその場で現金決済。しかも利子をかけずに、定価で安く売ったのです。これを店前《たなさき》売りといいます。越後屋としても、店員をお客の屋敷に派遣する手間もはぶけ、経費節減にもなります。

もちろん当時でも、八百屋や魚屋はその場で現金商売をしていました。これを高級品である呉服に適用したのが、高利の機転です。いまでいえば、コンビニで高級車を現金決済しているような感じでしょうか。

さらに**斬新だったのは、呉服を端切れで売ったこと**です。呉服の生地は、一反（約10・6メートル）単位でしか売らないのが常識でした。ところが高利は、端切れでも販売したのです。つまり**金持ちだけでなく、膨大な庶民も顧客層に取り込んだ**わけです。

同時に高利は、「諸国商人売」を始めます。各地の商人に対し、呉服の卸売りをおこなったのです。まだほかの商店ではやっていない新しい方法でした。

さらに、品物が30日経っても売れないときは、仕入れ値を下まわってもよいから、すみやかに安く売るか、古着屋で処分させました。さしずめ現代のバーゲンセールですね。客は喜ぶわ、在庫は減るわで、いいことずくめでした。

時代の動きを先読みして大成功を手中に

こうして越後屋の商法が世間の話題になると、大名のなかにも、これまでの呉服店から越後屋に乗り換える人びとが現れはじめます。親藩大名の越前松平家もその一つで、いままでひいきにしていた松屋の縮緬《ちりめん》と値段を比較したところ、越後屋のほうがずっと安かったので、松平家は越後屋から縮緬を大量に購入するようになりました。

これに激怒した老舗《しにせ》の松屋は、越後屋をつぶそうと決意、まずは仲間はずれにしようと企みます。もちろんほかの呉服店も越後屋の繁盛はおもしろくありませんから、みんな協力しました。これにより越後屋は、江戸の同業者とまったく取り引きができなくなってしまいました。

さらに江戸の呉服業者たちは、京都からの仕入れも妨害しようと策します。ただ、高利が誠実に取り引きしてきたことを知る京都の商人たちは、それに応じなかったといいます。

すると今度は、越後屋の店員たちを引き抜こうとしたのです。しかし主人・高利に心服していた店員たちは、誰もその誘いに乗らず、この作戦も失敗に終わったそうです。それでもしつこい同業者たちは、汚水が越後屋の台所に流れ込むような嫌がらせをしたといいます。まさに出る杭は打たれるという典型的な例ですね。

高利はしかたなく駿河町に店舗を移しましたが、間口が三間（約５・４メートル）あまりの大きな屋敷を買い取るまでになっていました。でも、これをねたんだのか、今度は、「浪人たちを雇って夜中に石火矢《いしびゃ》（室町時代末期に伝来した石を弾丸とする火法）

を打ち込んで店員を全員殺してやる」と認めた脅迫状を越後屋に投げ込んだ者がいたといいます。

さらに江戸の呉服店は連名で、高利を町奉行所に訴えたのです。「越後屋が古物を染め直し、新品として販売して儲けている」という訴訟です。けれど、奉行所が調べてみると事実無根であることがわかり、ますます越後屋の評判は上がりました。

それにしても驚くべき同業者の陰湿さですが、現在でも斬新なアイデアで大儲けした企業が同業者から嫌厭《けんえん》されたり、法的な規制を受けたりする例は少なくありません。今も昔とそう変わらないと思います。

その後も、高利は奇抜なアイデアによって越後屋を繁盛させていきました。

通常、買った反物は、後日、お客が仕立屋に頼んで着物にしてもらいましたが、高利はその常識をくつがえします。店内に縫物師を常駐させ、お客の要望があればその場で仕立てるサービスを始めたのです。

また、越後屋の店内では、商品ごとに担当を決めていました。つまりその商品に関しては、きわめて高度な知識を有する店員が客に応対するので、さまざまな疑問や要望に十分かつ迅速に応えられるようになっていたのです。

現金掛け値なしも、端切れ売りも、縫物師の常駐も、高度な店員の専門知識も、すべてはお客にとってありがたいものばかりです。

つまり高利は、いかに儲けるかではなく、いかにお客を喜ばせるかに視点をおいて商売の改善や改良に努めたのです。まさしく商売の王道ですね。こうして、越後屋は繁栄していきます。

さらに高利は、コマーシャル戦略も重視し、巧みな宣伝活動を展開していきました。駿河町に引っ越すさいは、「現銀（金）掛け値なし」を売り文句とした引き札（チラシ）を江戸中にばらまくなど、巨費を宣伝活動に投入しています。

ちなみに、チラシをばらまくという宣伝は、じつは日本ではじめての試みでした。誰もやったことのない画期的な手法だったのです。なぜ、誰もやらなかったか。それは、日本人のほとんどが文字を読めなかったからです。しかしこのころになると、寺子屋に通う人も増え、識字率が急速に伸びてきました。そんな社会の動向に目をつけ、チラシに宣伝効果を見いだしたわけです。高利の目の付け所はスゴいです。

時代の動きを先読みすることの大切さを教えてくれますね。

また、雨の日には客だけでなく、沿道の人びとにも無料で傘を貸し出すサービスをおこないました。ただし、傘を開くとそこには越後屋の屋号が染め抜かれており、それを差して歩くことで、大勢の人たちが目にするという仕掛けでした。

大丸の創業者・下村彦右衛門のアイデア商法

じつは、高利の傘の手法をまねて大店になった商人がいます。のちに大丸を創業する下村彦右衛門正啓《しょうけい》です。元禄元年（1688）の生まれですから、三井高利より60年以上遅れて生まれてきた人です。

19歳で古着商の大文字屋を継いだ彦右衛門は、行商で京都の市中に来たときは滝尾神社に立ち寄り、

「1000人の部下をもつ大商人にしてほしい」

と熱心に祈ったそうです。

彦右衛門は店のロゴに、○に「大」の文字を染め抜いたものを使用しましたが、○は「天下」や「宇宙」を意味し、「大」の文字は「大文字屋」の「大」ですが、これを分解すると「一」と「人」になります。つまり、「天下第一の商人であれ」という意味が込められているのです。その志の大きさがわかります。

享保2年（1717）、彦右衛門は行商で貯めた金で小さな店舗を構え、さらに商都・大坂への出店をもくろみますが、独力で開業するのは困難だったので八文字屋

甚右衛門との共同出資で、享保11年（1726）、心斎橋筋《しんさいばしすじ》木挽町《こびきちょう》北ノ丁にわずか間口一間の「松屋」という呉服店を開設しました。賢いやり方です。

開店したとたん、すごい繁盛ぶりをみせました。「現銀（金）掛け値なし」の商売を展開したからです。そう、またも江戸の越後屋のやり方を平然とパクったのです。まだ大坂では一般的な商法ではなく、だからこそ繁盛したのです。

こうして越後屋の二番煎じで台頭した彦右衛門ですが、彼の賢いところは越後屋のやり方をさらに発展させたことです。傘だけでなく、商標入りの提灯を無料貸し出ししたり、寺社にロゴ入りの手ぬぐいを配布したりして、大々的に大文字屋のPR作戦を展開したのです。

「真似ることを恥じる必要はない。それに工夫を加えて元祖を超えてしまえばよい」

そういった柔軟な思考を有していたことがわかります。

彦右衛門は、名古屋にも「大丸屋」を開設。ここでも掛け値なしの店頭販売をおこないました。すると高利の越後屋同様、店の繁栄に嫉妬した地元の呉服店がこぞって商売を妨害してきます。しかし彦右衛門はそれをはねのけ、「城下第一」の看板を掲げたといいます。

すでにこの時期、彦右衛門は京都に仕入店を開いていましたが、享保19年(1734)、京都の今出川《いまでがわ》大宮にも呉服販売店を開きます。それから2年後の元文元年(1736)、今度は東洞院《ひがしのとういん》船屋町に総本店を新築。なんと間口は約70メートルもあり、仰天した人びとは「西本願寺より大きい」とうわさしあったといいます。

けれど彦右衛門はこれに満足せず、さらに将軍のお膝元である江戸への進出をもくろんだのです。ただ、江戸には越後屋をはじめ、多くの大店の呉服店がひしめいています。

大文字屋は上方では知られていても、江戸では知名度がありません。そこで彦右衛門が考えたのは、ふろしきによる宣伝でした。

江戸に向かう取引先の商人に大量にふろしきを送ったり、江戸でつきあいのある商店に商品とともにふろしきを同封したのです。ふろしきは、目立つ萌黄《もえぎ》色に大丸のロゴマークを染め抜いたもの。大きくて扱いやすく、しかもファッショナブルなものだったので、江戸の町はこのふろしき包みであふれるようになったそうです。

そのうえで、彦右衛門は満を持して江戸店を開設したのです。このとき江戸っ子のなかで、大文字屋の名を知らない者はいないほどになっていたといいます。ナイスなアイデアです。

西川甚五郎に降臨したアイデアの神様

ちょっとしたアイデアで大儲けした商人は、少なくありません。たとえば布団で有名な西川です。

じつは布団を販売しはじめたのは明治時代に入ってからのことで、もともと近江商人の西川家の初代・仁右衛門《じんえもん》は、他の近江商人と同様、鋸《のこぎり》商いをしていました。

おもに近江の畳表（いまでいうカーペット）や蚊帳を能登方面で販売し、その売り上げ金で海鮮魚を購入し、地元で売りさばいたのです。近江国は海鮮魚が入手しにくい土地柄なので、高く売れました。このように、各地域の需要や価格差をうまく利用して利益をあげるのが、鋸商いの特徴なのです。

そんな西川家を一気に発展させたのが、二代目の甚五郎《じんごろう》でした。西川家を数百年支える優れた主力商品を開発したのです。それが蚊帳でした。麻糸でつくられた蚊帳を鮮やかな萌える緑色（萌黄色）に染め上げ、縁に紅布をつけて「近江蚊帳」として売り出したのです。工夫はたったこれだけでした。

この発想を思いついたのは、箱根の山中だったといいます。甚五郎が箱根の山越えの途中、日中の暑さを避けるため大樹の陰で休息していると、しだいに眠気が襲い、ウトウトとしてしまいます。周囲は萌え出る若葉でした。だから夢のなかで、仙境にいるような心地よさを感じたのです。やがて目覚めた甚五郎は、思わずハッとなりました。

「この若葉の色を蚊帳に応用すれば、きっとすこやかに眠りに落ち、さわやかに目覚めることができるだろう」

そう思い立ったのです。当時の蚊帳は枯れた草の色をしていたので、鮮やかな萌黄の蚊帳は爆発的ヒットとなり、「西川」の基礎が確立されたのです。

このように、ほんのちょっとした工夫が大ヒット商品を生むのです。

とはいえ、彦右衛門は、常にどうしたら大丸の知名度を上げるかで悩んでいたでしょうし、西川甚五郎も蚊帳を売る方法に頭をめぐらしていたはず。だからこそ、鮮やかな大ぶろしきを大量に江戸にばらまくとか、くすんだ色の蚊帳を美しい萌黄色に染めるといった発想が突如、湧いてきたのです。

ノーベル賞を受賞した山中伸弥さんは、アイデアが出ずに悩み抜いていたとき、風呂でシャワーを浴びながらボーッとしていると、突然、iPS細胞のアイデアが降ってきたといいます。

三井高利も下村彦右衛門も西川甚五郎も、ちょっとしたアイデアで経営の規模を拡大していきましたが、それは常日頃から仕事に真摯に向き合い、悩みつづけた結果なのです。**まじめに取り組まない経営者にアイデアの神様は降臨しない**のです。

いまも生きつづける三井高利の遺訓

さて、三井高利の話に戻りましょう。

高利のスゴさは、駿河町に引っ越したあと、まったくの異業種にチャレンジしたことです。引っ越し先の駿河町は、両替店（金融業者）が集まっており、ここに呉服店が入ってくるのは異質でした。しかし高利はこれをチャンスと考え、呉服店に併設するかたちで両替店もスタートし、巧みに両替店で儲けを出し、それを資金として次々と呉服店の支店を出していったのです。

こうして一代で豪商に成り上がった高利は、

「死後は子供たちに財産は分与せず、また店も分割しない。兄弟が協力して共有財産を守り、諸事業を共同経営し、利益はみなで分けるように」

と遺言したのです。

そして元禄7年（1694）5月、三井高利は72歳の生涯を閉じました。高利の長男・高平は、父の遺言を尊重し、高利の息子6人を本家とし、女婿など三家（のちに二家が加わる）を連家として同族組織を立ち上げました。

そのさい高平は、弟の高富と協力して家訓を定め、統括機関として大元方《おおもとがた》を設置し、一族の合議により越後屋の諸事業を運営していく方針をとりました。かくして三井は豪商として発展しつづけ、やがては三井財閥に成り上がっていくのです。

なお、高利は生前、遺訓を多く残しています。そのうちの一つに、「商いは的《まと》のごとし。手前よく調《ととの》えるときは、当たらずということなし」（三井家家訓『宗竺《そうちく》遺書』）という言葉があります。

「商売というのは、矢の的のようなもの。こちらがよく調べて臨めば、必ず当たるのだ」

なんとも含蓄の深い言葉ですね。

繰り返しになりますが、三井高利は、どうすれば客が喜んで買ってくれるのかを徹底的に調査研究した結果、こうした斬新な商法を次々と編み出して越後屋を繁栄に導いたのです。

まじめに取り組まない経営者に
アイデアの神様は降臨しない

真似ることを恥じる必要はない。
それに工夫を加え元祖を超えてしまえばよい

いかに儲けるかではなく、
いかにお客を喜ばせるかに視点をおけ

早川徳次

1881-1942

はやかわ のりつぐ

何もないところから出発し、己の才覚と度胸だけでツテを得て、見事に成り上がっていった「地下鉄の父」

政治家をめざし、自分を売り込む

実業家で有名な早川徳次は、二人います。一人は総合家電メーカー、シャープの創業者、もう一人は日本ではじめて地下鉄をつくった人物。ここで紹介するのは、後者のほうです。

早川徳次は、明治14年（1881）に、山梨県東八代郡御代咲村《みよさき》（現・山梨県笛吹市《ふえふき》）の元村長・常富の子として生まれました。山梨県の旧制甲府中学（現・山梨県立甲府第一高校）から岡山県の第六高等学校に進学しますが、病気のために中退。その後は早稲田大学法科に入って学びなおし、在学中に政治家になることを志すようになりました。

若いころは、誰もがこうした大きな夢をもっているでしょう。でも徳次が、ほかの人と違うのはここからです。なんと政治家になるため、「我国ノ使命」と題する論文を後藤新平に送りつけたのです。

後藤は、台湾総督府の民政局長として敏腕を発揮し、当時は南満洲鉄道の総裁をしていました。彼が人材発掘に熱心であったことから、自分を売り込もうとしたのでしょう。

すると後藤は、この無名の早稲田の学生に声をかけ、大学卒業後、南満洲鉄道の秘書課の嘱託として雇うことにしたのです。坂本龍馬のときにもお話ししましたが、思い切って、**アポなしでエラい人に会うのも自分の道を拓く方法**なのです。

それから数カ月後、後藤は第2次桂太郎内閣の逓信《ていしん》（郵便・郵便貯金および電気通信などに関する行政事務を担当した国の行政機関。戦後、郵政省に改編。2001年、総務省に統合）

大臣となります。

このとき鉄道院という全国の鉄道を管轄する役所が新設され、後藤は鉄道院の初代総裁も兼ねることになりました。

徳次は後藤のところに出向いて、

「自分の進むべき道は鉄道にある」

と語り、「一から現場で実務を学びたい」と頼み込んだのです。

後藤はその心意気を買い、徳次を鉄道院の中部鉄道局へ移し、新橋駅に配属させたのです。政治家になりたいと思っていた徳次でしたが、満鉄で働くうちに鉄道に興味をもったようです。日本の人口が急増していくなかで、鉄道はこれから急速に伸びていく分野だったからかもしれません。よい着眼点です。

ちなみに、当時の大学卒といえば超エリートです。なのに徳次は率先して、駅の改札で切符切りをしたのです。なんとも奇妙な若者ですが、徳次は生涯、現場主義を貫きます。**自分で現場に行って直接見聞し、それを仕事に生かした**のです。

こうして1年間、徹底的に鉄道業務を学んだ徳次は、あっけなく鉄道院を退職してしまいます。そして郷里の衆議院議員・望月小太郎の紹介によって、同郷の山梨出身の根津嘉《か》一郎《いちろう》の知遇を得ました。根津は「鉄道王」と呼ばれた東武鉄道のトップでした。

徳次の豪胆な性格に惚れ込んだ根津は、佐野鉄道（栃木県佐野─栃木県葛生《くずう》間の路線。現・東武鉄道佐野線）の再建を一任しました。徳次はこのときまだ30歳。経営手腕の有無も不確かな者に、よくも大役をまかせたものです。

徳次は毎日のように現場へ出向き、職場の悪弊を徹底的に改善するよう指導し、たった半年のうちに会社の配当を4パーセントから10パーセントへと増配したのです。これに気をよくした根津は、買収したばかりの大阪の高野登山鉄道（現・南海電気鉄道高野線）の再建を命じました。

このとき徳次は、汐見橋─河内長野間の路線を黒字化にするため、「日帰りで高野山詣で」というキャンペーンを張ったのです。その効果は抜群で、乗客はみるみる増え、およそ2年ほどで高野登山鉄道は再建されました。このときの成功体験は、その後の地下鉄経営に生かされることになります。

ちなみに徳次は、諸事情で根津のもとを飛び出し無職になってしまいます。そんなある日、ぶらりと大阪湾を訪れ、湾が閑散としていることに気がつきます。

「せっかくよい港があるのに、貨物があまり陸揚げされないのは、大量に荷物を輸送できる線路が湾まで引かれていないからだ」

と理解するのです。

「では、先進国ではどのように鉄道と港湾の海陸連絡がなされているのだろうか」

そう思いついたら、どうしてもヨーロッパ、とくに鉄道先進国であるイギリスの状況をこの目で確かめたくなりました。けれども金がない。ふつうならあきらめますが、この人の特徴は、「どんなことをしても自分の意志を貫徹する、粘り強さと躊躇しない決断力」にありました。

なんと徳次は、母校・早稲田大学の創業者であり、現職の総理大臣であった大隈重信のもとに留学資金を無心に行ったのです。すると大隈は会って徳次の話を聞いてやり、その熱意に感心して、彼を鉄道院嘱託としてイギリスへ派遣してくれたのです。

大きな夢の実現のために忘れてはならないこと

いいですか、行動することで、人間の未来は拓かれていくのです！

徳次は、ロンドンに到着して衝撃を受けました。だって、市内の地下を8路線もの電車が走っていたからです。電車が地中を走るなんて、当時の日本では考えられないこと。しかも地下鉄は、市民の交通利便性を格段に向上させていました。

「ぜひ、東京にも地下鉄を！」

この瞬間、徳次の生涯の目標が定まったのです。

当時の東京は、すでに市電やバス、タクシーなどが縦横無尽に走っており、しかも市電は一度に数十人程度しか運べなかったものですから、交通渋滞がひどい状況でした。

「もし都心に地下鉄が開通すれば、大いに人びとのためになる」

そう確信した徳次は、それから1年間、イギリスのロンドンやグラスゴーで地下鉄について学び、その後はパリやニューヨークに赴いて、地下鉄の実態を徹底的に調査しました。

こうして2年数カ月の調査を終えた徳次は、大正5年（1916）9月に帰国。すぐに政界や財界、官界の有力者たちに片っ端から地下鉄の有用性を説いてまわりました。

でも、35歳の若造の夢物語に真剣に取り合おうとする人はいませんでした。話を聞いてくれた人も、みな口をそろえて地盤の軟弱さや水分量の多さ、建設費の多額さを徳次に話し、その不可をこんこんと説く始末でした。

これは、みなさんにも気をつけてもらいたいことです。大きな夢を実現したことのない一般人は、大きな夢をもつ人を否定してかかるのです。始末に悪いのは、その大半が親切心からなのです。しかも友人だったり、両親だったりすることが多く、あなたのためを思って言ってくれているのですから。

でも、本当に成し遂げたい夢なら、あなたは否定的な言葉に耳を貸してはなりません。彼らに感謝しながらも、自分を信じつづけることです。

もちろん、徳次はあきらめませんでした。東京の地質図や井戸の掘削調査図などを用いて、東京の地盤が固いこと、湧水量が非常に少ないことを証明して見せたのです。

さらに、銀座などの街頭に立って、白豆と黒豆をポケットにたくさん突っ込み、その豆をほかのポケットへ移動させることで、人、バス、市電などの交通量調査を半年間にわたっておこないました。こうして、地下鉄を開通させて採算がとれる地域として浅草―新橋間を選びました。

正確な調査データをそろえた徳次は、ますます地下鉄の有用性を確信し、東京市や東京府に工事の許可を得ようと、政界の大物を動かすことにしました。日本資本主義の父と謳われた渋沢栄一です。

ただ、驚くのは、まったく渋沢と面識がなかったことです。そこで徳次は、またも母校・早稲田大学の関係者を頼ります。厚かましい男ですが、大隈重信のみならず、元校長の高田早苗《さなえ》、理事の坂本三郎のもとを訪れ、「渋沢を紹介してほしい」と頼み込んだのです。

大隈も高田も、徳次の気持ちに打たれ、すぐに渋沢への紹介状を書いてやりました。坂本三郎に至っては、なんとわざわざ徳次を連れて渋沢邸へと赴き、直接、当人に面会させてくれたのです。

このように、**私心のない熱意は他人を動かす**ものなのです！

徳次は、自分の調査をもとに作成した地下鉄計画書を見せながら、そのメリットを滔々《とうとう》と語ります。

渋沢は天才的な実業家であるとともに、日本の近代化に役に立つなら損得を考えずに支援する人でした。だから地下鉄の将来性を理解すると、東京市長の奥田義人《よしと》、東京市議会長の中野武営《たけなか》などとの仲介の労をとってくれたのです。

奥田も中野も、徳次の地下鉄開通に賛成しました。これで地下鉄が実現できると確信した徳次は、東京市に地下鉄敷設免許の申請をおこなうとともに、大正6年（1917）7月、母校の有力者7名に発起人になってもらい、東京軽便地下鉄道会社

（のちの東京地下鉄道）を創立しました。

出願ルートは、品川から浅草まで。市電だと1時間以上かかる道程ですが、地下鉄ならたった25分で到着するからです。

さらに徳次は、免許が下りるよう、東京市の議会議員たちに熱心に遊説し、さらに各地で地下鉄の効用に関する講演会を開きました。世間に地下鉄をアピールし、世論を味方につけようとしたのです。したたかなやり方です。

結果、徳次の免許申請は市議会で満場一致で可決されました。ただ、いくつか付帯事項がつきました。線路は、地下15メートル以上深くすること。東京市が公益のために地下鉄を買収するときは、東京軽便地下鉄道会社はこれを拒むことができないというものです。

資本力、戦後恐慌、関東大震災……次々と困難が襲う

翌大正7年（1918）2月、この決定をうけた井上友一東京府知事は、「東京府は東京市の決定に異議はない」と鉄道院に布達。これで鉄道院の許可が下りれば、いよいよ工事に着工できます。だから徳次は、鉄道院関係者のもとに出向き、必死の

政治工作をおこないました。

ところが、そんな徳次にショッキングな出来事が起こったのです！　これまで「地下鉄なんて夢物語だ」と鼻で笑っていた鉄道関係者たちが、当局の地下鉄着工許可が下りそうだとわかるや、続々と地下鉄工事の申請を始めたのです。

みな徳次より資本力のある企業でした。徳次は涙を流して悔しがりますが、どうしようもありません。そこで気を取りなおして政治工作に奔走します。その結果、同年11月、鉄道院の監督局長・佐竹三吾《さんご》に呼ばれ、以下の条件をクリアーできれば免許を許すという内示を受けたのです。

条件は大きく二つ。

「１　更に多数有力なる発起人を追加すること
２　学識経験ある専門技術者の調査したる地質書図面及び工費予算書を提出すること」
問題は、一つ目の条件でした。そこで徳次は、かつての恩人・根津嘉一郎に相談をもちかけました。根津は安田財閥の安田善治郎を紹介してくれ、安田が発起人を引き受けてくれたことで状況は好転、大物を含む２３８名の発起人・賛成人をそろえることができたのです。

こうして内示からわずか3カ月後、徳次は条件をクリアーし、免許申請を再出願しました。認可が確実になると、鉄道各社が続々と徳次に合併を打診してきました。相乗りをしようというズルい魂胆です。

徳次は腹を立て拒絶するつもりでしたが、根津が資本力の弱さを理由に合併をすすめ、鉄道院副総裁・石丸重美《しげみ》も東京鉄道との合併を打診してきました。そこでしかたなく合併に合意したのです。

苦渋の選択でしたが、**大きな夢の前には「我を折る」ことも必要**なのです。

こうして大正8年（1919）11月17日、原敬首相から地下鉄敷設の免許を下付されました。

でも、喜んだのもつかの間、大きな試練が徳次の前に立ちはだかります。不景気です。ちょうど第1次世界大戦の好景気から一転、戦後恐慌が吹き荒れたのです。

徳次の東京軽便地下鉄道もこの大不況で苦しみます。大正9年（1920）8月に株主を集めて会社の創立総会を開き、基本計画を発表しますが、株主たちは「会社は解散だ。資金を返せ」と迫るなど騒然となりました。

困り果てたすえに徳次がすがりついたのは、外国資本でした。アメリカの化粧品会社のドーチー社長が、地下鉄建設計画に感心し、2000万円の融資を約束してくれたのです。これで工事に着工できると喜んだ徳次に、大きな悲劇が襲います。帰国するドーチーを見送るため、横浜港に来ていた徳次は、ドーチーが船に乗った瞬間、すさまじい揺れに見舞われました。そう、関東大震災です。この直下型地震で東京・横浜は壊滅的な打撃を受けました。

「こんな恐ろしい都市に地下鉄を建設するのは無理だ」

そう考えたドーチーは、徳次への融資を取り消したのです。おそらく徳次は目の前が真っ暗になったことでしょう。しかし、それでも徳次は夢をあきらめることができませんでした。そして、思いついたのです。

「それなら路線を縮小し、浅草—上野間2・2キロメートルだけ先に開通させてしまおう」

とにかく、地下鉄というものをつくって、日本人に実物を見せる。そうすれば、なんとかなると考えたわけです。

これも大切な教訓といえますね。**人は、この目で見たことや体験したことに絶対的な信頼を置きます**。「百聞は一見にしかず」なのです。

そして、「捨てる神あれば拾う神あり」です。このとき大倉財閥の大倉土木（現・大成建設）が、

「工事を自分の会社だけで請け負わせてくれるなら、工事費は竣工後に手形払いでかまわない。現金払いであれば、完成後1年以内に支払ってくれればよい。その利率も日本銀行の公定歩合に0・3パーセント上乗せしてくれるだけでけっこう。とにかく期限内に工事は完成させる。もし遅れる場合は、1日ごとに違約金を加算して支払う」

と言ってくれたのです。

ついに「東京唯一の地下鉄道」が実現

こうして大正14年（1925）9月27日、ついに上野山下町で起工式を挙行。地下鉄を東京に走らせようと決意してから、11年の歳月が過ぎていました。のちに徳次は、この日を、「自分の生涯において、最大の歓喜だった」と回想しています。

工事はおおむね順調に進み、昭和2年（1927）12月21日に竣工しました。車両は長さ16メートルの全鋼鉄製。

徳次は、日本初の地下鉄に最新の設備を導入しました。車両は長さ16メートルの全鋼鉄製。床もスチールでした。火事が起こったさい、燃えないようにするための配慮です。室内は間接照明、吊り手はぶらぶらと邪魔にならないよう、アメリカ製

地下鉄開業にわきかえる上野駅（昭和２年）

提供）地下鉄博物館

「リコ式」吊り手を用いています。バネ式の吊り手で、いつもは窓側に跳ね上がっているものです。

また、自動ドアや自動列車停止装置、自動改札機が採用されました。自動改札機は、コインを入れると、自動的に改札口が開く仕組みでした。駅構内も上野駅は美しいタイルが壁面に貼られ、浅草駅は浅草寺をイメージした仏閣風にしました。

開業直前には、上野や浅草の商店街に「祝・地下鉄開業」と書いた提灯を無数に飾りつけ、アドバルーンもあげました。

とくに話題を集めたのが地下鉄開業のポスターです。有名なグラフィックデザイナーの杉浦非水《ひすい》によって描かれたもので、「東洋唯一の地下鉄道」と記され、モダンな紳士淑女たちが駅のホームで楽しそうに電車の到着を待っているという構図でした。

こうした大々的な宣伝のおかげで、12月30日の開業当日には乗客が殺到、地下鉄上野駅に入るため500メートルの列ができ、10万人が乗車しました。2日後の元旦には15万人が乗車。この年は1日平均約2万6000人の利用があり、十分過ぎるほどの黒字になりました。

ただ、この状態は長続きしませんでした。だってわずか2キロメートルの距離、歩けば20分程度。しかも地下鉄料金10銭に対してバスは半額。そのうえ停留所に美しい案内嬢が立っていて、サービス満点です。市電も7銭均一で都心のどこへも行けます。

日常的に地下鉄を利用するメリットなんてなかったのです。実際、しばらくすると乗客数はみるみる減っていきました。もちろん、最良の打開策は線路の延伸でした。けれど、新橋駅まで線路を延ばすのには、少なくても数年はかかります。その間の経営危機を乗り切らねばなりません。だから徳次は、次々と斬新なアイデアをひねり出していったのです。

地下鉄が開通してまもない昭和4年（1929）、阪急急行電鉄が大阪の梅田駅に阪急デパートをつくります。そのデパートの食堂が大繁盛していることを知った徳次は、さっそく同郷で阪急の社長・小林一三《いちぞう》に連絡をとりました。繁盛の秘密を教えてほしいと思ったからです。

ずいぶん厚かましい話ですが、東京の徳次とは商売上は競合しません。そこで小林はその頼みを快諾し、

「地下鉄の社員を阪急に派遣しろ」

と言ってくれたのです。

同年10月、徳次は浅草駅側にとんがり帽子の屋根をもつ7階建ての浅草駅雷門ビルをつくりましたが、そこに地下鉄食堂を開きます。そして、大阪で学んできた社員たちをリーダーにして、清潔なレストランで安くておいしい料理を提供したのです。ねらいどおり、食堂は大繁盛しました。

さらに、上野駅正面に9階建てのビルをつくり、地下鉄ストアーを開きました。これは、いまでいうスーパーマーケットです。徳次は店を開くために、部下の中島孝夫をアメリカにまで派遣して徹底的に事前調査させました。相変わらず現場主義ですね。

そして、安売りを地下鉄ストアーの最大の売りにして、「もし他店より値段が高ければ、その場で1割増しで買い取る」というキャンペーンをやったのです。当然、買い物客が殺到しました。

これに気をよくした徳次は、室町、神田須田町、日本橋などにも地下鉄ストアーを開設し、チェーン店化に成功しています。

また、神田須田町につくった店は、すべての品物を10銭均一で販売。これ、いまでいう100円ショップの発想ですね。

あきらめるということを知らない男

さらにユニークだったのが、三越との提携です。三越は地下鉄が開通するとわかると、デパートの真下に駅をつくってほしいと頼んできました。だって地下鉄駅から直接デパートに入ることができれば、客は喜び、当然、売り上げが伸びるからです。

三越は、駅をつくる費用をすべて負担すると申し出、そのかわりに駅名を「三越前」とするように求めます。資金繰りが苦しい徳次にとって、願ってもない話でした。

こうして完成した三越前駅は、壁や柱に三越の店名が入り、ショーウインドウには三越商品が陳列され、エスカレーターも設置されました。さらに店の入口までの通路の床には豪華な大理石が敷きつめられました。

さて、これを知った上野広小路の松坂屋も負けじと、同様の申し入れをしてきたのです。そこで松阪屋の地下に駅をつくります。それが上野広小路駅ですね。

これによってデパートが地下鉄のメリットを知り、のちに日本橋駅も高島屋と白木屋が資金を提供してくれ、京橋駅も明治屋が、銀座駅は松屋と三越が資金を出してくれました。

こうして地下鉄に乗れば、雨にぬれずに、汗もかかずに都会のデパートめぐりができることになったのです。昭和９年（１９３４）、ついに念願であった上野から新橋までの区間が完成。これにより、浅草―新橋間８キロメートルが全通したのです。

全通にあたって、６月21日から23日までの３日間で徳次は１００万人の乗客を集めるという前代未聞の目標を立て、「新橋開通祝賀・地下鉄祭」と銘打って大々的なキャンペーンを展開しました。

たとえばキャンペーン中は、破格のサービスや値段を乗客に提供したのです。新橋―浅草間の往復切符を買うと隅田川汽船の納涼船に乗れるチケットを販売したり、通常なら浅草―新橋間の15銭の切符を「記念乗車券」として3分の1の5銭で売り出し、当日は何度でも途中下車を可能としたのです。

各駅のデパートも地下鉄開通に合わせてバーゲンセールをおこなったので、このフリー切符は飛ぶように売れました。5銭の「浅草興業観覧券」と称する記念切符は、5銭に相当する映画や芝居が浅草六区で楽しめるというものでした。また、この3日間はどこまで行っても5銭とし、乗客すべてに景品を配ったのです。袋の中にはキャラメルやおもちゃ、花火などが入っており、いずれも15銭相当の品物だったそうです。さらに500袋に一つ、当たりがついているのですが、なんとそれは金、銀、銅製の小さな大黒様でした。驚きの大盤振る舞いです。このため、景品欲しさに乗客たちは殺到しました。

よくもまあ、こんなスゴい値引きやサービスができたものです。このキャンペーンをおこなうにあたって、宣伝も大々的でした。都内各所にポスターを貼るのはもちろん、道行く人びとに優待券をばらまきました。また、「東京小唄」という地下鉄をアピールするCMソングを作成して喫茶店や料理屋にレコードをくばり、曲を流してもらったのです。

これにより、3日間で98万人という膨大な数の乗客が地下鉄に乗り込んできました。こうして早川徳次は、ついに念願の大きな夢を果たしたわけです。

徒手空拳《としゅくうけん》、何ももたないところから出発し、己の才覚と度胸だけでツテを頼りながら成り上がっていったのです。異国の地で、地下鉄が走るのを目にしたとき、やがて東京にも地下鉄をつくろうという壮大な夢をもった徳次。

その日から脇目もふらずに真っ直ぐに走りつづけました。その間、神は何度も大きな試練を与えましたが、徳次は**あきらめるという言葉を知らないかのように、前に進みつづけました**。神であっても、この男から夢を奪うことはできなかったようです。

引き際を見誤った悲しい結末

ただ、最後に教訓として話しておきたいのは、徳次は引き際を間違えてしまったということです。自分の成功にこだわりすぎてしまったのです。

まだ浅草─上野間の地下鉄工事をしているころ、東京高速鉄道という新しい会社が地下鉄免許の申請をしていることが判明します。この会社はまだ正式な発足を見ていないものの、そのリーダーはなんと、徳次の地下鉄工事を請け負っている大倉組副頭取の門野《かどの》重九郎だったのです。徳次にとってこの行為は裏切りに等しく感じられました。

ただ、根津嘉一郎の説得もあって、東京地下鉄道と東京高速鉄道は、東京地下鉄道の主導で将来的に合併することが合意され、徳次も渋々引き下がりました。

昭和9年（1934）9月、正式に東京高速鉄道が設立されました。東京地下鉄道の地下鉄全通から3カ月後のことです。同社には敏腕でならした五島慶太が取締役として迎え入れられ、実質的な経営者となって渋谷—新橋間の工事を進められることになりました。五島は鉄道院の官僚出身で、野に下って武蔵鉄道の経営に乗り出し、このころ、次々と強引なやり方で鉄道会社を買収し、「強盗慶太」とあだ名された男でした。のちに東急グループの創始者になります。

その五島は、翌年10月から渋谷—新橋間の工事に着手し、わずか3年で完成にこぎつけました。工事中から五島は、東京地下鉄道に対し、

「将来合併するのだから、新橋駅で両線をつなげるよう、両社の新橋駅ホームを隔てている壁を撤去してほしい」

と要請します。

この壁があるために、東京高速鉄道の新橋駅で下りた乗客は、わざわざ階段を上って地上に出てから東京地下鉄道の新橋駅に乗り換えるという面倒なことをしなくてはならなかったからです。

ところが徳次は、この要請を拒絶したのです。そしてその後も頑として受けつけなかったので、五島は相互乗り入れできないまま開業を余儀なくされたのです。じつは徳次は、京浜電鉄（現・京浜急行電鉄）と提携して品川と新橋をつなぐ地下鉄をつくり、浅草から浦賀を直結してしまおうという構想に力を注いでいたのです。

とはいえ、壁の撤去をそこまで拒む理由はありませんでした。おそらく、自分が始めた地下鉄事業に強引に割り込んできた五島に対する怒りだったのでしょう。

ただ、この頑迷さが徳次の命取りになりました。

なんと五島が京浜電鉄や東京地下鉄道の株の買い占めを始め、両社の経営権を奪ってしまおうと動き出したのです。徳次は全力でこれに抵抗し、両者は泥沼の抗争に発展。結果、昭和15年（1940）6月、鉄道省が仲介に乗り出し、徳次と五島の双方が地下鉄経営から身を引くことで決着がはかられたのです。

その後も五島は、東京高速鉄道の常務は辞任したものの取締役に残り、自分の側近を東京地下鉄道に送るなどして影響力をもちつづけました。対して徳次は、全面的に経営から手を引きました。そういった意味では、徳次が敗北したといえるでしょう。

それからの徳次は、郷里に青年教育を推進する修業場をつくろうとするなど教育事業を始めましたが、わずか2年後の昭和17年（1942）11月29日、急性肺炎による心臓発作のために61歳で急死してしまいました。

日本の地下鉄発展の礎を築いたすばらしい功績を残したのに、あえて妥協する度量がなかったため、こうしたさみしい最期を迎えることになったといえるかもしれません。

ただ、早川徳次は死後、「地下鉄の父」と呼ばれ、やがて胸像がつくられました。それはいまも銀座駅構内におかれており、地下鉄を行き交う人びとを毎日眺めています。

大きな夢の前には「我を折る」ことも必要

本当に成し遂げたい夢なら、否定的な言葉に耳を貸してはならない

行動することで人間の未来は拓かれていく

おわりに

『最強の教訓！　日本史』、一読していただきましたが、みなさん、いかがでしたでしょうか。数多い歴史人物のなかからあえて独断で21人を選んで、くわしくご紹介しました。

いずれも期待どおりの、最強の教訓を教えてくれるグレートティーチャーだったと自負しています。みなさんの満足する顔が浮かびます。

「はじめに」にも書いたとおり、私たちは過去からしか学ぶことができません。とくに成功したり、偉大な業績を残した先人たちからは、いまでも大いに役立つ教訓を得ることができると思うのです。

ただ、歴史学を研究する人びとのなかには、「歴史人物から学ぶ」ということに反対する人たちがいます。それが「史実ではない」という理由からです。

歴史学というのは、過去の事実を明らかにする学問です。具体的には、先行研究（これまでの研究成果）をしっかり踏まえたうえで、1次史料（当事者の手紙、日記、文書など）を再検証したり、新しい1次史料を発掘するなどして、新しい論を出したり、先行研究をさらに発展させる活動をしています。

歴史研究に大事なのは、あくまで1次史料であって、それ以外の2次史料（おもに後世の編纂物）はほとんど使用しないか、参考に用いる程度です。

私たちがよく知る『太閤記』や『甲陽軍鑑』などもみな、2次史料なのです。だから研究者は、ここに記された内容を史実とは考えません（1次史料と合致する箇所は別ですが）し、論文を書くさいに用いることもありません。

けれど社会一般では、違いますよね。敵地にたちまち墨俣城《すのまたじょう》をつくった秀吉とか、信玄の軍師・山本勘助が啄木鳥《きつつき》の戦術で活躍するシーンなどは、ドラマや映画で繰り返し取り上げられています。この場面を見て、心おどらせた方も多いでしょう。

しかし近年は、NHKの大河ドラマなども「史実とは違うではないか」と、SNSで激しく非難する研究者や史実好きが見受けられます。あくまでドラマなのに、ずいぶんと狭量な人たちです。

私は、たとえ軍記物などであっても、昔から伝わってきた逸話から一般の人たちが教訓を得ることは間違いではないと考えます。それだけの価値のある内容だからこそ、時を超えていまに伝承されているのですから。

たとえば聖徳太子、彼が『日本書紀』にあるように、推古天皇のもとで政治を主導したことに関して、学界では疑問視されています。でも親鸞や忍性《にんしょう》、後醍醐天皇など、多くの歴史人物が聖徳太子の生き方にあこがれ、大きな影響を与えてきたのです。

幕末の志士の多くも、頼山陽の『日本外史』(南朝正統史観で記された、誤記も多い歴史書)に感動し、自分を南朝の遺臣になぞらえ幕府を倒したのです。近藤勇や伊藤博文も愛読しています。岩崎弥太郎や渋沢栄一は少年時代、中国の『三国志演義』や『水滸伝』を読んで感激し、英雄になろうと決心しました。

本書では、なるべく1次史料を尊重しつつ書き進めてきましたが、「これはよい教訓になる」と判断したものについては、2次史料も排除していません。

要は、それがみなさんの教訓となり、人生の転機になればよいと考えたからです。いずれにしても、日本史には最強の教訓が宝箱のようにつまっています。ぜひこれからも、歴史から教訓を得る癖をつけてほしいと願います。

2021年3月

河合敦

●――おもな参考文献

〈第1章〉
上横手雅敬『北条泰時』（吉川弘文館）
勝海舟『氷川清話』江藤淳・松浦玲編（講談社学術文庫）
『新訂 海舟座談』巌本善治編／勝部真長校注（岩波文庫）
松浦玲『勝海舟』（筑摩書房）
『坂本龍馬全集』平尾道雄監修／宮地佐一郎編集・解説（光風社出版）
千頭清臣『坂本龍馬』（博文館）
飛鳥井雅道『坂本龍馬』（講談社学術文庫）
宮地佐一郎『龍馬の手紙』（講談社学術文庫）
『雨夜譚 渋沢栄一自伝』長幸男校注（岩波文庫）
渋沢栄一『論語と算盤』（角川ソフィア文庫）
渋沢栄一『青淵百話・乾』（同文館）
〈第2章〉
宇治谷孟『続日本紀 全現代語訳〈上・中・下〉』（講談社学術文庫）
井上薫『行基』（吉川弘文館）
『民衆の導者 行基』速水侑編（吉川弘文館）
平野邦雄『和気清麻呂』（吉川弘文館）
森田悌『日本後紀 全現代語訳〈上・中・下〉』（講談社学術文庫）
『吉田松陰全集』山口県教育会編（岩波書店）
奈良本辰也『吉田松陰著作選 留魂録・幽囚録・回顧録』（講談社学術文庫）
〈第3章〉
上杉和彦『源頼朝と鎌倉幕府』（新日本出版社）
野村育世『北条政子』（吉川弘文館）
関幸彦『北条時政と北条政子』（山川出版社）
森茂暁『後醍醐天皇』（中公新書）
〈第4章〉
宮田俊彦『吉備真備』（吉川弘文館）
高見茂『天平に輝く吉備真備公』（吉備人出版）
藤井譲治『徳川家康』（吉川弘文館）
宮本義己『徳川家康の秘密』（ワニ文庫）
『改正三河後風土記』宇田川武久校注（秋田書店）
二木謙一『徳川家康』（ちくま新書）
〈第5章〉
野口武彦『忠臣蔵』（ちくま新書）

泉秀樹『忠臣蔵百科』（講談社）
勝田孫弥『甲東逸話』（富山房）
内村鑑三『代表的日本人』鈴木範久訳（岩波文庫）
勝田孫弥『大久保利通伝（上・中・下）』（同文館）
大隈重信『大隈伯社会観』（文成社）
勝海舟『氷川清話』江藤淳・松浦玲編（講談社学術文庫）
白柳秀湖『大久保利通』（潮文閣）
白柳秀湖『親分子分 政党編』（千倉書房）
伊藤博文『伊藤公直話』（千倉書房）

〈第6章〉
服部幸雄『市川團十郎代々』（講談社学術文庫）
西山松之助『市川団十郎』（吉川弘文館）
高橋是清『高橋是清自伝』（千倉書房）
大島清『高橋是清』（中公新書）
本田宗一郎『得手に帆あげて』（三笠書房）

〈第7章〉
小和田哲男『伊達政宗』（講談社）
岡谷繁実『名将言行録』（岩波文庫）
レオン・パジェス『日本切支丹宗門史』クリセル神父校閲／吉田小五郎訳（岩波文庫）
山村竜也『史伝 坂本龍馬』（学研M文庫）
大石学『新選組』（中公新書）
子母沢寛『新選組始末記』（中公文庫）
田端泰子『細川ガラシャ』（ミネルヴァ書房）
加来耕三『細川家の叡智』（日本経済新聞社）
春名徹『細川三代（幽斎・三斎・忠利）』（藤原書店）
桑田忠親『細川幽斎』（講談社学術文庫）

〈第8章〉
中田易直『三井高利』（吉川弘文館）
武居奈緒子『三井越後屋のビジネス・モデル』（幻冬舎）
佐藤一美『夢の地下鉄冒険列車』（くもん出版）
新田潤『上野発浅草行』（壱番館）

著者紹介
河合 敦（かわい　あつし）
歴史作家。多摩大学客員教授。早稲田大学非常勤講師。1965年、東京都町田市生まれ。青山学院大学卒。早稲田大学大学院博士課程単位取得満期退学（日本史専攻）。都立高校や私立高校の教諭などを経て、現在に至る。旺盛な執筆、講演活動だけでなく、「歴史探偵」（NHK）などテレビ出演も多数。時代劇の時代考証も手がける。第17回郷土史研究賞優秀賞（新人物往来社）、第6回NTTトーク大賞優秀賞を受賞。2018年雑学文庫大賞（啓文堂書店主催）。著書多数。

本文イラスト——瀬川尚志
編集協力——月岡廣吉郎

＊本書は、書き下ろし作品です。

ＰＨＰ文庫　最強の教訓！　日本史

2021年4月15日　第1版第1刷

著者　河合　敦
発行者　後藤淳一
発行所　株式会社ＰＨＰ研究所
東京本部　〒135-8137　江東区豊洲5-6-52
PHP文庫出版部　☎03-3520-9617(編集)
普及部　☎03-3520-9630(販売)
京都本部　〒601-8411　京都市南区西九条北ノ内町11
PHP INTERFACE　https://www.php.co.jp/
組版　月岡廣吉郎
印刷所　株式会社光邦
製本所　東京美術紙工協業組合

©Atsushi Kawai 2021 Printed in Japan
ISBN978-4-569-90129-9
※本書の無断複製（コピー・スキャン・デジタル化等）は著作権法で認められた場合を除き、禁じられています。また、本書を代行業者等に依頼してスキャンやデジタル化することは、いかなる場合でも認められておりません。
※落丁・乱丁本の場合は弊社制作管理部（☎03-3520-9626）へご連絡下さい。送料弊社負担にてお取り替えいたします。